"十三五"国家重点图书

产业组织与企业成长丛书

财智睿读

杨蕙馨 等著

产业组织：理论与经验研究

丛书主编

杨蕙馨

Industrial Organization: Theory and
Empirical Study

中国财经出版传媒集团

经济科学出版社

Economic Science Press

图书在版编目（CIP）数据

产业组织：理论与经验研究/杨蕙馨等著. —北京：
经济科学出版社，2019.6
（产业组织与企业成长丛书）
ISBN 978 – 7 – 5218 – 0665 – 6

Ⅰ. ①产…　Ⅱ. ①杨…　Ⅲ. ①产业组织 – 研究
Ⅳ. ①F062. 9

中国版本图书馆 CIP 数据核字（2019）第 129009 号

责任编辑：宋　涛
责任校对：郑淑艳
责任印制：李　鹏

产业组织：理论与经验研究

杨蕙馨　等著

经济科学出版社出版、发行　新华书店经销

社址：北京市海淀区阜成路甲 28 号　邮编：100142

总编部电话：010 – 88191217　发行部电话：010 – 88191522

网址：www. esp. com. cn

电子邮件：esp@ esp. com. cn

天猫网店：经济科学出版社旗舰店

网址：http：//jjkxcbs. tmall. com

北京季蜂印刷有限公司印装

787 × 1092　16 开　16 印张　320000 字

2019 年 7 月第 1 版　2019 年 7 月第 1 次印刷

ISBN 978 – 7 – 5218 – 0665 – 6　定价：56. 00 元

（图书出现印装问题，本社负责调换。电话：010 – 88191510）

（版权所有　侵权必究　打击盗版　举报热线：010 – 88191661

QQ：2242791300　营销中心电话：010 – 88191537

电子邮箱：dbts@ esp. com. cn）

　　本书受到教育部创新团队"产业组织与企业成长"（项目批准号：IRT_17R67）、国家社科基金重点项目"创新驱动我国制造业迈向全球价值链中高端研究"（批准号：18AJY011）资助

总　序

改革开放以来，中国产业组织从传统走向现代、从封闭走向开放、从分离走向融合，推动了经济结构和产业结构的持续优化升级，中国企业成长从弱小走向强大、从落后走向领先、从量变走向质变，得到了世界范围内的广泛赞誉，创造了经济发展的"中国奇迹"。面对新的国际竞争局势和中国经济新的发展阶段，我们应该清醒地认识到：一方面，部分产业的市场结构不合理问题突出，市场高度集中和过度竞争现象共存，部分产业生产能力严重过剩，产业迁移面临地区配套基础差、投资环境恶劣等诸多难题；另一方面，多数企业过度依赖对外技术引进、自主研发能力弱，过度依赖国际市场需求、市场营销能力不强，过度偏好规模扩张、产品或服务的附加值低。如何在世界科技革命孕育转变、全球经济格局重塑、资源环境约束越发趋紧和国内生产总值增速放缓的背景下，抓住新的战略机遇，立足中国产业组织和企业成长领域的实际需求，深入研究相关问题并将成果及时推广应用，对转变经济发展方式、实现中华民族伟大复兴的中国梦具有重要意义。为此，我们组织撰写了这套"产业组织与企业成长丛书"。

这套丛书重点关注国际金融危机后，如何以基本要素结构升级为支撑、以创新驱动为动力、以市场需求为导向，突破能源、资源、生态与环境的约束，提高产业科技化和信息化水平，培育战略性新兴产业、先进制造业和现代服务业，构建现代产业发展新体系，实现产业结构升级与业态创新的统一，最终为政府制定新时期的相关政策提供参考。重点关注国际金融危机后，如何通过构建主导型国际生产网络，提高中国跨国企业的国际竞争力，如何通过研究互联网条件下大中小企业规模演变规律，实现中小微企业的跨越成长，如何结合区域经济特点和发展目标，在实地考察与调研的基础上，提出有针对性的对策建议。

推出这套丛书的目的有三：一是研究国际金融危机后中国产业组织和企业成长领域所面临的现实问题，为政府和企业提供扎实的决策依据；二是推出研究国际金融危机后中国产业组织与企业成长领域新的学术力作，深化相关研究；三是提出新课题，供学界同仁、朋友共同关注和探讨。

自20世纪90年代中期，笔者就开始研究产业组织与国有企业的改革成长问题，陆续承担完成了多项国家哲学社会科学基金重大项目、重点项目和一般项目，2013年以笔者为首席专家的"产业组织与企业成长"研究团队获得教育部

"创新团队发展计划"立项资助，这是对我们研究团队长期以来研究方向与研究工作的莫大肯定和鼓舞。在教育部、山东大学以及山东大学管理学院的支持下，笔者带领的"产业组织与企业成长"团队出色地完成了第一个资助期任务，达到了预期目标，并且得到了滚动资助，这是对笔者所带领的团队的莫大鼓励和鞭策。这套丛书是"产业组织与企业成长"团队、教育部"创新团队发展计划"和国家哲学社会科学基金重大招标课题"构建现代产业发展新体系研究"、国家哲学社会科学基金重点项目"创新驱动我国制造业迈向全球价值链中高端研究"的阶段性成果之一。随着国际经济形势的变化和中国经济发展步入新时代，中国企业在国际分工中的地位和面临的竞争环境正在发生重大变化，新现象、新问题不断涌现，这将是我们未来持续研究的任务。这也恰恰是我们一直坚持的研究团队建设和发展的理念：从现实重大问题出发，创新和产学研结合，致力于面向改革和产业、企业发展的实际需求，立足解决实际问题，不断拓展和凝练研究方向。

当我们推出这套丛书的时候，内心喜悦与惶恐同在。喜悦的是，于经年沉案思索、累月外出调研、素日敲字打磨、历次激烈讨论后，成果终得以付梓；惶恐的是，丛书选题仍存在许多不足之处，书中也不免有疏漏之笔，希望广大同仁、朋友对此提出批评与建议，让我们进一步修正和完善！

2019 年夏于泉城济南

目录

第1篇 进入退出研究

第3篇　集中度、规模与市场结构

第 4 篇　企业组织研究

第1篇
进入退出研究

第 1 章

从进入退出角度看中国产业组织的合理化[*]

组织是现代经济理论研究的一个重要领域，事关市场竞争和资源配置的效率和福利问题。目前，以国有企业为重心的企业制度的改革和创新，已深深触及产业组织中的进入退出问题。在中国逐渐由卖方市场转向买方市场的情况下，绝大多数工业制成品趋于饱和，企业之间的竞争日趋激烈，各产业部门中均有部分企业退出或将被淘汰。在当前形势下，我国政府的产业组织政策究竟应该怎样作为？产业组织政策究竟在引导企业进入退出过程中起什么作用？本章尝试对中国产业组织的合理化和科学地制定产业组织政策提出自己的一点浅见。

1.1 思考产业组织政策的一个新角度

透视中外各国新兴工业制成品产业的发展演化过程无一例外地证明，企业的进入、退出或淘汰是市场竞争中一种司空见惯的现象，带有一定的普遍性和规律性。国外一些产业经济学家对某些产品或产业演变过程的实证研究也证明了退出或淘汰是常见的现象（Geroski et al.，1991；Klepper et al.，1995，1996）。

本章正是在继承和发展已有研究成果的基础上，对企业的进入退出机制、鼓励和限制进入退出的政策进行了系统的思考，以产业的资源最优配置为目标，阐述为什么企业在进入过多之后虽不盈利为何又不能顺利退出，寻找能够充分发挥产业组织政策的实现条件，正确引导企业的进入退出从而达到合理的产业组织和社会福利最优。

从博弈的角度说，在给定厂商都同时面对进入决策的情况下，实际决定进入的厂商数量不超过该产业应保有的均衡厂商数量，这是社会福利最优的必要条件。换个角度，在给定进入的厂商数量超过该产业应保有的均衡厂商数量时，部分厂商的退出则是一种社会福利和资源配置效率的帕累托改进，即调整部分配置

* 本章作者为杨蕙馨，发表在《东南大学学报（哲学社会科学版）》2000 年第 4 期（文章有改动）。

不当资源的用途，而这种调整不是无代价的。从理论的角度进一步引申出，在市场公平竞争的环境下，既然进入过度的产业会有部分厂商退出，实现产业组织合理化的潜在政策含义就是，可以通过设置不同的进入退出壁垒，特别是降低非营利厂商的退出壁垒，加快这种调整过程，并且尽可能地降低调整的成本。

1.2 中国产业组织合理化的政策含义与基本思路①

1997 年以来，由于亚洲金融危机的影响，中国部分商品的出口大幅度缩减，再加上国内市场需求不畅，中国国民经济各行业面临的形势正在发生着深刻的变化。中国的经济结构正在从量变走向质变的临界点，一方面，供过于求和供求基本平衡的商品达 100%，表明中国的经济增长单纯受资源供给约束、不受需求约束的时代已经结束，已从资源制约的卖方市场转向需求制约的买方市场；另一方面，由于即将加入世界贸易组织，关税壁垒和非关税壁垒正在逐步降低，中国各产业中的企业同时面对国际资本与商品的大举进入和国内经济结构性调整的震荡，这些都给企业带来了严峻的挑战和压力②。对此，急需对中国国民经济各行业产业组织的合理化进行新的思索，寻找合理化的新对策和新思路，避免过去那种经常讲合理化而实际效果却不明显的状况。为此，笔者认为思索中国产业组织合理化的基本思路主要有以下几个方面。

1.2.1 建立健全市场规则

没有规矩不成方圆，有游戏就必须首先制定游戏规则。既然市场经济是一个最讲法制的经济，那就必须首先建立健全各项市场规则。市场规则涉及的范围很广，主要包括市场进出规则、市场竞争规则、市场交易规则和仲裁规则等。本章所述内容主要针对的是市场进出规则，这是指市场主体进出市场的法律规范和行为规范。市场进出规则对市场主体的规范作用表现在：规范市场主体进入市场的资格；规范市场主体的经营规模与范围；规范市场主体退出市场的行为。市场进出规则对市场主体规范的目的在于鼓励有效竞争和有序竞争，市场经济的有效竞争和有序竞争也就是竞争和规模经济、提高资源配置效率和社会福利水平的有机

---

① 早在 1989 年 3 月 15 日国务院颁布了《国务院关于当前产业政策要点的决定》，指出了今后一段时期制定产业政策、调整产业结构的基本方向和任务，对第一产业、第二产业内部确定了鼓励发展、限制发展和禁止发展的行业和产品。1994 年 3 月 25 日国务院第 16 次常务会议又审议通过了《90 年代国家产业政策纲要》。应当说《90 年代国家产业政策纲要》的指导思想和思路都是非常正确的，但是在正确的指导思想和思路下，能否真正制定出科学、合理的产业政策以及科学、合理的产业政策制定出来后能否被贯彻执行，却是值得深思的。

② 其实，加入世贸组织也是企业增强实力、加快发展的一个大好机遇。

结合。必须指出，建立健全市场规则，一定要有资源的自由流动作为前提，否则，厂商就会有"积极性"去破坏市场规则，或者说企业就会绞尽脑汁、千方百计"贿赂"资源所有者和市场执法者以求"寻租"。

为此，建议政府有关部门针对各产业的特点，尽快研究制定包括国民经济主要产业的、综合性的产业组织政策，明确规定主要产业的市场结构、进入和退出规则以及保护竞争、反对垄断的具体政策措施，真正提高我国主要产业的国际竞争力和适应性。

1.2.2 对进入实行管制

对进入实行管制、降低退出壁垒（但不同于以往的"定点生产"或"指定产品"等办法）是中国产业组织合理化和产业结构调整的基本思路。对进入实行管制并不是说对所有行业的进入都实行管制，否则，就与原来计划经济的做法没有什么实质性的区别了。对进入实行管制主要是针对那些规模经济显著、具有区域自然垄断性质和社会公益性质的行业。这些行业的发展需要巨额的初始投资、规模经济发挥着优势，提高这些行业的进入壁垒与规模经济的要求是吻合的。在这些行业对进入进行管制的目的是避免厂商的过度进入导致过度和低效的竞争。对进入进行管制的反面就是降低退出壁垒，而降低退出壁垒也是对进入进行管制的必然要求。降低退出壁垒就是为经营不善的厂商提供一条正常、高效和低成本地转移配置不当资源的途径。降低退出壁垒需要相应的财政税收、金融信贷、工商行政管理等方面的改革措施配套。

米尔斯（David E. Mills，1991）认为对进入实行管制的方法不外乎三类：一是规定厂商数量的上限，依据先到先获批准的方法发放进入许可证；二是规定厂商数量的上限，依据拍卖原则向出价最高者发放进入许可证；三是对进入收费。在静态模型中，三类管制方法对达到产业的次优结果具有同等的效率；而在动态模式中，三类管制方法的结果差异是相当大的。米尔斯证明对进入收费是比较好的管制方法[①]。这是值得我国在实行进入管制时参考和借鉴的。

1.2.3 降低进入退出的壁垒

除了上面提到的那些规模经济显著、具有区域自然垄断性质和社会公益性质的行业之外，对厂商进入退出其他行业的基本原则应该是降低进入退出壁垒，基本上形成厂商进出自由的格局，这是形成有序、有效竞争市场秩序的前提条件。

---

① Mills, D. E., Untimely Entry [J]. *The Journal of Industrial Economics*，1991，Vol. XXXIX，No. 6，659 – 679.

尤其是要降低那些不利于经济发展的进入壁垒，特别是行政性壁垒、经济性壁垒中的限价、外埠货物禁入等有违市场经济规则的不正当行为。降低退出壁垒首先要降低地方保护主义引致的厂商退出壁垒，破除市场分割，建立全国统一市场，让市场功能充分发挥作用，形成"易进易出""难进易出"的进出壁垒组合，避免"难进难出""易进难出"的进出壁垒组合。

根据进出壁垒的高低，可以将市场分为易进易出、难进难出、易进难出、难进易出四种组合情形（见表 1-1）。在任何国家，对于厂商而言最好的情形是难进易出，也就是说进入受到一定的限制，而经营不成功的厂商会很容易地退出，在该产业中生存下来的厂商则可以获得较高而且比较稳定的收益。对于厂商来说最差的情形是易进难出。易进易出和难进难出两种情形相比，难进难出不利于竞争的展开，易进易出虽可鼓励厂商展开竞争，但极易导致"无政府"状态，并且过度进入会扭曲社会资源配置的效率。

表 1-1　　　　　　　　　进入退出壁垒组合的四种情形

		低	高
进入壁垒	低	易进易出，结果：低但稳定的收益	易进难出，结果：低且风险大的收益
	高	难进易出，结果：高且稳定的收益	难进难出，结果：高而风险大的收益

资料来源：Mills, D. E. Untimely Entry [J]. *The Journal of Industrial Economics*, 1991, Vol. XXXIX, No. 6, 659–679.

1.2.4　进出自由伴有定价自由

在进出自由的前提下伴有定价自由，才能保证进出自由，否则，就谈不上真正的进出自由。经过 20 多年的改革，到目前为止，国家实行价格控制的商品越来越少，1994 年初只保留了约 34 种重要商品和劳务的定价权，而到 1998 年国家只对石油、成品油、天然气和汽车等商品保留定价权。可以这样说，今天中国的厂商已基本上具有了自由定价的权力。

1.3　需要弄清楚的几个问题

在上述基本思路的指导下，结合其政策含义，还应搞清楚以下几个问题。

1.3.1　搞清楚制定产业组织政策应该有怎样的指导思想

政府制定产业组织政策对产业的发展进行干预，并不是为了对产业中的某一企业给予特殊"关照",而是为了促进整个产业的有序竞争和健康持续发展,弥补"市场失效",提高整个产业在国际市场上的竞争力。各种所有制成分的市场主体一律平等是各类市场主体的共同愿望,也是制定产业政策的出发点。

1.3.2　如何发挥产业组织政策的积极作用,避免和减少其消极作用

产业组织政策的作用可能是积极的,也可能是消极的,还可能既是积极的又是消极的。因此,在制定产业组织政策的同时,就要想到如何尽量发挥其积极作用,避免和减少消极作用。否则,一味抱着良好的愿望,只顾制定政策而不虑及政策实施的条件、手段和政策实施可能产生的后果,是不可能收到预期效果的。在改革开放之前,虽然政府制定了一些产业组织政策,但是,由于未能正确地估计政府实施的条件,只是依靠关、停、并、转等强制性行政措施,而缺少相应的经济、财政、金融等方面的得力措施保证政策的实施,行政性的措施是很难与企业自身实现专业化分工协作的内在要求相一致的。即使实行了改组或调整,或者是缺乏效益,或者是造成了新的行政垄断,或者是在另一次行政命令中就会再次被拆散。

1.3.3　如何对待大中小企业问题

大中小企业问题是政府最早关注的产业组织问题。早在 20 世纪 50 年代后期,中央政府就明确提出"大型企业和中小型企业同时并举""发展中央工业和发展地方工业同时并举"的方针,60 ~ 70 年代又提出了发展"五小"企业、集体企业和社队企业的口号。但是,那时发展中小企业的政策目标不是为了促进中小企业的现代化和大中小企业的专业化分工协作,而是为了国家的某项具体发展指标 [如"大跃进"时的大炼钢铁,发展"五小"(小化肥、小煤炭、小机械、小钢铁、小水泥等)是为了加快实现农业机械化],一句话,都是为了追求数量增长以提升国家的经济发展速度。在计划经济时代,虽然政府有鼓励中小企业发展的政策,但是,大企业与中小企业相比占有绝对的优势,因为通过大企业政府容易实现对整个国民经济的控制,而改革开放以来的放权让利、调动地方积极性等政策措施显然有利于中小企业的发展(或者说中国的工业化是以地方工业化为特征的,通过兴办各种地方中小企业的办法解决当地劳动力的就业和提供市场所需的产品)。所以,如何正确处理大中小企业之间的关系仍然是今日产业组织政策中的一个复杂问题,涉及企业的规模结构、组织结构、竞争与垄断的关系,其要旨在于如何鼓励有效竞争,既发挥规模经济优势,又避免过度竞争。大中小企业建立在合理专业化分工协作基础上的规模结构和组织结构,是提高整个产业运行绩效的前提。战后半个多世纪中外各国的实践证明,在经济发展中大企业与中

小企业是并行不悖、相互补充、相互促进的，产业组织政策在促进大中小企业合理分工基础上协作的目的，必须放在促进中小企业现代化、提高中小企业竞争力和改善全行业运行绩效上。由此引申出的潜在政策含义就是，绝不能否认中小企业的重要性，而是强调扩大企业生产经营规模、提高产业集中度对中国这样一个大国来说具有更加迫切和更加重要的现实意义。不然，整个国民经济结构升级的缓慢和资源利用的低效率就是不可避免的后果和代价。

1.3.4 如何援助衰退产业中的企业退出

在各国经济发展中都会遇到如何对待衰退产业和衰退产业中的企业退出的问题。政府对待衰退产业的判断必须建立在对衰退产业深入、全面了解的基础上，需要缩减的产业务必当机立断，制定全面配套的"强硬"措施援助衰退产业中的企业尽早退出，确需保留的也一定将着眼点放在提高企业自身活力和竞争力上，再也不能"变相"保护落后了。

1.4　中国产业组织合理化的政策结论

综上所述，本章的主要结论可概括为：第一，在总体上形成一种企业进退自由的氛围。目前，尤其是要尽快制定降低企业退出壁垒的具体实施措施。第二，政府应根据不同产业的特点设置不同的进入退出壁垒，引导产业组织的合理化。第三，政府的产业组织政策引导的方向必须与市场信号引导的企业利益相一致才会得到企业的认同和自觉执行。

总之，政府产业组织政策的目的是要促进整个产业的有序竞争和健康发展，政策的制定要与实施的条件、手段相结合才能收到良好的政策效果。

参考文献

[1] 马建堂：《结构与行为——中国产业组织研究》，中国人民大学出版社 1993 年版。

[2] 王慧炯、陈小洪：《产业组织及有效竞争——中国产业组织的初步研究》，中国经济出版社 1991 年版。

[3] 江小娟：《经济转轨时期的产业政策——对中国经验的实证分析与前景展望》，上海三联书店、人民出版社 1996 年版。

[4] 杨蕙馨、张圣平：《中国产业关联的实证分析与产业政策》，载《管理世界》1993 年第 5 期。

[5] Bain J. S. , *Industrial Organization* [M]. John Wiley, 1959：4 - 11.

[6] Demsetz Harold. , Industry Structure, Market Rivalry, and Public Policy [J]. *The Journal*

of Law and Economics, 1973（16）: 1 - 9.

［7］Geroski Paul A. , J Schwalbach（Eds. ）. , *Entry and Market Contestability: An International Comparison, Blackwell*［M］. Oxford UK and Cambridge USA, 1991: 2 - 9.

［8］Klepper S. , Miller J. H. , Entry, Exit, and Shakeouts in the United States in New Manufactured Products［J］. *International Journal of Industrial Organization*, 1995, 13（4）: 567 - 591.

［9］Klepper S. , Entry, Exit, Growth, and Innovation over the Product Life Cycle［J］. *American Economic Review*, 1996, 86（3）: 562 - 583.

［10］Martin, Stephen（1988b）, Industrial Economics: Economic Analysis and Public Policy［J］. *New York, NY: Macmillan Publishing Company*, 1994.

［11］Schmalensee, Willing（Eds. ）, Transaction Cost Economics［Z］. Handbook of Industrial Organization, 1989.

［12］Stigler W. G. , *The Organization of Industry*［M］. Irwin, 1968: 31 - 33.

［13］Tirole Jean. , *The Theory of Industrial Organization*［M］. MIT Press, 1989: 24 - 27.

第 2 章

中国企业的进入退出：1985～2000 年
汽车与电冰箱产业的案例研究[*]

2.1 引　　言

　　本章力图通过构建一个中国企业进入退出过程的模型，来阐明中国企业进入退出的类型，并将模型应用于汽车制造业和电冰箱制造业这两个重要产业中的企业数量和企业财务状况的统计计量检验，指出企业在进入退出方面的协调问题会导致过度进入，而紧随过度进入之后就是经营不成功企业的退出。对中国的市场条件和企业的进入退出类型与过程进行计量经济研究的文献并不多见。弄清楚是什么因素促使厂商进入、什么因素会导致厂商退出、又是什么因素阻止厂商退出，对于研究产业组织理论的经济学家和政府管制者都是十分重要的。本章的目的并不在于具体计算和度量特定产业中的均衡厂商数量，也不在于阐明中国的产业组织现状如何，而是旨在考察中国企业进入退出发生的原因，探索为什么中国过去不能制定出能够被企业积极贯彻执行的公共政策。

2.2 理 论 分 析

　　在不完全竞争市场上，新厂商进入以及经营失败的在位厂商退出都是引人注目的重要现象。新兴制造业的发展演变是以大量厂商的进入退出为特点的。在产业发展演变过程中，尤其是在起步阶段，由于巨大的潜在需求和高利润率的吸引，厂商数量增加很快。伴随产业的成熟，市场逐渐饱和，当厂商数量达到顶峰后，随之会有厂商退出，亦即厂商数量明显下降，在某些特殊情况下，厂商数量会下降50%或者更多（Klepper and Miller, 1995）。市场竞争实质上就是对在位

---

　　[*] 本章作者为杨蕙馨，发表在《中国工业经济》2004 年第 3 期（文章有改动）。

厂商与新进入厂商之间进行自然选择的过程，这种自然选择过程和选择方式不仅影响市场上供给的商品的范围和价格，而且影响到未来某个时间市场上的厂商数量和厂商的盈利能力（Geroski and Schwalbach，1991；Geroski，1995；Carree and Thurik，1996；Kleijweg and Lever，1996）。

　　在分析中国厂商的进入退出时，有两个重要的背景事实不容忽视。第一，1978 年之前中国实行的是高度集中的计划经济体制，中央政府计划制定者负责做出所有的决策，那时，企业的盈利并不取决于企业的努力程度和绩效，管理者和工人获得的固定工资水平与企业的盈利和绩效无关，所有的企业都只是整个国民经济的"生产车间"而已。从这个意义上说，利润最大化的目标无法适用于 1978 年之前的中国企业。第二，1978 年之后的经济改革已经给中国经济带来了革命性的积极影响。中国企业尤其是国有企业开始在市场竞争中表现出越来越多的"理性"，并且受到利润和自身利益的激励，同时，地方政府也具有了追求自身利益的动机。因此，厂商追求利润最大化的假设与当前中国企业的行为和决策机制是吻合的。

　　实践中在位厂商的数量多于或少于均衡厂商数量的原因可以归咎于协调问题（Jean Tirole，1988）。厂商进入退出的行为以及厂商决策之间的协调会导致过度进入或不合时宜的进入退出，这使得厂商数量的波动表现出随机性（Mankiw and Whiston，1986；Mills，1991）。厂商协调问题的分析是基于厂商之间信息不对称和不完全假设的基础之上。从理论上说，厂商可以事前协调进入或退出的决策，从而可以避免进入的厂商数量过多或过少。不幸的是，这种协调行为难以达到预期结果，况且在某些情况下市场机制也会失灵。替代的方法是依赖政府的公共政策实行管制，由于政府的偏好和政府失灵，预期的均衡厂商数量也是无法达到的。可见，有关协调问题的简单分析框架对于构建数据、创建模型、推导中国企业在经济转型时期进入退出的主要原因和结果方面是大有裨益的。

2.3　数据和计量分析

　　国务院于 1994 年根据联合国颁布的《全部经济活动的国际标准产业分类索引》重新修订了《全部经济活动的标准产业分类和代码》（GB/T4754—1994），现在中国政府的统计数据都是依照 GB/T4754—1994 进行收集和分类的。本章选取了代码为 372 的汽车及零部件制造业（3 位数产业）和代码为 406 的日用电器制造业中代码为 4063 的电冰箱制造业（4 位数产业），作为比较和分析中国企业进入退出的两个典型产业。本章使用的数据资料主要来自中国政府的统计出版物，如《中国统计年鉴》《中国机械工业年鉴》《中国汽车工业年鉴》《中国汽车贸易年鉴》，但是，有关企业财务绩效的数据（如利润额、销售收入、固定资产和流动资产等）是笔者从国家统计局的有关数据中整理计算出来的。例如，假设产业 372 在 t 年有 n 家在位厂商，在 t − 1 年有 n − 1 家厂商，就意味着在 t 年有一家新厂商进入。如果在 t 年有 n − 1 家在位厂商，在 t − 1 年有 n 家在位厂商，就意味着在 t 年有一家厂商退出了。有两种情况需要特别声明：一种情况是厂商 m 在连续几年（如 Y_{t-1}，Y_{t-2}，Y_{t-3}）停止经营后于 t 年重新开始经营，本章将 t 年的厂商 m 视为一个新的进入者，而将厂商 m 在 t − 3 年视为一个退出者。另一种情况是厂商 m 被收购，比如被同一产业的厂商 k 收购，在这种情况下，厂商 m 也被视为一种退出。可见，后一种情况并不是真正的退出，因为厂商 m 的资产被厂商 k 买下后依旧处在该产业的生产经营之中。由于中国目前没有企业名录来帮助我们清楚地识别究竟是哪一家公司退出了，哪一家公司进入了，只能以这种方法来处理厂商数量的变化。

新厂商的进入有助于竞争并提供更多的新产品，而厂商退出从长期看则促进了资源的有效再配置。大多数经验研究之所以将兴趣聚焦在制造业，原因在于制造业部门对于国民经济有着巨大的贡献。本章选取的两个产业可以比较全面地展示标准产业类型和企业生产经营活动。在这两个产业中建立新的企业或经营不成功的企业关闭一般所需要的资本量、时间和知识投资通常要比零售业和其他服务业多，它们具有规模经济或范围经济、资产专用性高、技术创新快等特性。因此，这两个产业可以被视为对企业的进入退出过程进行实证检验最恰当的产业领域。在许多国家，汽车制造业和电冰箱制造业在国民经济中都起着重要作用。

本章选取的两个产业的规模比较大，1995 年，它们大约占中国第二产业全部附加值的 3.15%、全部厂商数量的 1.28%、全部劳动力的 2.35%。第一，中国这两个产业中的厂商总数几乎相当于全世界（中国除外）这两个产业中的厂商总数，中国这两个产业正经历和面临着大量厂商的进入与退出。第二，成熟的工业化是以高度发达的制造业部门，尤其是高度发达的汽车及零部件产业和电冰箱产业为特征的，由于规模经济的存在，这两个产业表现出较高的集中度。第三，这两个产业在国民经济中有着较高的产业关联度（包括前向关联和后向关联）。第四，就市场需求对产业发展的影响而言，自 1985 年以来产业 4063 一直在经历着市场需求的高速增长。目前，产业 372 正在经历一个高速的需求扩张期。第五，自 1990 年以来由于激烈的竞争、基本饱和的国内需求、更多的企业出现亏损、进口替代品增多和外商直接投资企业增多，这两个产业在进一步发展和市场扩张方面都遇到了一些困难。本章考察的这两个产业中的企业，仅包括位于中国内地的国有企业、合资企业和外商直接投资的独资企业①。当然，本章并未考虑来自国外的进口产品的竞争。如上所述，对于加入 WTO 后的中国来说，相信这两个产业通过发掘比较优势，一定能够克服暂时困难，在国际市场竞争中变得更

_____

① 目前，这两个产业中国有企业或国有控股企业仍占多数。

为强大，并对中国的经济发展做出更大的贡献。

表 2-1 为两个选定产业的相关数据。表 2-1 中，t 表示年份，t = 1985，1986，…，2000；x_1^t 表示 t 年某一产业中的企业总数量；x_2^t 表示 t 年某一产业中的亏损企业数量；x_3^t 表示 t 年某一产业的销售收入；x_4^t 表示 t 年某一产业的盈利净额（即利润减亏损）；x_5^t 表示 t 年某一产业的亏损额；x_6^t 表示 t 年某一产业的总资产额；x_7^t 表示 t 年某一产业的资产收益率，即 ROA（资产收益率）＝利润÷总资产，或 $x_7^t = (x_4^t + x_5^t) \div x_6^t$。

表 2-1　　　　　　　　　　　　**两个选定产业的相关数据**　　　　　　　　单位：千万元

年份 (t)	产业372中的企业数量 (x_1^t)	其中，亏损企业数量 (x_2^t)	销售收入 (x_3^t)	利润减亏损（盈利净额） (x_4^t)	亏损额 (x_5^t)	总资产 (x_6^t)	产业4063中的企业数量 (x_1^t)	其中，亏损企业数量 (x_2^t)	销售收入 (x_3^t)	利润减亏损（盈利净额） (x_4^t)	亏损额 (x_5^t)	总资产 (x_6^t)
1985	3179	130	195.82	38.07	0.12	120.72	102	4	11.10	1.25	0.03	5.24
1986	3094	363	165.26	20.88	0.72	146.62	112	8	17.57	2.12	0.04	8.57
1987	3625	484	233.00	14.65	0.49	169.30	165	10	37.37	5.12	0.03	15.60
1988	3673	294	335.10	36.68	0.44	193.03	222	13	92.72	14.42	0.01	32.45
1989	3784	389	346.66	30.84	1.13	241.22	235	49	90.69	7.89	0.34	58.17
1990	3915	708	365.67	20.38	5.38	288.91	219	66	66.33	0.94	2.89	61.75
1991	3973	582	617.14	40.99	4.68	349.37	195	46	82.90	0.58	3.69	69.27
1992	4070	423	1033.54	83.68	3.16	640.03	199	43	98.68	4.48	2.76	116.88
1993	5342	866	1560.11	93.23	8.43	1300.13	172	37	158.99	10.55	2.48	148.01
1994	5577	1266	1549.54	68.77	21.14	1550.87	173	41	174.98	14.11	1.96	191.15
1995	6336	1862	1739.87	58.79	37.01	1978.59	186	61	226.77	17.01	3.61	230.14
1996	6485	1753	1960.18	64.34	44.86	2334.85	199	73	265.55	12.94	6.19	313.64
1997	6126	1823	2240.09	75.26	57.09	3022.54	159	64	316.32	7.41	11.41	360.57
1998	2953	835	2359.14	79.29	62.20	3302.27	105	37	364.96	7.85	10.58	382.42
1999	2945	786	2776.22	115.19	62.11	3581.67	104	36	450.52	14.69	6.43	437.53
2000	3088	712	3307.02	172.54	63.84	3857.55	96	34	488.05	7.18	8.32	439.00

注：由于统计上的原因，1994 年之前，中国官方统计的总资产中不包括长期投资、无形资产和其他资产，因此，我们使用固定资产净值与流动资产之和作为总资产，即总资产＝固定资产净值＋流动资产。

资料来源：《中国统计年鉴》《中国机械工业年鉴》《中国汽车工业年鉴》《中国汽车贸易年鉴》相关年份，其中利润额、销售收入、固定资产和流动资产数据根据国家统计局有关数据整理计算。

假设某一产业可以容纳 N^* 个厂商在市场上盈利。如果厂商数量多于 N^*，则全部厂商或部分厂商将获得负利润。令 P 代表厂商数量达到高峰的年份，N_p 代表高峰年 P 的厂商数量，s 为有退出发生的最后一年，N_s 为有退出发生的最后一年的厂商数量，s－p 为退出的时间长度，N_s/N_p 为退出的程度或强度。

任何一个产业的厂商数量上升至 N_p 以及从 N_p 下降至 N^* 的路径可以是单调的，当然，也可以是非单调的，有些时候下降到 N^* 以下，然后围绕 N^* 波动，最后稳定在 N^*。本章选取的两个产业目前正在经历退出。产业 372 的厂商数量变化是单调的，产业 4063 的厂商数量变化是非单调的。如果本章使用的数据资料没有误差并且产业的历史足够长，那么，真实厂商数量和均衡厂商数量之间的差别就可以归因于协调问题。

表 2－2 计算并估计了厂商数量的高峰年、高峰年的厂商数量、有退出发生的最后一年及退出发生最后一年的厂商数量、退出的时间长度以及退出的程度。第一，选取的两个产业在厂商的进入和退出方面都经历了不规则的变化。第二，就厂商数量的变化而言，一般来说，在高峰年之后，厂商数量将从高峰值后大量退出。如果 $N_{t-1} \neq N^*$，在产业演进的早期 $N_t = N^*$ 的概率很小，则以后退出发生的概率就大。对产业 372 来说，N_s/N_p 的值是 0.4541，即大约有 54.59% 的厂商在高峰值之后退出。对产业 4063 来说，N_s/N_p 的值为 0.4085，有 59.15% 的厂商在高峰值后退出。很明显，这两个产业的退出比例是很高的。如果将退出归因于协调问题所导致的过度进入，那么，经历较高退出比例的产业首先必须有高于均衡数量的大量进入者。第三，既然 S 和 P 是随机变量，因此，不同产业的 P 和 (S－P) 将有不同的变化，如果可能，公共政策可通过调节 (S－P) 来规制厂商的结构和规模分布。当然，实践中调整 (S－P) 和厂商数量到达峰值之前的时间是非常困难，甚至是不太可能的。对于所选取的产业，退出的时间间隔 (S－P) 从 3～11 年不等。产业 4063 的经验结果与其他国家的经验结果极为相似，例如，克莱伯和米勒 (Klepper and Miller，1995) 基于他们的经验检验得出退出的时间间隔至少为 10 年。对于产业 372，(S－P) 只有 3 年，大大短于产业 4063 和其他国家厂商退出的时间间隔数值。这样巨大的差异表明目前中国的产业 372 是一个例外，或者说产业 372 还没有实现真正的商业化，现在正在经历真正的商业化的历程[①]。

---

① 本章不仅对表 2－1 数据进行了回归，并通过逐步回归方法找出了因变量 (x_1^t) 和自变量 (x_2^t, x_3^t, x_4^t, x_5^t, x_6^t, x_7^t) 之间的相关关系比较显著的变量。通过逐步回归留下的所有变量都是在 0.0015 水平上显著的，产业 372 所留下的变量依次是 x_2^t, x_5^t, x_4^t，产业 4063 所留下的变量依次是 x_3^t, x_2^t, x_6^t, x_4^t。限于篇幅，回归结果在此就不列出了。

表 2 - 2　　　　　　　　　　　　　　厂商数量变化的统计计算

	起始年[②]	P	N_p	S[③]	N_s	s - p	N_s/N_p
产业 372[①]	1985	1996	6485	1999	2945	3	0.4541
产业 4063[①]	1985	1989	235	2000	96	11	0.4085

注：①厂商的退出还没有结束；未来还会有更多的退出。②1985 年前，只有医院、实验室、官方机构和一些高级官员购买电冰箱，普通老百姓和家庭并不拥有电冰箱。1985 年后，由于中国经济改革和对外开放，电冰箱产业已经经历了一个非常快速的需求膨胀时期。由于 1985 年以前缺少这个产业的统计数据，可以说 1985 年是中国电冰箱产业商业化的真正起始年。③此栏中的 1999 年和 2000 年为本章研究的截止年份，如果再过几年从事该项研究就会更有说明意义。有退出发生的最后一年就不会是研究的截止年份了。

资料来源：根据表 2 - 1 数据计算。

2.4　讨　　论

2.4.1　回归结果的讨论

第一，两个产业的回归结果中的 R^2 和 F 值都不显著。这证明 x_1^t（厂商数量）与 x_4^t（产业的利润减亏损，即净利润）、x_7^t（当年的资产收益率）以及 x_7^{t-1}（前一年的资产收益率）几乎不相关。换句话说，x_4^t，x_7^t 和 x_7^{t-1} 对于厂商的进入或退出几乎没有什么影响。

第二，从回归结果看，x_1^t 与 x_3^t（产业的销售收入，即表示市场增长的一个指标）是不相关的，这表明单个厂商的市场份额很小，两个产业的集中度是很低的。两个产业的比较表明，产业 4063 中的 x_1^t 与 x_3^t 低度正相关，产业 372 中的 x_1^t 与 x_3^t 负相关。原因在于产业 4063 生产的是与经济景气紧密相关的最终消费品。而到目前为止，产业 372 生产的主要是生产资料而不是消费品，生产资料与经济景气的联系不是十分密切；产业 372 产出的大部分是由非个人消费者（如企业、政府机构、医院等）作为生产投入要素购买的，只是在最近几年，一些城市家庭才开始购买汽车。

第三，定价权对两个产业的影响是不同的。自 20 世纪 90 年代以来，中国开始放松对消费品价格的管制。回归结果证明，在 1985～2000 年，产业 4063 的 x_1^t 与 x_7^t、x_1^{t-1}、x_4^t 和 x_5^t（产业的亏损额）几乎没有什么相关关系。这表明电冰箱厂商有权逐年通过降低产品价格来增加销售额，从而使得大多数在位厂商只能获得很低的利润率，有些厂商的利润甚至为负。相反，产业 372 中的厂商还没有完全获得自主定价的权力，因此，1985～2000 年期间，产业 372 的回归结果比产业 4063 的结果更令人满意。

第四，回归结果证明两个产业中的 x_1^i 和 x_6^i（产业的总资产额）之间的关联度是不同的。产业 372 为正相关，而产业 4063 为负相关。总的来说，进入产业 372 需要的资本额较大，这表明产业 372 具有明显的规模经济特性。相反，产业 4063 的进入壁垒是比较低的[①]，因此该产业中存在许多小规模、低技术含量的厂商。可见，在这两个产业中，进入与否与所需资本额之间关系紧密，换句话说，资本密集程度对于进入会产生阻碍作用。

2.4.2　进入退出的原因分析

1985～2000 年上述两个产业的计量回归结果之所以未证实资产收益率、盈亏额的状况能起到激励厂商进入或诱导厂商退出的作用，其原因在于：

第一，市场导向的改革和部分放松管制不可避免地会"激励"过度进入。事实证明，这种改革和部分放松管制吸引了很多企业进入（尤其是小规模企业的进入）。虽然政府意识到小规模企业过度进入导致的不合意的后果，通过"定点生产""发放生产许可证"、制定产品目录以及关停并转等措施"激励"企业退出，然而，却无法实现对经营成功者的激励和淘汰亏损者，结果是与政策制定时的期望差距较大。

第二，中国的经济制度缺乏调节和确保厂商退出的正常机制。一致公认的社会保障制度的不健全、资产专用性和其他退出壁垒正是企业退出的障碍所在。为了克服这些障碍，中国政府采取了一系列政策，例如鼓励一些国有小企业的兼并和收购、关闭一些亏损的企业、出售部分小型国有企业并使部分国有小企业转变为 ESOP（全员职工持股计划）企业，但是，只有少部分国有企业被顺利出售或转变成了非国有企业。

第三，中央和地方政府在准许企业退出方面表现的犹豫不决，主要原因有：（1）为了维持政局稳定和社会秩序，政府不愿让亏损企业关闭或破产。流行的说法是"稳定压倒一切"。事实上，其他国家也存在这样的考虑。（2）许多地方政府将长期安定团结作为重中之重，不惜以企业亏损为代价来换取比较高的就业或低失业率。政府在考虑企业进入或退出时不是追求资本投资的回报，而是更注重能否带来更多就业或仅仅是为了拥有更多的企业，这说明在保持低水平的失业将导致更多进入的同时也会阻止退出的发生。（3）不允许企业退出、不让工人下岗是各级政府官员的一种业绩。因此，在位经理为了保住自己的职位不愿意让企业关闭或拒绝被其他企业兼并就是可以被理解的了。

---

① 20 世纪 80 年代中期以来，中国城市经济改革和部分放松进入管制的首先是轻工部门（即消费品生产部门），尤其率先放开的是新企业的决策权。

2.5　结论与政策含义

2.5.1　结论

从以上研究可以得出结论：利润率（盈利状况）不是激励厂商进入的重要动机，负利润（亏损）也并不能导致厂商退出。由此可知，在中国主要是制度因素和制度壁垒吸引厂商进入和阻止厂商的退出[①]。深植在中国经济体制中的根深蒂固的制度性结构因素和国家经济政策因素在中国企业的进入退出中起着重要的作用，由此导致进入退出的原因与后果也与其他国家不同，这或许正是我国经济处于转轨时期的特殊性所在。正是进入退出的不同原因与结果，有助于我们针对中国经济转轨进程的特点制定切实可行的产业组织政策。

2.5.2　政策含义

加入 WTO 后中国经济快速走向开放经济会对我国产业组织和企业产生全方位的影响，不仅原先亏损的企业要尽快退出，即使原先盈利的企业也有可能变为亏损，造成大批中国企业退出。面对这种情况，政府政策是不能放任不管的。

从市场竞争的角度看，无论是外商投资企业的进入还是外国产品的进口，对中国从事替代品经营的厂商都将形成冲击。这种冲击的大小和影响取决于中国企业和产品的比较优势和竞争优势，以及比较优势是否能够转化为竞争优势。不同产业中的中国企业具有的比较优势和竞争优势是不同的，不同的比较优势与竞争优势决定了中国企业在与外资企业及其进口品竞争中的进入和退出。进入与退出对企业说是一个战略决策问题，从整个产业的角度看，则是一个产业组织问题。企业是进入还是退出首先是由不同产业的比较优势和竞争优势决定的，企业要根据自己所处产业在国际竞争中的地位和企业在该产业中的竞争力决定企业的进入与退出。一个国家各产业不同的比较优势与竞争优势决定了它在全球范围内的市场份额，也决定了能够进入这一市场的厂商数量。要在这种进入退出的重新洗牌中打造中国企业和产业的竞争优势，关键不是保护那些低效率的中国企业尤其是国有企业不被淘汰，而是以入世为契机创造一个有利于企业创新和公平竞争的市场环境，促使潜在的比较优势转化为现实的国际竞争优势，这才是政府产业组织

[①]　例如，产业 372 中的厂商数量由 1997 年的 6126 家下降至 1998 年的 2953 家，退出率为 51.80%。这主要归因于中央政府在产业 372 中采取了减少过度进入和企业重组的措施造成的。大约有 25 个的省份不顾中央政府对该产业的进入限制，仍将产业 372 作为 2001~2005 年"十五"期间发展的主导产业。

政策的重点所在。

　　从市场需求的角度讲，消费者的选择对企业的进入退出是一种"终极"意义上的决定因素。在市场上消费者行使主权，选择购买（或不购买）某一厂商的产品或某一类产品，对于企业的进入退出起着激励和诱导的作用，可以说是消费者主权"决定"某一产业中的厂商数量。从投资者的角度讲，投资者的预期也对企业的进入退出、企业的由小变大、由弱变强起着重要作用，尤其是当企业是上市公司时，在证券市场上投资者预期对引导资源配置和资源流动发挥着信号作用，决定着企业能够获得多少资源和预期的投资收益水平。既然这样，看来由消费者或投资者"制定"产业组织政策是比较恰当的。但是，消费者的需求或投资者的预期都存在个人理性与集体理性的矛盾，单个的消费者或投资者又都存在"搭便车"的心理，看来是不能担此重任了。

　　如何才能制定出科学合理的产业组织政策呢？问题在于究竟谁最了解产业发展的格局，谁最能准确地预测产业发展演变的趋势？是政府或政府中的某个机构，还是企业、行业协会或者是投资者呢？如果能够找到最了解产业发展格局、又能最准确地预测和把握产业发展演变趋势的"人"，那就应当由他来制定产业组织政策。关键是这个人存在吗？答案是否定的。在这种情况下，我们只能放弃"理论上的最优"，转而求次优或次次优。这样还是归结为政府究竟应该做什么？又能做到什么？做好什么？怎样做？换句话说，开放经济条件下，政府产业组织政策的制定要尽可能地充分掌握和反映国际国内市场竞争情况、产业发展趋势，考虑到国内企业和产业的优势劣势所在，根据情况适时地"微调"产业组织政策，才能达到一种比较"优"的产业组织政策的境界。

参考文献

　　[1] Weitzman M. , Contestable Markets: An Uprising in the Theory of Industry Structure: Comment [J]. *American Economic Review*, 1982, 72 (1): 1 – 15.

　　[2] Cabral L. M. B. , Experience Advantages and Entry Dynamics [J]. *Journal of Economic Theory*, 2004, 59 (2): 403 – 416.

　　[3] Carree M. , Thurik R. , Entry and exit in retailing: incentives, barriers, displacement and replacement [J]. *Review of Industrial Organization*, 1996, 11 (2): 155 – 172.

　　[4] Demsetz H. , Barriers to Entry [J]. *The American Economic Review*, 1982, 72 (1): 47 – 57.

　　[5] Geroski Paul A. , Murfin A. , Entry and industry evolution: the UK car industry, 1958 – 1983 [J]. *Applied Economics*, 1991, 23 (4B): 799 – 810.

　　[6] Geroski, Paul A. , J. Schwalbach. , *Entry and Market Contestability: An International Comparison* [M]. Blackwell, 1991.

　　[7] Geroski Paul A. , *Market Dynamics and Entry* [M]. Blackwell, 1991.

　　[8] Kleijweg Aad J. M. , Marcel H. C. , Lever. Entry and Exit in Dutch Manufacturing Indus-

tries [J]. *Review of Industrial Organization*, 1996, 11 (3): 375 – 382.

[9] Klepper S. , Miller J. H. , Entry, exit, and shakeouts in the United States in new manu-factured products [J]. *International Journal of Industrial Organization*, 1995, 13 (4): 567 – 591.

[10] Klepper S. , Entry, Exit, Growth, and Innovation over the Product Life Cycle [J]. *American Economic Review*, 1996, 86 (3): 562 – 583.

[11] Kiyono S. K. , Entry Barriers and Economic Welfare [J]. *The Review of Economic Studies*, 1987, 54 (1): 157 – 167.

[12] Whinston M. M. D. , Free Entry and Social Inefficiency [J]. *Rand Journal of Economics*, 1986, 17 (1): 48 – 58.

[13] Shepherd W. G. , The Elements of Market Structure [J]. *The Review of Economics and Statistics*, 1972, 54 (1): 25 – 37.

[14] Shepherd W. G. , "Contestability" vs. Competition [J]. *The American Economic Review*, 1984, 74 (4): 572 – 587.

[15] Tirole Jean. , *The Theory of Industrial Organization* [M]. The MIT Press, 1988.

第 3 章

进入退出壁垒与国有企业亏损：
一个产业组织理论的解释[*]

国有企业"有进有退""有所为，有所不为"在党的十五届四中全会召开之后就已成为社会各界关注的热点。从经济结构调整和国有企业改革发展的实践来看，国有企业为何亏损，怎样扭亏？国有企业从哪些部门退出？谁来安排退出，是政府部门，是中介组织，还是企业自身？怎样退出？退与不退的标准是什么？所有这些问题可以说是刚刚破题，急需进行研究和探讨。

3.1 进入退出壁垒及其分类

产业组织理论对进入退出壁垒的分析为企业定价、购并等竞争策略的制定提供了理论依据。进入退出壁垒是一个产业重要的结构性特征，影响到产业的竞争程度和绩效。进入退出壁垒是影响企业市场份额和集中度的决定因素，市场份额和集中度又是市场结构的两个主要决定因素。一般而言，市场实际竞争的内部条件是起决定作用的，潜在竞争等外部条件只是外因，外因要通过内因才能起作用。

按照产业组织理论的定义，进入壁垒是指当某一产业的在位厂商赚取超额利润时，能够阻止新厂商进入的那些因素。一般而言，进入壁垒分为结构性和策略性两大类，或者叫经济性的和行为性的。结构性的（或经济性的）壁垒产生于欲进入的产业本身的基本特性，即进入某一特定产业时遇到的经济障碍以及克服这些障碍所导致的成本的提高。策略性的（或者行动性的）进入壁垒产生于在位厂商的行为，特别是，在位者可以采取行动提高结构性壁垒，或扬言一旦进入就采取报复。对策略性进入壁垒的研究具有非常重要的理论和现实意义，它直接影响到潜在进入者的进入决策和在位者的竞争战略。

在实践中，有的产业的进入壁垒只是由经济原因形成的，有的则是由于经

---

* 本章作者为杨蕙馨，发表在《东南大学学报（哲学社会科学版）》2002 年第 5 期（文章有改动）。

济、技术和法律多种原因形成的。例如,政府对某些产品的生产经营只对少数特定厂商授予特许权而不允许其他厂商进入,某些公用事业的较高进入壁垒就是建立在技术和政府特许权两方面之上的,而绝大多数零售业和服务业的进入壁垒则微乎其微,许多技术性很强的服务业也具有较高的进入壁垒,关税和进口配额对外国厂商构成进入壁垒,对国内厂商则是一种保护。我们将这些壁垒归类为制度性进入壁垒,即政府及政府规制部门为了某种考虑和某一方利益而制定的针对进入的法律、规章等。

进入的反面是退出,有进入必然就有退出。但是,并不是所有进入壁垒的反面都形成退出壁垒。退出壁垒是限制退出的各种因素,即当某一产业的在位者不能赚取到正常利润(亏损)决定退出时所负担的成本,或者说在为厂商被迫在亏损状态下继续经营所造成的社会福利的损失。

形成退出壁垒的因素多种多样,如经济的、政治的、法律的等。构成退出壁垒的结构性因素主要是资产的专用性,即沉淀成本。沉淀成本的存在增加了在位者对已占领市场的依赖性,也是奋起阻击进入的重要原因。构成退出壁垒的行为性(或策略性)因素主要是管理者的行为。在所有权与经营权分离的前提下,管理者即经营者的效用函数会对企业所有者的退出决策施加重要的、有时甚至是决定性的影响。目前,中国国有企业的行为性退出壁垒主要来自原有体制的障碍,或者称之为制度性退出壁垒,如政府主管部门和地方政府的障碍、企业经理人员和职工(在职与退休)共同组成的利益集团的障碍等。

3.2 制度性进入壁垒与国有企业亏损

与结构性及行为性进入壁垒不同,制度性进入壁垒属于外生性进入壁垒,其特征是在形成人为垄断的同时完全消除了潜在竞争的存在与威胁。在制度性进入壁垒存在时,人为垄断产业的垄断者将会采取垄断定价方式选择相应的价格—产量水平,从而造成社会福利的损失。

制度性进入壁垒下产业及厂商赚取高额利润的事实,有助于纠正人们对于产业及厂商效率的评判,将利润(或利润率)作为衡量产业及厂商经济效益好坏的主要指标并非完全客观和公正,如果产业的平均利润率等于或低于正常水平时,厂商获取了高于正常水平的利润,则该厂商经营的经济效益或效率较高;如果因制度性进入壁垒形成产业的高利润,从而市场上具有同样高的利润率,但并不代表厂商的经济效益或效率较高。对产业而言,长期高于正常水平的利润率意味着进入壁垒的存在;如果这种壁垒是制度性的,高利润率就意味着社会福利的损失。鉴于此,不能只依赖利润率高低来评判产业及厂商的效率。

改革开放以来,我国制度性进入壁垒存在的产业范围是逐步缩减的,这无疑极大地改善了社会资源的配置，促进了国民经济的发展。然而，这并不等于说制度性进入壁垒不复存在。事实上，在电力、保险、金融、电信、交通、烟草、石化、航空等产业仍存在较高的制度性进入壁垒。加入 WTO 后由于外力的推动和市场经济制度的逐渐完善，制度性进入壁垒被破除，原有的产业高利润将会减少或完全消失，在位厂商的利润水平必将大幅下降，在考虑到具有更高效率的新厂商（内资与外资厂商以及进口）的进入，甚至大部分在位厂商（主要是国内企业）会出现亏损也就不难理解了。

当然，任何国家都不可能完全取消制度性进入壁垒。在某些场合制度性进入壁垒的存在是非常必要的，如国防工业、航空航天工业一定要针对外国厂商设置进入壁垒。此外，对于某些特殊产品和服务，也有必要限制厂商的进入，例如，烟、酒、盐，自来水、供热等市政建设项目等。

3.3　制度性退出壁垒与国有企业退出

按照经济学的原理，如果沉淀成本为零，当平均成本高于价格时就会产生亏损，厂商自然就会退出。有时厂商亏损时还不立即退出，是因为厂商不能完全补偿已经支付的沉淀成本。如果亏损持续下去，厂商肯定会选择退出而不是继续艰难挣扎。我国的现实却是另一番景象。迄今为止，国有企业尤其是大中型国有企业的破产仍属特例。早在 1992 年颁布实施的国有企业十四项自主权中，唯独没有退出权。国有企业的退出在实践中显得非常困难，最容易使人想到的是非经济性的原因，即国有企业退出将导致大量工人失业，不利于安定团结与社会稳定。我们暂且将考虑社会稳定作为国有企业退出的制约因素，那么，这种制约因素的根源又是什么呢？

从新中国诞生之日起，国有企业便作为一种体制的象征而存在，力图通过消除劳动与资本的对立体现社会主义计划经济体制的优越性。这样一来，国有企业既要尽可能多地获取利润维护资方（国家）的利益，又要让工人得到尽可能多的工资（包括实物及货币）显示其当家做主的主人翁地位。这样，本来由劳方和资方的非合作博弈谈判进行的利益分配，在国有企业中便转化成了双方利益之和最大化的合作博弈。现行经济实践和经济理论证明这一目标几乎是无法求解的。

正是从劳资双方利益之和最大化的愿望出发，国有企业便不能像私有企业那样在退出时只考虑资方的利益或价格与成本的比较是否造成亏损。可以说，制度性退出壁垒的存在某种程度上是对国有企业职工的一种保护，保护其免受私有企业职工通常遭遇到的被解雇风险。减少这种保护，提高国有企业职工的风险意识，增强他们投资于自身人力资本的激励，短期内有利于职工的再就业，从而有利于国有企业的退出和国有经济的布局调整，长期看则有利于国有企业现代企业制度的建立和完善，提升其市场竞争力。

　　从理论上说，如果没有退出壁垒的存在，任何企业就不可能出现持续性的亏损，因为一旦退出，亏损就宣告结束。由此可见，综合考虑到制度性进入壁垒和退出壁垒，才能解释国有企业的大面积持续亏损现象和部分国有企业时而亏损时而盈利的现象。众所周知，某一产业利润率的高低与市场需求状况是密不可分的，所以，在总需求扩张较快的 20 世纪 80 年代国有企业的亏损面及亏损额比较小，而到了 20 世纪 90 年代以后由于总需求的扩张越来越难，国有企业的亏损面及亏损额也越来越大。

3.4　经济转轨过程中的过度竞争与国有企业亏损

　　综上所述，过度进入、总需求下降和退出壁垒共同构成了今天许多产业过度竞争的条件。我国 VCD 机、纺织品、彩电、电脑、汽车等许多产业和产品均不同程度地存在着过度竞争。改革开放以来，由于金融预算软约束、政企不分和放权让利形成的扭曲的地方政府行为，使得过度进入频频发生，重复建设屡禁不止。

　　针对制度性壁垒和经济体制造成的过度进入，我国政府采取了一系列治理举措，如禁止新的国有企业，加强金融机构的资产负债管理，从而硬化企业的融资约束。政府针对已陷入过度竞争的行业采取了一些援助，如为转产提供资金与技术支持、帮助安置和培训职工，也有一些极端的措施，如纺织业的压锭，另有一些治理措施似有不妥，如公开支持在位厂商之间达成所谓的 "自律价" 或 "价格联盟" 等，这与公平竞争的要求相违。若要根本扭转过度竞争和国有企业的亏损态势，就必须加快制度性进入退出壁垒特别是退出壁垒的破除。1996 年以来，我国已有 5000 户国有企业实现了兼并破产，核销了 2000 亿元的银行呆账、坏账，还有 3000 户长期扭亏无望的企业需要退出；5 年来国有企业员工已经退出了 500 万人，还有 500 万人需要退出，急需疏通退出渠道。可见，国有企业的退出依然是任重而道远。

3.5　结　　论

　　制度性进入壁垒导致人为垄断产业的形成，而过度进入与制度性退出壁垒则造成了我国许多产业的过度竞争格局，从而导致厂商（大多数是国有企业）的高产量和低价格及亏损。只有尽快从根本上破除上述制度性壁垒，才有可能真正使国有企业摆脱亏损的困境，国有企业才能具有自生能力，而其他由于缺乏自生能力诱发出来的金融预算软约束、政企不分、激励不足、效率低下等问题将迎刃而解。

参考文献

［1］杨蕙馨：《企业的进入退出与产业组织政策》，上海三联书店、上海人民出版社 2000 年版。

［2］《山东商报》，2001 年 11 月 3 日。

［3］J. S. Bain. , *Barriers to New Competition* ［M］. Harvard University Press，1956：56 – 67.

［4］Shepherd，W. G. , *Economics of Industrial Organization* ［M］. Prentice – Hall Press，1979：31 – 38.

［5］Tirole Jean. , *The Theory of Industrial Organization* ［M］. MIT Press，1989：14 – 27.

［6］沈越：《论国有经济布局结构的调整》，载《经济学动态》2001 年第 3 期。

［7］原毅军、丁永健：《产业过度进入问题研究评述》，载《大连理工大学学报（社会科学版）》2000 年第 3 期。

［8］中国社会科学院工业经济研究所：《中国工业发展报告（2001）》，经济管理出版社 2001 年版。

第 4 章

进入退出与国有企业的
退出问题研究[*]

近几十年来，进入退出及进入退出壁垒的相关理论一直是产业组织理论中令人关注的焦点之一，对于该理论的相关研究构成了现代经济理论的前沿。国内学者经过十几年的研究，在该领域也取得了丰硕的成果。准确把握企业进入退出在产业组织理论中的位置，结合中国的制度因素，通过企业进入退出壁垒的分析，考察进入退出壁垒为什么失效，从而可以看出进入退出理论在为国有企业改革提供思路与对策方面的重要意义。

4.1 进 入 退 出

进入退出是产业组织理论中关联着企业、产业与市场的重要概念，可以说，产业组织的许多问题都是围绕着企业的进入退出展开的。例如，市场结构是由企业的进入退出的数量所决定；企业的策略性行为是为了达到进入、占领或退出相关产业目的而进行的；企业的过度竞争则是由于产业内进入企业过多引起的，等等。这些问题构成了产业组织的主要内容。综观国内外进入退出研究的相关文献，我们认为进入退出在产业组织理论中的位置可以用图 4-1 来概括。

国内关于产业组织的研究是伴随着我国改革开放和市场经济体制的建设不断展开的，起初的研究主要集中在产业结构与产业关联方面，相关成果可以参阅臧旭恒等主编的《产业经济学》中的总结。随着研究的不断深入，到 20 世纪 90 年代，产业组织的研究集中在基础理论、产业组织专题和案例研究。此时，进入退出作为产业组织理论的重要组成部分逐渐进入中国学者的研究视野，初始阶段也主要集中在基础理论的研究，例如马建堂、于立、陈明森、江小涓等人的研究，分析了进入退出和进入退出壁垒的基础概念及其适用范围。到 20 世纪 90 年代中

---

* 本章作者为杨蕙馨、王军，发表在《南开经济研究》2004 年第 4 期（文章有改动）。

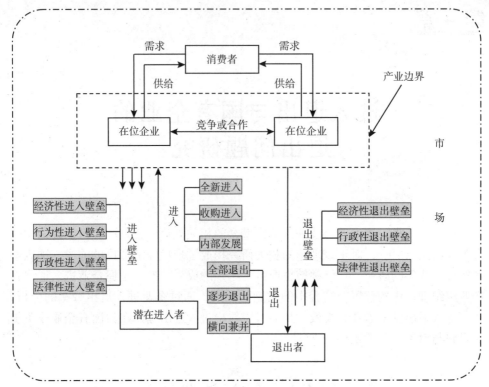

图 4-1　进入退出在产业组织理论中的位置
资料来源：国内外进入退出研究的相关文献整理。

后期，由于我国工业经济绩效进一步恶化，产业组织研究主要集中在对我国经济运行中存在的过度竞争和经济绩效恶化现象、进入退出壁垒及沉淀成本问题的研究上。一种观点认为，由于我国进入退出壁垒高，结果是引发了过度进入，进而是过度竞争，导致工业经济绩效普遍下降，解决问题的出路就是根据不同产业的特点重构我国的进入退出壁垒，政府政策的着眼点应该是有序竞争的秩序；另一种观点认为，经济绩效下降的原因是低效率的体制使得企业行为扭曲，只能通过加快改革才能改变这种状态。由于中国企业所表现出来的特点使研究进入退出壁垒的失效变得重要，因此该问题的研究对中国企业与中国制度方面关系的理解有着现实指导意义，国内学者应用进入退出及进入退出壁垒理论对我国许多行业进行了分析，从进入退出的角度提出了大量的建设性意见，尤其是关于国有企业退出方面。实践中，改革的重要措施之一是国有企业的退出，构成进入退出研究的热点。

4.2　进入退出壁垒

进入壁垒的含义和分类。依贝恩的定义，进入壁垒（entry barriers，也有学者称其为进入障碍）是指市场中在位企业相对于潜在进入者的优势，这些优势反映在在位企业可以持续地把价格定在完全竞争水平以上并没有引起潜在进入者进入的程度。从这一定义看出，贝恩把进入壁垒视为保持长期高价格的任何因素，形成进入壁垒的因素都可以反映在价格水平上。于立曾从价格的角度分析了进入退出的障碍，认为"其他条件不变时，进入障碍越严重，价格扭曲程度就越大，因此造成的社会净损失也越大，这不包括由此带来的连锁损失"，并且指出了进入障碍与价格扭曲的关系即"进入障碍导致价格垄断，价格偏低构成进入障碍"。

国内学者在定义进入壁垒时更侧重于影响进入的因素或条件。例如马建堂、陈明森、杨蕙馨关于进入壁垒的定义归根结底都是在分析影响进入的因素与条件。反观进入壁垒的定义，如果从在位企业角度分析，无疑都对在位企业构成一种优势，正是这一占先的优势影响了新的进入。因此，从本质上讲，进入壁垒是对供给的约束，而这种约束之所以有利于先入者而不利于后入者乃是由于先入者拥有"占先优势"。简言之，进入壁垒本质上是在位者的一种占先优势，这一占先优势可以体现在资源占优、认知占优和市场容量占优等诸多方面。

国内学者关于进入壁垒的分类既有相似之处也存在分歧。杨蕙馨认为进入壁垒可以分为两大类即经济性的和策略性的，或者称为结构性的和行为性的，张书云等在分析新兴产业的进入壁垒及竞争时就采用了这一分类。而邓启惠则将进入壁垒分为经济性的和行政性的，陈明森则明确区分了行政性进入壁垒和法律性进入壁垒的不同。

关于退出壁垒。杨蕙馨指出退出壁垒是指当某一产业的在位厂商不能赚取到正常利润（亏损）而决定退出时所负担的成本，或者说是已经投入还未收回的那部分投资在退出时依然还不能收回，即沉淀成本。可以看出，这一定义是从成本（即沉淀成本）角度来分析退出壁垒。事实上，在中国形成退出壁垒的因素是多样的，不仅仅涉及沉淀成本，政府的干预、法律法规等均能形成退出壁垒，例如政府干预就业问题时，实现退出的壁垒是很高的，所以这一定义是片面的。

江小涓则认为退出壁垒的含义是指即使在过度进入的行业，企业的退出仍然有高昂的成本，构成这些成本的主要因素有资产专用性带来的损失，工资刚性和技能差异引起的劳动力转移困难，进入其他行业时碰到的进入障碍，社会保障不完善引起的社会和政治问题等，这些成本可能是如此昂贵，使得企业即使明白继续滞留在能力过剩的行业中已不可能改变其困难处境，但仍然不能或不愿退出。这一定义显然也是从成本角度来分析的，但这里谈到的成本远比沉淀成本要丰富得多，然而这一定义的出炉是在讨论过度进入和能力过剩的前提下展开，因此并不能成为一个通用的概念。或许，取上述两人的长处而形成的混合体更能充分说明退出壁垒的内涵。

退出壁垒也可分为经济性、行政性以及法律性退出壁垒。而讨论较多的是由于沉淀成本带来的经济性退出壁垒，沉淀成本无疑具有双重身份，既能阻止企业的进入又能阻止企业的退出。行政性和法律性退出壁垒在国内的研究往往是和国有企业的退出联系在一起的，相关分析将在后面展开。

沉淀成本的双重身份。沉淀成本的双重身份表现在，一方面它可以作为进入壁垒进行分析；另一方面可以作为退出壁垒来分析。在国外的产业组织理论中，从贝恩到萨顿都将沉淀成本视为不完全竞争的来源，把沉淀成本作为潜在进入者的进入壁垒。然而，国内学者一般是视沉淀成本为退出壁垒。

沉淀成本是那些一旦投入并承诺了专用用途后就不能收回的成本，沉淀成本产生的原因在于某些经济活动需要专用性资产，这部分专用资产几乎不能再作别的用途。汤吉军、郭砚莉将因生产要素专用性带来的利益损失称为生产要素沉淀成本，将终止契约给企业参与者带来的利益损失称为契约性沉淀成本。他们认为：第一，沉淀成本来自生产要素专用性，这些生产要素一旦投入并承诺了专用用途后不能转为他用；第二，即使不具有专用性，由于生产要素在购买之后再出售价格也会下降，这部分沉淀成本与信息不完全相关；第三，折旧率会影响生产要素的沉淀成本数量；第四，显性或隐性契约以及政府的制度规定也会产生沉淀成本。

杨蕙馨在论述可竞争性市场时指出，可竞争性市场存在的关键在于没有沉淀成本，当存在沉淀成本时，厂商将面对退出壁垒。所以，自由的没有成本的退出是可竞争性市场存在的关键，或者说，沉淀成本是可竞争性市场上唯一造成进入壁垒的根本原因。事实上，这里的论述已经承认了沉淀成本的双重身份。

4.3 进入壁垒失效

中国企业所表现出来的特点使研究进入退出壁垒的失效变得重要，这不仅仅与中国企业本身的运行机制有关，而且和中国的制度原因难以脱离关系。

进入壁垒具有正负两方面的效应，因此它是一把"双刃剑"。一方面，进入壁垒具有正面影响：第一，可以在一定程度上阻止非规模经济企业进入，有利于推进规模经济的形成；第二，可以提高社会产品的效用，满足消费者多样化需求；第三，可以促进创新和技术扩散；第四，可以防止企业过度进入和无序竞争，有利于提高资源配置效率和社会福利水平。

另一方面，进入壁垒也有负面效应：第一，进入壁垒会导致价格扭曲或失真，形成垄断与垄断价格；第二，进入壁垒使产业内原在位企业在无外在竞争压力的情况下，不去尽全力降低产品成本；第三，进入壁垒会导致企业丧失投资时机，限制自由竞争从而降低效率；第四，进入壁垒会排斥竞争机制，限制资源自由流动，导致资源配置低效率。

进入壁垒对潜在进入者进入市场的阻碍作用，是通过进入主体的理性预期而发生作用的，进入预期构成市场主体行为的事先约束。在我国目前特定的市场条件下，潜在进入者进入市场的预期往往带有"乐观"情绪，进入壁垒失效已经成为企业进入的常态。

（1）新兴产业诱发进入导致进入壁垒失效。对于新兴产业，往往具有较长期的高额利润、未来需求快速增长以及技术进步的预期，这样就会诱发大量的进入而导致进入壁垒失效。

（2）预算约束软化导致进入壁垒失效。在预算约束软化的条件下，由于软性价格、软性税收、软性信贷和补贴的存在，潜在进入者往往会对收益产生偏高预期，而对进入成本产生偏低预期，从而自然会做出过度投资、过度进入的选择。与企业相比，地方政府作为投资主体的投资约束更软，投资风险和进入成本不需要个人承担，形成越是大规模投资越是缺乏必要约束的"帕金森现象"，从而进入壁垒的失效程度也就更为严重。

（3）进入目标多元化导致进入壁垒失效。目前，我国进入主体呈现多元化倾向，地方政府在众多的进入主体中起着举足轻重的作用，不仅新建项目要由它们提出并筹集资金，而且企业重要技改项目也要由地方政府审批。对于地方政府，进入市场的目标具有双重性，除了经济利益外，还有非营利的行政目标，例如扩大就业、社会稳定、建立门类齐全的地方工业体系等。在潜在进入者目标多元化的情况下，进入主体自然不会把投资规模定在利润最大化的水平上，这时企业的投资必然大于利润最大化条件下的均衡投资，即产生过度进入。

（4）进入眼界短视行为导致进入壁垒失效。目前我国行政官员任期比较短，进入者的时间眼界普遍较短，出于政绩考虑，他们往往倾向于选择短平快项目，这就导致进入壁垒机制的紊乱与失效，造成企业进入决策中普遍存在短期行为，倾向于选择技术含量低、投资少、风险小的项目。至于企业的发展前景则是下任官员的事情，从而造成企业畸形进入。

（5）二元经济结构的比较利益导致进入壁垒失效。在市场竞争不充分的条件下，潜在进入者进入市场的理性预期不能简单地理解为同行业之间的比较，而是指各行业特别是劳动力退出行业与劳动力进入行业成本与收益的双重比较。我国目前仍存在着二元经济结构，从农业部门转移出来的劳动力和资本投向技术落后、设备简陋的乡村工业，其绝对成本十分高昂，但是与传统农业相比在经济上是合算的。这种二元经济结构比较利益的存在，使得绝对成本的壁垒作用消失殆尽。

4.4　不同产业的进入退出与国有企业退出

从分析的领域来讲，国内关于进入退出的研究主要是通过不同产业进入退出壁垒分析和国有企业退出分析，为中国的经济发展、国有企业退出和产业组织优化提供思路与对策建议。

4.4.1 不同产业的进入退出

关于不同产业的进入退出分析，昌忠泽认为当考虑进入退出壁垒只分成高或低两类简单情况时，便有四种组合关系：第一，易进易出——进、退壁垒低，包括文教体育用品业、饮料制造业、食品加工业、印刷业等；第二，易进难出——进入壁垒低、退出壁垒高，包括机械工业、化学工业、纺织工业等；第三，易出难进——进入壁垒高、退出壁垒低；第四，难进难出——进退壁垒均高，包括石油、天然气采选业、烟草加工业、煤炭工业等。从获取利润角度看，它们的关系如表4-1所示。

表4-1　　　　　　　　　　　进退壁垒与收益的关系

		退出壁垒	
		低	高
进入壁垒	低	低的、稳定的收益	低的、风险大的收益
	高	高的、稳定的收益	高的、风险大的收益

可见，易出难进的方式能够获得高的稳定的收益，这种方式是不是一种合理的状态呢？恐怕是不能一概而论的。当有些产业天然就是竞争性的时，提高壁垒是不利于产业的发展的，并且当进入壁垒高到一定程度时，就容易形成垄断。所以，通过提高进入壁垒、降低退出壁垒来改善产业组织状况，只能说是一种相对合理的政策。

当涉及具体产业的分析时，多数学者结合中国的实际情况，分析了具体产业的进入退出壁垒以及形成这种进入退出壁垒的原因，并提出了相应的措施来适度提高或降低进入退出壁垒。当然，这些分析的目的是促进我国各行业的有序竞争，加快国有资本从竞争性产业领域退出，允许各种所有制性质的资本进入原有行政垄断产业，从而打破垄断。

4.4.2 国有企业退出

关于国有企业退出的分析包括国有企业退出原因、退出途径、退出壁垒的分析以及退出援助的分析四个方面。

1. 国有企业退出原因

第一，多数学者认为国有企业之所以要退出，是因为存在能力过剩和过度竞争现象。"能力过剩"（excess capacity）或"过度竞争"（excessive competition）

指的是这样一种状态：某个产业中由于进入的企业过多，生产能力远远大于需求，使许多企业处于低利润率甚至负利润率的状态，但生产要素和企业仍不从这个行业中退出，使全行业的低利润率或负利润率的状态持续下去。事实上，关于国有企业的能力过剩或过度竞争可以理解为：一是国有企业的规模与其所需的供给及市场条件不相适应，"国有企业"的供给大于对"国有企业"的需求，"退出"指的是部分国有企业从国有部门退出；二是相当一部分国有企业的行业分布不当，处在竞争性较强的行业或相对衰退的传统行业中，"退出"指的是部分国有企业从这些行业中退出。所以国有企业的退出主要是指这两方面的退出。能力过剩或过度竞争的危害主要有两方面：一是过度竞争对技术进步的影响；二是过度竞争对市场秩序的影响。因此国有企业应该也必须有选择地退出。

　　第二，国有企业的重复建设现象严重。适度的符合专业化分工协作要求的重复建设是市场竞争的需要，而由于经济体制方面的政企不分、行政分割、市场分割、缺乏优胜劣汰的市场机制；政府政策方面的急于求成，中央政府与地方政府的协调不力；企业方面的信息不灵，没有成为完全自主经营、自负盈亏的商品生产者等原因导致了我国大量的重复建设的存在。因此，必须通过国有企业的退出把已有的重复建设减下来，并且要从政策上尽力避免新的重复建设。

　　第三，国有资本的稀缺性决定了国有企业必须有选择地退出。经济学上的稀缺并不是指资源在绝对数量上的多寡，而是指相对于人们不断上升的需求来说，用以满足这些需求的手段（即有用资源）相对不足。而资源的有效配置要求人们在稀缺资源的多种用途中权衡比较，根据轻重缓急做出选择，找出对自己最有利的配置。对国有资本而言，资源配置问题其实就是"要把力气用在刀刃上"的问题，要将有限的国有资本投入到关系国民经济命脉的重要领域，起到对整个国民经济的宏观控制作用，国有资本应摒弃那些进入壁垒低、竞争性强、国有资本难以发挥效益的竞争领域，只有突出重点、注重质量的配置才是有效率的配置。所以，国有资本应该只保留在那些关系国家经济命脉的领域，也就是说国有企业需要做强，而不是单纯的数量多。

　　2. 国有企业退出途径

　　一是制度性退出，即通过改变国有企业的制度安排把国有企业变为非国有企业，具体途径可以通过拍卖、出售等方式进行；二是结构性退出，即还国有企业本来面目，让其退出一般竞争性领域，具体途径是将原有国有企业单一所有制形式通过资产重组和股份制改造成为多种经济成分混合所有的企业形态，并通过生产要素的进入与退出完成结构调整；三是终极退出或破产，即企业在法律受理的破产程序之内宣布完全解体，资产全部变卖、逐一偿还债权人，以达到优胜劣汰、保护债权人权益的目的。

　　3. 国有企业退出壁垒

　　国有企业的退出壁垒和中国的经济体制、经济制度是密切联系的，古汉文的研究认为，国有企业退出至少有三个基本约束：一是"非常福利"的正反馈机制；二是业已形成的"分享格局"；三是持续的就业压力。这三个基本约束决定了国有企业将国有资本转让或出售给企业经理人员及职工，即采取"内部置换型"路径退出较为切实可行。

江小涓对退出障碍的定义中实际上已经指出了她论述前提下的退出壁垒来源于资产专用性、工资刚性以及社会保障不完善等因素，于是，她提出一系列的援助退出政策以促进过度竞争以及能力过剩行业中国有企业的退出。

杨蕙馨在分析制度性退出壁垒时也是结合中国经济转型期国有企业的退出展开的，她认为转轨时期影响国有企业退出的主要原因有三：政府出于政治上和社会稳定上的考虑阻碍亏损企业的退出，追求"稳定压倒一切"；地方政府出于经济上考虑阻碍企业的退出，这主要源于财政上的需要；政府领导人显示自己政绩的需要。

4. 国有企业退出援助与强制性退出

当前，我国许多国有企业面临的困境与我国产业结构的调整变化有着直接的联系，虽然市场机制的作用方式就是通过竞争优胜劣汰，但是，如果不能采取有效措施帮助一部分特别困难的企业退出，在一些变化剧烈的时期，尤其是这些变化致使一些人数众多、谈判和集体行动能力较强的阶层的利益受到损害时，若不能采取措施对这些受损者进行适当补偿，变化的过程就会受阻，社会的稳定就会受到影响。因此，在涉及行业性、区域性的结构调整时，为使国有企业顺利退出，国家有必要采取退出援助政策。具体来讲，这些政策包括：设立产业调整援助基金，援助企业的退出和转产行为；通过受益者提供的补偿援助退出企业；对企业员工失业和再就业问题制定特别政策；对区域性调整的成套援助措施。

在极端情况下，政府还可以采取强制退出措施。这种方法比较适合于传统产业，如机械、纺织、轻工、有色冶金和化工、军工等。这些行业具有沉淀成本大、退出壁垒高的特点，是现有国有企业自身难以跨越的，必须依靠外界力量的推动。纺织业的限产压锭就是我国实行退出援助与强制退出相结合比较成功的行业。在我国纺织业改革过程中，政府一方面对纺织业采取压锭、人员分流政策，以消除过剩生产能力；另一方面加大对纺织业的扶持，如提高出口退税率等。"在一系列措施引导下，曾经是国有工业中困难最大、亏损最严重的纺织业终于在 1999 年扭亏为盈。"

4.4.3 理论研究的困惑——企业进退与国有企业退出

寻找相关政策正确引导中国企业进退以及促进国有企业的退出一直是困惑国内学者的问题，尽管国家也在出台一系列的改革政策以期解决这一难题，但效果并不尽如人意。有些学者也提出解决问题的思路可以放在企业制度创新、加快政府职能转变、完善产权交易市场、资本市场和劳动力市场、加快社会保障体系的建立健全等策略上，但是，这种种策略似乎都关系着相关利益者的权责利的再分配问题，这都将成为进入退出理论新的研究视野。同时，我们不能忽视的是在国有企业退出后一系列的后续影响，如国有资产流失、企业员工失业、社会负担加重以及银行贷款收不回等，这些都将影响国民经济的发展，因此，研究国有企业退出后的效应将更有助于我们寻找恰当的产业组织优化策略。

参考文献

［1］臧旭恒、徐向艺、杨蕙馨：《产业经济学》，经济科学出版社 2002 年版。

［2］马建堂：《论进入壁垒》，载《经济研究资料》1992 年第 11 期。

［3］于立：《国有企业进入和退出产业的障碍分析》，载《经济研究》1991 年第 8 期。

［4］陈明森：《论进入壁垒与进入壁垒政策选择》，载《经济研究》1993 年第 1 期。

［5］江小涓：《国有企业的能力过剩、退出及退出援助政策》，载《理论探索》1995 年第 4 期。

［6］周维富：《2000 年我国工业经济学研究综述》，载《财经问题研究》2001 年第 10 期。

［7］杨蕙馨：《从进入退出角度看中国产业组织的合理化》，载《东南大学学报（哲学社会科学版）》2000 年第 4 期。

［8］卢荻、郑毓盛：《中国工业企业财务业绩恶化趋势的现实及理论解释》，载《经济研究》2000 年第 7 期。

［9］Bain，J. S.，*Barriers to New Competition* ［M］. Harvard University Press，1956：8 - 16.

［10］杨蕙馨：《企业的进入退出与产业组织政策》，上海人民出版社 2000 年版。

［11］李靖华、郭耀煌：《占先优势：一个进入壁垒的系统分析》，载《上海经济研究》2000 年第 11 期。

［12］张书云、王万宾、王坤：《新兴产业的进入壁垒及竞争分析》，载《经济问题探索》2002 年第 10 期。

［13］邓启惠：《浅谈市场进入壁垒及其效应分析》，载《经济问题》1996 年第 2 期。

［14］汤吉军、郭砚莉：《我国国有企业退出的内生性分析》，载《产业经济评论》2002 年第 2 期。

［15］OECD，Glossary of Industrial Organization Economics and Competition Law ［EB/OL］. Centre for Co - Operation with European Economies in Transition，Paris，1993.

［16］昌忠泽：《进入壁垒、退出壁垒和国有企业产业分布的调整》，载《经济理论与经济管理》1997 年第 3 期。

［17］张海如、王纪山：《消除过度竞争是中国产业发展的必然抉择》，载《生产力研究》2001 年第 6 期。

［18］谷书堂、杨蕙馨：《从进入退出角度对重复建设的考察》，载《南开学报（哲学社会科学版）》1999 年第 5 期。

［19］林燕：《转轨背景下重复建设的根源及其治理》，载《理论观察》2002 年第 4 期。

［20］张晖明、潘莹：《国有经济布局调整与国有经济控制力》，载《上海经济研究》

1999 年第 11 期。

［21］于国安：《国有企业退出竞争性领域的壁垒分析》，载《财政研究》2002 年第 5 期。

［22］谷汉文、聂正安：《国有企业的"非常福利"与国有企业退出》，载《经济评论》2003 年第 1 期。

［23］谢地、李世朗：《我国国有企业退出壁垒分析及对策》，载《当代经济研究》2002 年第 8 期。

［24］盖骁敏：《过度竞争与国有企业进入、退出壁垒分析》，载《印度洋经济体研究》2001 年第 4 期。

［25］张伟、闫虹：《理性进入和退出　走出微利经济》，载《北京化工大学学报（社会科学版)》2000 年第 1 期。

第 5 章

产业组织理论研究：
由静态到动态的变革*

5.1 马歇尔冲突与单向线形 SCP 范式的修正

一般认为，产业组织理论源于以马歇尔为代表的新古典经济学。在 1890 年出版的《经济学原理》中马歇尔就在萨伊的土地、劳动和资本三大生产要素基础上，提出了第四种生产要素"组织"。马歇尔提出的"组织"除了包括企业内部生产组织形式，还包括企业之间的组织形式。马歇尔注意到，追求规模经济是效率使然，其结果是大企业支配地位的增强和垄断的抬头。垄断则是阻断价格机制作用的罪魁，损害经济效率的同时导致规模报酬递减。显然，规模经济和垄断在马歇尔那里成了一对难以解决的矛盾，这被后人称为"马歇尔冲突"。面对这样的矛盾，马歇尔曾经试图采用企业"生成—发展—衰退"的过程来解释垄断最终的终结，或者说规模经济和竞争是可以获得某种均衡的。而这种均衡论恰恰成为后来经济学家所抨击的对象，也是新古典经济学被后人所不断质疑的对象。许多学者认为在马歇尔的《经济学原理》中包含着大量的经济动态的思想（纳尔逊和温特，1997），甚至有学者认为之所以新古典经济学最终不得不只进行均衡研究是受限于当时的经济学研究方法（杨小凯，2000）。然而，以此发展起来的新古典经济学一直固守着均衡的阵地，无法解释经济是如何发展和演进的。

经济发展的实践对马歇尔观点更是一个反叛，20 世纪大型制造业公司的大量涌现并没有出现马歇尔所预想的垄断企业的终结，现实的问题是企业规模越来越大的同时，中小企业也生机勃勃。新古典经济学面对大量的垄断和不完全竞争的现象，难以解释当时的竞争秩序。张伯伦和琼·罗宾逊的垄断竞争理论，以及克拉克的"有效竞争理论"等对新古典经济学的补充大大推动了产业组织理论的产生和发展。尽管如此，他们所研究的各种竞争秩序仍然是在寻求一种静态均衡

* 本章作者为王军、杨蕙馨，发表在《东岳论丛》2006 年第 1 期（文章有改动）。

的结果。

20 世纪 30 ~ 50 年代，以梅森和贝恩为主要代表的哈佛学派建立了完整的 SCP 理论范式，即结构—行为—绩效（Structure – Conduct – Performance）的分析范式。他们采用 SCP 范式对许多产业进行了大量的案例研究，然而这种范式完全建立在新古典经济学的经济理论基础上，他们仍然坚守着静态均衡的阵地，并且认为 SCP 是具有单向传递作用的线形框架，即市场结构决定了市场中的企业行为，而企业行为则决定了市场绩效的各个方面。图 5 – 1 描述了结构、行为和绩效之间的单向线形关系，按照传统产业组织理论的逻辑，市场结构、行为、绩效之间存在的是一种简单的、单向的、静态的因果关系（杨蕙馨，2000）。

图 5 – 1　结构—行为—绩效的单向线形框架

资料来源：引自 Martin S. *Industrial Economics – Economic Analysis and Public Policy* [M]. Second Edition, Macmillan, New York, 1994, 3。

然而，大量的理论和实证研究表明市场结构、行为和绩效之间的关系远不止这么简单，单向线形 SCP 范式只反映了问题的一个方面。市场的结构、行为和绩效之间的关系是复杂的和相互作用的。斯蒂芬·马丁（Martin）指出，市场的结构和行为两者都部分地受到潜在需求和技术的影响，市场结构影响企业行为，同时企业的策略性行为也影响着市场结构，结构和行为相互作用决定着市场绩效，销售的努力程度作为企业的行为也影响着市场的需求。另一方面，市场绩效反过来会影响企业的技术进而影响市场结构。企业的市场绩效会表现出动态性的累积效果或者说由于技术积累而带来的市场势力，同样会对结构和行为造成影响。获利的机会吸引更多的企业进入市场，对市场结构具有动态变化的影响效果。这一作用机制可以用图 5 – 2 表示。

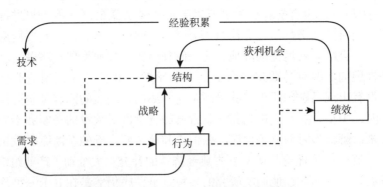

图 5 – 2　结构—行为—绩效相互作用框架

资料来源：引自 Martin S. *Industrial Economics – Economic Analysis and Public Policy* [M]. Second Edition, Macmillan, New York, 1994, 7。

后人对 SCP 范式的修正从某种程度上突破了传统 SCP 范式固守的均衡和静态的阵地，产业组织理论中逐渐包含动态演化的思想，在揭示经济现象时更具有说服力也更接近于社会实践。尤其是博弈论和信息经济学的应用，使 SCP 由单向静态的分析范式转变为双向的、动态的分析范式时不仅能够更敏锐、更完善的反映现实，同时还突破了厂商单纯追求利润最大化的单一目标（杨蕙馨，2000）。其中最具有代表性的当属泰勒尔（Tirole）的《产业组织理论》的出版，泰勒尔借助博弈论的方法将企业行为对结构和绩效的影响研究推向新的高度。博弈论的引入同时还意味着对传统的市场机制决定的瓦尔拉斯均衡可行性的怀疑（臧旭恒、徐向艺、杨蕙馨等，2000）。

鲍莫尔（Baumol W. J.）、潘扎（Panzar J. C.）和威利格（Willig R. D.）等人创立的"可竞争市场理论"（Theory of Contestable Markets）进一步克服了传统的 SCP 范式中市场结构、行为和绩效间的单向线形关系和逻辑关系，强调潜在竞争对现有厂商行为的影响。由于市场中潜在进入的威胁，必然迫使在位厂商通过降低成本、进行技术创新、扩大经营规模等行为的改变来改变市场结构，同时也改变了运行绩效（臧旭恒、徐向艺、杨蕙馨等，2002）。

5.2　新奥地利学派与竞争性市场过程

产业组织理论的新奥地利学派是在继承门格尔（Menger C.）和庞巴维克（Bohn – Bawark E.）等早期奥地利经济学家的思想和方法的基础上发展起来的。早期奥地利经济学派曾经在 20 世纪 20～30 年代发展到顶峰，但随后的 30 年间，该学派部分被微观经济学主流所吸收，部分为凯恩斯的宏观经济学所取代（刘志铭，2001）。直到 60 年代以后，受到米塞斯（Mises L.）的巨著《人类行为》和哈耶克（Hayek F. A.）经济思想的影响，一些英、美经济学家发表了大量的著作，由于他们继承了奥地利学派的思想和传统，所以被称为新奥地利学派。

新奥地利学派强调市场是一个学习和发现的过程，其有关竞争的观点与新古典经济理论有着明显的区别。新古典经济学把竞争解释为现实的和潜在的竞争使价格趋向均衡点的边际成本，强调静态的均衡分析。而新奥地利学派理解市场时着重过程分析，认为市场竞争是一个动态的过程，仅仅沿用传统静态均衡的研究方法显然是不合理的。米塞斯（1996）指出"市场不是一个地方，一种事物，也不是一个集体性的主体，市场是一个过程"，它是一个从一套错误价格到一套可相互调整的价格纠错过程（刘志铭，2001）。新奥地利学派的产业组织理论的基础是奈特（Knight）式的不确定性概念，以此为前提从不完全信息出发，把竞争的市场过程理解为分散的知识、信息的发现和利用过程，他们认为市场的均衡是短暂的，而不均衡则是一种常态，因为市场中存在着未被发现的信息或信息不完全而造成的决策失误会导致利润机会的丧失，市场由此失去了均衡状态。新奥地利学派将社会福利的提高归结为企业生产效率的提高，这与哈佛学派所强调的配置效率是不同的，他们认为只要不依赖于行政干预，垄断企业实际上是生存下来的最有效率的企业，市场竞争过程就是淘汰低效率企业的过程。

新奥地利学派的竞争性市场过程理论的另一个焦点就是企业家精神。在新古典经济学家眼里，企业家是一个被动的或者受忽视的角色，而在奥地利经济学中，企业家在寻求新的利润机会中起着十分关键的作用。市场过程是"企业家追逐利润的竞争，他们不能容忍错误的生产要素价格持续存在"，他们是"首先了解在实际状态与可能状态之间存在不同的那些人（米塞斯，1996）"，他们的行动导致了要素价格的系统性调整，并使消费品价格发生调整，这个价格调整的纠错过程构成了米塞斯的企业家的市场过程（刘志铭，2001）。

可见，新奥地利学派的产业组织理论包含了大量的演化思想。其重要的代表人物哈耶克和熊彼特（Schumpeter）被许多学者同时归入演化经济学家的行列。哈耶克认为竞争过程不产生均衡，它只能提供某种"秩序"，均衡代表着一个终结点，而"秩序"则是经济向着均衡运动的趋势。熊彼特用"创新"这一概念去分析变化和竞争的过程，并且"创新"从某种程度上讲也是打破均衡的重要方式，使竞争更像是一个过程，而不是一个状态。

5.3 演化经济学与产业组织演化

演化思想源于亚当·斯密的《国富论》。现代经济学分析延续了《国富论》里具有指导意义的三个问题：一是关于经济秩序问题，即如果没有政府当局的指引和命令，经济如何协调一致发展；二是对价格、投入和产出的大量讨论，如何解释劳动的价格以及土地价格；三是经济发展的过程是怎样的（Nelson and Winter，2002）。前两个问题在200多年前提出时就得到深入的研究，为现代经济学框架的形成打下了基础。第三个问题却一直没有受到应有的关注，尽管在20世纪初演化思想曾经一度盛行，但是二战以后却难见其身影，直到被纳尔逊（Nelson）和温特（Winter）再次提起。

演化经济学（evolutionary economics）已经成为当今国外经济学界最热门、最前沿的领域之一（吴宇晖、宋冬林、罗昌瀚，2004）。1982年，纳尔逊和温特合著的《经济变迁中的演化理论》出版发行，标志着现代演化经济学的形成。他们使用变化（variety）、不确定性（uncertainty）、惯例（routines）、路径依赖（path dependency）、有限理性（bounded rationality）和选择（selection）等概念，来代替新古典经济学中完全理性、最优化行为和确定性。新古典经济学只能解释现存路径条件下决策过程（Lambooy and Boschma，1998），也就是说，新古典经济学是在既定的制度下寻求均衡，分析均衡如何运行，是一种静态分析方法。不确定性和有限理性则是演化理论最重要的行为假设前提，预示着决策制定和调整的本质特性。由于行为人所处环境非常复杂并且不稳定，难以获得制定决策所必要的信息，因此他面临着大量的不确定性。演化经济学则致力于在不确定性和有限理性的前提下，关注经济发展的过程是怎样的，尤其关注经济结构变化的长期过程并研究行为人（例如，一个企业、区域甚至国家）如何在这样的过程中采取策略生存下去。演化经济理论认为，经济均衡只能是暂时的，而不能是长期的。经济处于均衡状态是指企业都按各自的生产容量进行生产，既不扩大，也不缩小，但通过竞争，这种情况会发生变化（纳尔逊和温特，1997）。分析这种变化有两种模式：一种是柯兹纳（Kirzner）从非均衡状态出发，企业家活动如何使经济区域均衡，即从非均衡到均衡；另一种是熊彼特从初始均衡状态出发，找出打破均衡的力量（刘志铭，2001）。总之，演化经济学一直遵循着动态变化的思想。

产业组织与演化经济学有如此紧密的关联，以至于纳尔逊和温特在《经济变迁的演化理论》的大量篇幅涉及产业组织的演化问题，多次提到"经济结构演化""市场行为""动态竞争"等字眼。他们的研究是对现代产业组织理论的有益补充，有必要对产业组织的演化过程作深入的了解和研究。尽管如此，我们在大量的文献检索中仍然少见"产业组织演化"，而更多的是"产业演化（Industrial Evolution）"，这是与纳尔逊和温特的开创性研究分不开的。他们的"产业演化"主要是从产业结构的角度对产业内的企业数量以及有企业数量引起的其他变量的变化进行研究，因此后续的研究中他们更多地强调产业演化，如温特等人（2003）的研究。其他学者也注重从企业数量角度研究产业演化问题，如克莱普尔和米勒（Klepper and Miller，1995）、蒙托比奥（Montobbio，2002）、兰布森（Lambson，1991），多西、马西里和奥尔塞尼戈（Dosi，Marsili，Orsenigo，1995）等人的研究。

事实上，国外经济学家不仅仅从数量的角度去研究产业演化，而且从企业行为角度对产业演化进行研究，其中企业在进入或者退出某一产业（或市场）的行为选择就是研究焦点之一，例如格龙布、庞萨德和赛威（Gromb，Ponssard，Sevy，1997）、秦和斯图亚特（Qin and Stuart，1997）和达斯等（Das and Das，1996）的研究。另外一些经济学家也从技术创新角度对产业演化进行了大量的研究，例如伊外（Iwai，2000）和奥德斯（Audretsch，1995）等人的研究。总的来讲，市场结构、市场行为和技术创新构成了现代产业组织演化理论的核心内容。

5.4 产业组织演化研究展望

演化博弈论（evolutionary game）的发展为产业中企业群体行为的演化提供

了重要的研究工具。演化博弈论是现代博弈论最重要的研究领域之一，它是基于人的有限理性假设逐渐发展起来的。众所周知，新古典经济学中完全理性的假设是难以和现实相吻合的，对于一个人或者是一个组织在处理任何事情时都存在着理性的局限。于是西蒙（Simon）提出有限理性的概念，他认为有限理性是指，参与者具有目标的理性，但是由于面对复杂的、多元化的、不确定性的社会现实，其认知能力的有限性造成参与者在决策时只能达到满意解，即缺少理性的能力。有限理性的存在意味着人们在行为选择时不可避免地会犯错，在博弈过程中不会一开始就找到最优的策略，于是会在博弈的过程中不断学习，通过试错可以找到更好的策略。有限理性还意味着均衡需要不断调整和改进，即使达到了均衡还有可能偏离均衡。因此，演化博弈分析的意义不是在于对一次性博弈结果或短期经济均衡等的预测，而是在于对在比较稳定的环境中，人们之间非固定对象经济关系长期稳定趋势的分析（谢识予，2002）。经济学家们将演化博弈论分析方法应用于古诺模型、斯坦克尔伯格等市场竞争策略以及市场进入壁垒等的研究之中，扩展并丰富了产业组织理论。

随机过程和计算机的应用进一步推进了产业组织演化的研究。早在纳尔逊和温特1982年的研究中就指出"演化理论关注的核心是动态过程，企业的行为方式和市场的结果随时间的推移而一起由该过程决定"，并且限于当时计算技术，他们认为演化是一种马尔科夫随机过程，也就是说t时期以前各时期的企业行为状况对t和t+1之间的转移概率没有影响。基于这样的假定，他们建立了多个产业组织演化模型并通过随机数对其过程进行模拟。究竟产业组织演化过程是否是马尔科夫性的似乎他们也没有准确的答复，因为在温特等（2003）的研究中设立的演化模型并不是马尔科夫性的。计算机的应用使产业组织演化过程的模拟变得更为简单，使产业组织演化问题的研究能够不断深入。

国内对产业组织的演化问题也有一定进展。根据其研究的特点可以分为三类：一是以中国经济转轨为背景的研究。这类研究以中国转轨经济为基础，重点揭示转轨条件下中国产业组织的演化特征。江小涓等人1999年的研究以中国经济转轨为背景，对中国产业组织的变化进行了案例研究，既涉及政府推动的产业组织变化，也涉及市场主导的产业组织演化，以大量的案例揭示了转轨时期中国产业组织演化的特征。限于当时中国对于产业组织理论研究尚处于引进和借鉴阶段，他们并没有总结中国产业组织变化中规律性的内容。孙天琦（2001）认为"寡头主导，大中小共生"的经济秩序是产业组织演化的稳定结构，这种经济秩序有异于一般认为的大、中、小共存的观点，他强调寡头的主导地位和大、中、小企业都不可或缺。这一观点对于转轨时期中国产业组织结构的优化和演化障碍的突破都具有一定的借鉴意义。二是系统演化论。产业组织的系统演化论从另一个视角去阐释产业组织的演化过程，为研究产业组织的演化提供了一定的思路。谢地（1999）的研究中第一次大量采用系统论的概念和方法，如自组织、耗散结

构、超循环、突变等，他运用自组织理论重新诠释了产业组织的内容，认为产业
组织是企业自组织变化的结果，企业组织和产业组织呈现互动关系，企业组织的
变迁是产业组织分析的核心。他的研究开辟了产业组织系统演化论的先河。蒋德
鹏（2000）和袁春晓（2002）的博士论文也是系统演化论的重要代表。三是随
机过程的引入和借鉴。杨蕙馨（2000）借鉴并发展了西方产业组织随机演化的思
想，其建立的进入退出模型是马尔科夫性的，具有动态演化的特点。

产业组织演化的许多问题仍然没有定论，包括其应该研究的内容和研究方法
都需要进一步深化，国外许多经济学家正致力于该理论的发展和完善。结合中国
的特点和近几年企业集群、产业集群和中间性组织的发展，借鉴和发展西方产
业组织演化理论，并将其应用于中国经济的实践，可以使中国学者做出应有的
贡献。

参考文献

［1］Audretsch D. B. , Innovation, Growth and Survival ［J］. *International Journal of Industrial Organization* , 1995, 13（4）: 441 – 457.

［2］Das S. , Das S. P. , Dynamics of Entry and Exit of Firms in The Presence of Entry Adjustment Cost ［J］. *International Journal of Industrial Organization* , 1996, 15（2）: 217 – 241.

［3］Dosi G. , Marsili O. , Orsenigo L. , Salvatore R. , Learning, market selection and the evolution ofindustrial structures ［J］. *Small Business Economics* , 1995, 7（6）: 411 – 436.

［4］Gromb D. , Ponssard J. P. , Sevy D. , Selection in Dynamic Entry Games ［J］. *Games and Economic Behavior* , 1997（21）: 62 – 84.

［5］Iwai K. A. , Contribution to the Evolutionary Theory of Innovation, Imitation and Growth ［J］. *Journal of Economic Behavior &. Organization* , 2000, 43（2）: 167 – 198.

［6］Klepper S. , Miller J. H. , Entry, Exit, and Shakeouts in the United States in New manufactured Products ［J］. *International Journal of Industrial Organization* , 1995, 13（4）: 567 – 591.

［7］Lambooy J. G. , Boschma R A. , Evolutionary Economics and Regional Policy ［J］. *Annals of Regional Science* , 2001, 35（1）: 113 – 131.

［8］Lambson V. E. , Industry Evolution with Sunk Costs and Uncertain Market Conditions ［J］. *Working Papers* , 1989, 9（2）: 171 – 196.

［9］Martin S. , *Industrial Economics – Economic Analysis and Public Policy* ［M］. Second Edition, Macmillan, 1988.

［10］Mises L. , *Human Action: A Treatise on Economics* ［M］. 4th revised ed. Fox and Wilkes, 1996.

［11］Montobbio F. , An Evolutionary Model of Industrial Growth and Structural Change ［J］. *Structural Change and Economic Dynamics* , 2002, 13（4）: 387 – 414.

［12］Nelson R. R. , Winter S. G. , Evolutionary Theorizing in Economics ［J］. *Journal of Economic Perspectives* , 2002, 16（2）: 23 – 46.

［13］Winter S. G. , Kaniovski Y. M. , Dosi G. , A Baseline Model of Industry Evolution ［J］. *Journal of Evolutionary Economics*, 2003, 13 (4): 355 – 383.

［14］［美］理查德·R. 纳尔逊、悉尼·G. 温特：《经济变迁的演化理论（1982）》，商务印书馆1997年版。

［15］蒋德鹏：《制度和产业分析中的演化经济理论方法研究》，东南大学博士学位论文，2000年。

［16］江小涓等：《体制转轨中的增长、绩效与产业组织变化——对中国若干行业的实证研究》，上海人民出版社、上海三联书店1999年版。

［17］刘志铭：《竞争性市场过程、产业组织与经济增长：奥地利经济学派的发展》，载《南开经济研究》2001年第4期。

［18］孙天琦：《产业组织结构研究》，经济科学出版社2001年版。

［19］杨蕙馨：《企业的进入退出与产业组织政策》，上海人民出版社、上海三联书店2000年版。

［20］杨蕙馨、王军：《进入退出与国有企业的退出问题研究》，载《南开经济研究》2004年第4期。

［21］杨蕙馨、王军：《新型工业化与产业组织优化》，经济科学出版社2005年版。

［22］杨治：《产业经济学导论》，中国人民大学出版社1985年版。

［23］杨小凯、张永生：《新兴古典经济学和超边际分析》，中国人民大学出版社2000年版。

［24］袁春晓：《产业组织演化论》，四川大学博士学位论文，2002年。

［25］吴宇晖、宋冬林、罗昌瀚：《演化经济学述评》，载《东岳论丛》2004年第1期。

［26］谢地：《产业组织优化与经济集约增长》，中国经济出版社1999年版。

［27］谢识予：《经济博弈论》，复旦大学出版社2002年版。

［28］臧旭恒、徐向艺、杨蕙馨等：《产业经济学》，经济科学出版社2002年版。

第2篇
入世与中国产业组织研究

第 6 章

入世后进口对中国产业组织的影响[*]

加入 WTO 在短期内将对我国竞争还不充分、带有某种垄断性质的产业产生有利影响，进口的增加将使市场集中度下降、竞争加剧、市场绩效得到改善，规模过小、技术设备落后的企业将会退出。但在长期内，如果产业不具备竞争力，入世会对我国产业组织产生不利影响。本章主要探讨加入 WTO 后进口①怎样影响我国企业的进入退出，进而对我国市场结构、企业行为和市场绩效产生影响。

6.1 关税与非关税壁垒的变化对我国进口的影响

关税和非关税壁垒是一国政府用来限制国外产品进入本国以保护国内厂商的有效措施，是国外厂商进入中国市场的进入壁垒。入世后，随着我国关税与非关税壁垒的逐步消除，国外厂商的产品就会更加容易地进入我国市场。当然，入世后国外进入者可以选择出口或者对外直接投资两种方式进入我国市场。国外进入者何时选择出口，何时选择对外直接投资，从理论上说，以往为了避开关税与非关税壁垒而在中国进行直接投资的外国厂商，会选择出口而不再倾向于直接投资；而对那些想利用中国丰富的自然资源与劳动力资源的外国厂商，会选择直接投资方式，尤其是提供服务的服务业。

通过图 6-1 可以看清关税和非关税壁垒的变化对我国原来受保护产业的进口的影响。在这里我们作如下的假设：第一，进口国的进口量占世界市场该种商品交易量的比例很小，关税的变化，不会影响到该商品的国际市场价格；第二，进口国的进口替代产业的生产成本不变，居民收入和消费偏好也不变。

图 6-1 中横轴代表产量，纵轴代表价格，S 为国内市场上的总供给，D 为国内市场上的总需求。p_1、q_2、q_3 分别代表受到关税和非关税保护的市场均衡价

＊ 本章作者为杨蕙馨、于洁涵，发表在《产业经济研究》2003 年第 3 期（文章有改动）。

① 进口是指从国外输入商品和劳务的贸易活动。本章所讲的进口主要是指有形商品的输入，劳务暂不考虑。

格、国内厂商的总供给、国内市场的总需求。p_0、q_1、q_4分别代表关税和非关税保护消除后的市场均衡价格、国内厂商的总供给、国内市场的总需求。

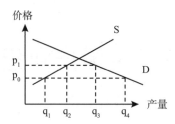

图 6－1　关税与非关税壁垒削减的效应

从图 6 - 1 可见，（$q_3 - q_2$）为受到保护时的进口量，（$q_4 - q_1$）为消除保护后的进口量。由于关税和非关税的保护，市场的均衡价格被人为地提高了，国外厂商原有的价格优势并不能完全显示出来。在关税和非关税壁垒消除以后，市场均衡价格降低，国外产品的价格优势显现出来，如图 6 - 1 所示进口会增加。

非关税壁垒的变化，如进口配额和许可证的变化对进口的影响与关税变化的影响原理相同。关税只是影响价格机制，而配额和许可证是由政府强制决定的，完全排除了价格机制。征收关税有可能没有完全削弱进口商品的价格竞争力，但是非关税壁垒对进口数量的限制，使得进口商品的价格竞争力无法突破政府所规定的进口数量。同时数量限制也助长了生产进口替代产品的国内厂商的垄断程度。关税壁垒只是把垄断程度限制在其价格不能超过国际市场价格与关税之和。而通过配额和许可证制，进口的数量受到限制，国内在位者所面临的进口竞争要小得多，它们成了国内市场上的垄断者，可以制定较高的垄断价格，获得更多的垄断利润。因此配额和许可证的取消，会使得国内在位者突然失去原来强大的保护，进口对国内在位者的冲击可能要更大一些。

纵观我国 20 多年对外贸易的发展，1980 ~ 2000 年，中国进出口总额占世界贸易总额的比例从 0.88% 上升到 3.96%，而同期中国从美国、西欧、加拿大、澳大利亚和新西兰的进口占这些国家出口总额的比重却始终很小，这主要是因为贸易保护主义盛行，关税和非关税壁垒把国内市场和国际市场隔离开，使得发达国家生产率较高且具有比较优势的产品难以进入我国市场，这样可以帮助我国厂商来抵御国外对手的竞争。在关税和非关税壁垒的保护下，我国生产同类产品的厂商就缺乏外来动力去提高产品质量和技术水平，降低产品成本，在维持质低价高的状态下仍然可获得较高的利润，国内生产者从中获益颇丰，而我国的消费者剩余减少。随着中国加入 WTO，关税和非关税壁垒的消除，国外有竞争优势的产品可以相对自由地进入我国市场，它们与国内产品相比质优价廉，很容易得到消费者的信赖，其需求就会大增，进口量也会大幅增加。

上述结论是在前面两个假设条件下得出的。改变假设，结果就会大不一样。

如果我国企业能够积极应对外来挑战，运用低成本战略降低产品成本，使得价格为 p_0 时的国内供给量增大，进口量就会小于（$q_4 - q_1$）。或者通过差异化战略增加消费者对本国产品的偏好，即使面对外国产品的大举进犯，进口量也不会大幅增加，留给中国产品的市场空间依然非常广阔。当然中国企业如何实行低成本和差异化战略也绝非易事。

前面主要分析了加入 WTO 后关税与非关税壁垒的变化对原来受保护产业进口的影响，下面讨论关税与非关税壁垒的变化对我国在国际市场上有比较优势的产业的影响。这些产业主要包括劳动密集型和劳动技术密集型产业，如服装、纺织、大部分机电产品。在过去的 20 多年中，这些产业和产品已多次经历进口的冲击，产业境况大为改观，不但产品质量提高，花样繁多，而且价格低于国际市场上同类产品的平均价格。但是由于我国不是 WTO 的成员国，出口经常会受到他国关税和非关税壁垒的阻碍，具有比较优势的中国产品难以进入外国市场。加入 WTO 后，我国有比较优势的产品就可以比较自由地进入外国市场，我国的比较优势就会显现出来。最终的竞争结果可能是：我国的出口大量增加，具有比较优势的产业得到发展，丰富的劳动力资源得到更加充分的利用。因此，我们不必担心入世后进口对它们的冲击，反过来其他国家可能会担心它们的纺织品和服装行业会受到我们的冲击。

6.2　进口对我国市场结构的影响

市场结构是决定产业竞争性质的基本因素。产业组织理论研究的市场结构主要包括买卖双方的数目和规模、产品差异化程度和进入壁垒。入世后随着关税和非关税壁垒的逐渐取消，短期内进口会增加，将有更多差异性的产品进入中国市场。但长期中究竟进口是否会挤占我国企业的市场份额则取决于我国企业与国外企业的长期动态博弈，长期中只要我国企业具有竞争优势，就不怕外国商品进口的竞争。

6.2.1　加入 WTO 后进口对进入壁垒的影响

一国的产业对外国竞争者来说主要有三类进入壁垒：结构性的、策略性的和政策性的。随着中国加入 WTO，政策性进入壁垒即关税与非关税壁垒会依照时间表逐渐消除，政策性进入壁垒对国内产业的保护也就逐渐消失。但所有的进入者都必须面对另外两种进入壁垒，这与一国经济的开放程度无关。结构性进入壁垒是由进入产业本身的基本特性决定的，主要包括技术、成本、消费者偏好、规模经济和市场容量等，这些因素不会因为我国加入 WTO 而改变。例如规模经济，各产业都有自己的最低经济规模，家用电冰箱最低经济规模高，纺织品的最低经济规模低，这是由产业本身的特性决定的，不受其他外在因素的影响。策略性进入壁垒主要是指在位厂商针对欲进入者采取的各种阻挠行为。新厂商的进入不可避免地要引起在位者的反应，这一点是不会因为产品是进口产品而改变。可见，入世后政策性进入壁垒会逐步降低或取消，结构性进入壁垒和策略性进入壁垒依然存在。

6.2.2　加入 WTO 后进口对产品差异的影响

产品差异分为客观差异和主观差异。客观差异包括产品的性能设计差异和销售地理位置差异，主观差异包含由于买方知识差异引起的和卖方推销行为而造成的差异。在这两方面进口产品与国内产品是不同的。首先它们的生产者不同，进口产品是由国外厂商生产的。因为生产者不同，产品的性能和设计肯定存在差异，即同类产品在功能、质量、外形和耐用性等方面不同。不同的生产者又会采用不同的产品推销方式。同样的产品，由于宣传的方式不同，会在消费者心中树立起不同的形象，人为地造成一些产品差异。因此，进口将会增大产品的差异性，为消费者提供更多可供选择的有差异产品。我国企业可以通过提前行动获取先动优势，使自己的产品在消费者心中占有一定的地位。这样一方面可以提高竞争对手的进入成本；另一方面可保持自己的竞争优势。

6.2.3　加入 WTO 后进口对市场集中度的影响

入世后，关税与非关税壁垒的消除将会使国外产品大量进入我国市场。在短期内会挤占我国企业的市场份额，市场集中度下降。特别是那些只受政策性壁垒保护的产业，市场集中度下降的更迅速。而长期内我国企业的市场集中度会如何变化，取决于我国企业是否具有竞争优势，其产品能否比进口替代品更胜一筹。我们以各种量度市场集中度的指标来描绘市场集中度的变化。

进口后的市场集中度：

$$CR_i = \sum X_i / (\sum X_n + M) \tag{6-1}$$

其中，CR_i 代表前 i 家企业的市场集中度，$\sum X_i$ 为前 i 家企业在中国市场的销售额之和，$\sum X_n$ 代表整个中国市场的销售量，M 代表进口量。

公式（6-1）显示，进口使 CR_i 变小，短期内国内企业的市场集中度下降。长期中市场集中度的变化则取决于进口量 M 的变化，如果国外产品不具有竞争优势，M 会逐渐变小，我国企业的市场集中度逐渐上升。

进口后的赫芬达尔指数（Herfindahl Index）：

$$H = \sum_{i=1}^{n} [X_i/(T + M)]^2 \qquad (6-2)$$

其中，H 表示赫芬达尔指数，T 为进口前整个中国市场的销售量，X_i 代表各个企业的销售量，M 代表进口量，n 为产业内的企业数。

公式（6-2）显示，在完全竞争的条件下，H = 0；在完全垄断的条件下，H = 1。短期内随着进口量 M 的增加，H 会变小，我国企业的市场集中度降低。同样如果长期中我国企业不断地增强竞争优势，M 逐渐变小，H 将随之变大，我国企业的市场集中度又会逐渐回升。

短期内集中度曲线的变化如图 6-2 所示。图 6-2 中纵轴代表销售量的百分比，横轴代表某一产业的企业数目，按规模由大到小排列。A 代表原来的集中度曲线，B 代表考虑进口后的集中度曲线。R 与 T 分别为企业数目相同时进口前后的销售量累计百分比，很明显 R > T，短期内企业的市场集中度下降。

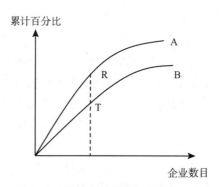

图 6-2　集中度曲线在短期内的变化

需要说明，本章只考虑进口而不考虑外国直接投资对中国产业组织的影响。同时上述两项指标均没有考虑我国厂商的出口。

6.3　进口对我国企业行为和绩效的影响

前面主要论述了进口对我国市场结构的影响，市场结构的变化又会影响企业行为和绩效，我们通过一些具体指标分析进口对寡头垄断市场和垄断竞争市场中的企业行为和绩效带来的影响。

6.3.1　我国企业行为和绩效的现状

改革之初，我国实行了企业承包责任制、财政包干制，下放了部分投资审批权，这一系列措施的实施，在刺激了地方和企业的积极性的同时，又带来了不少负面影响。改革过程中企业没有完全成为市场竞争的主体，而是要服从地方政府的决策，而地方政府的行为有时又是非理性的，它们把追求地方政绩作为头等重要的目标，而不是追求整体或全局经济利益的最大化和经济效率的最优。财政包干和投资审批权的下放使地方政府不仅有了自己可支配的资金而且还有了权力，这给地方政府的非理性行为起了推波助澜的作用，最终导致了我国的市场分割和企业过度进入。再加上我国社会保障体制的不健全，地方政府为了增加地方收入和保障社会稳定，一般倾向不允许亏损企业退出，形成了产业内的过度竞争。同时我国许多产业又存在着行政垄断和对非公有制企业进入的政策性进入壁垒，这些产业大部分属于需求弹性小的产业，如铁路、煤气和石油勘探与开发等。在这种背景下发展起来的企业不可避免存在着行为不合理和绩效差的状况。

第一，价格战广泛存在。我国很多产业都陷入了过度竞争的状态，这是因为我国多数企业的产品差异化程度低，企业间不得不利用价格战来取得和保持一定的市场份额。例如，自 1989 年长虹首次发动彩电价格战以来，彩电行业内的价格战可以说是此起彼伏没有间断过。深究个中的原因，产品差异化程度低、产品结构的同质性和产品成本结构上的趋同性是彩电行业价格战长期存在的重要原因。因为产品缺乏异质性，消费者无法根据品牌和偏好对市场上的产品进行区分，当供给大于需求、产业内存在过度竞争时，价格高低就成为消费者购买决策中的重要因素，价格竞争也就自然成为大多数企业首选的竞争策略。空调业、微波炉业和 VCD 业发生多次价格战的原因基本上相同。

第二，研究开发投入不足。由于研究开发投资规模大、风险高，地方政府行为的短期性，不支持企业投入过多的研发费用。近几年这种状况虽有所改变，但是与发达国家相比差距还很大。1998 年美国研究开发费用占美国国内生产总值的 2.79%，1997 年日本和韩国研究开发费用分别占国内生产总值的 2.92% 和 2.89%，而 1998 年我国研究开发费用仅占国内生产总值的 0.69%，到 1999 年也仅占国内生产总值的 0.83%[①]。

第三，企业间分工协作不足。条块分割和地方保护主义的存在，阻碍了生产要素的合理流动，致使企业之间分工协作不足，追求"大而全、小而全"，造成生产能力过剩，导致社会资源的极大浪费和社会福利水平受损。

6.3.2　进口对寡头垄断和垄断竞争市场中的企业行为和绩效的影响

根据鲍莫尔的可竞争性市场理论，在可竞争市场上潜在进入者的竞争压力可对在位者的行为产生有效约束。据此推理，若一国市场足够开放，由于国外厂商和国外商品进入的压力，该国市场就具有可竞争性。随着关税和非关税壁垒的降

---

① 国家统计局、科学技术部：《中国科技统计年鉴（2000）》，中国统计出版社 2000 年版。

低，进口的大幅增加对提高我国市场的竞争性、约束国内厂商的行为将产生积极作用。

第一，进口的增加有利于改变不合理的垄断行为，增加消费者剩余。我国许多产业存在着过高的行政壁垒，例如铁路、电信和石油天然气勘探和开发等。这些产业由于缺乏竞争，普遍存在着严重的 X－非效率，提供的产品和服务质次价高。但是，由于这些产品或服务的需求弹性小，消费者只能在有限的预算约束下减少其他产品的购买和消费量。加入 WTO 后随着关税和非关税壁垒的降低，在别无选择和受到预算约束时，进口产品的进入可以增加这些产品的需求弹性。而这些产业要想在与进口产品的竞争中获胜，就必须降低产品价格、提高产品质量，一方面从降低成本入手，减少 X－非效率现象；另一方面增加研发费用，开发出能满足消费者需求的高质量的新产品。可见，进口的增加有利于垄断产业中的企业改变不合理的行为，减少社会资源的浪费，增加消费者剩余。

第二，进口的增加使原本过度竞争产业的竞争更加激烈，迫使企业采取非价格行为来获取竞争优势。随着价格的不断下降，企业的盈利空间被压缩，此时进口产品的进入，在短期内降低了市场集中度，使原本过度竞争产业的市场竞争更加激烈，企业只有寻求其他策略来增强自己的竞争优势。例如，通过广告宣传和研究开发增加产品的差异性，赢得消费者信赖，降低自己产品的需求弹性，在产品价格比对手较高时仍能保持原来的市场占有率。企业之间还可以通过联合重组，发挥规模经济的优势，降低产品成本。随着关税和非关税壁垒的降低，进口产品的价格优势逐渐显现出来。而在我国许多规模经济显著的产业内，仍有大部分企业还未达到最低有效经济规模。例如，在汽车制造业最低经济规模为 30 万 ~ 40 万辆，而 1999 年我国汽车产量在 20 万辆以上的只有上海大众汽车有限公司和东风汽车公司 2 家，其汽车产量分别是 230946 辆和 205469 辆①。在进口产品未进入之前，我国企业之间的境况相差不大，在政府的保护下仍可获利，企业没有动力去改进现状。但是随着进口产品的大量进入，企业如果仍不采取行动，长期内我国企业的市场份额就会被进口产品侵占。因此，我国企业必须进行规模调整，改变"大而全、小而全"的状况。虚拟企业为我国企业的规模调整提供了新的思路。虚拟企业是由一些独立的厂商、顾客甚至竞争对手通过信息技术组成的临时网络组织，以达到信息共享、分摊费用以及满足市场需求的目的。虚拟企业的建立有利于保持企业的核心竞争能力，企业可根据自身状况将一些非核心业务外包给其他企业。虚拟企业具有较高的灵活性、可塑性，根据环境的变化快速做出反应，适应激烈多变的竞争。虚拟企业所倡导的功能精简，充分利用外部资源，有助于克服"大而全、小而全"的弊端，促进社会化分工，还有利于我国企业在全球范围内寻找合作伙伴，进行优势互补，提高企业的国际竞争力，与强大

---

① 中国汽车工业年鉴委员会：《中国汽车工业年鉴（2000）》，中国汽车工业协会出版社 2000 年版。

的竞争对手相抗衡。

第三，对于我国那些已经历过比较充分竞争的产业，进口对它们的冲击相对较小。这些产业在竞争过程中已经积累了丰富的经验，加入 WTO 后开放市场，进口对它们的冲击会小一点，甚至还会给一些有竞争优势的产业带来好处。以服装业为例，我国服装业厂商数目众多，市场集中度低，产品有差异，属于垄断竞争市场类型。我国是世界上最大的服装生产国和出口国，服装出口在我国对外贸易中占有举足轻重的地位，但是企业利润率低，我国最好的服装出口企业利润率还不到 2%，服装单件创汇不到 4 美元①。我国出口的纺织服装产品主要是中低档的，出口服装的附加值低，仅相当于法国和意大利的 1/4。我国出口服装的竞争优势是低成本，即原料和劳动力成本低。而目前世界服装的需求已开始向满足尊重需要和自我实现的方向转变，富含文化底蕴的品牌服装、设计精美展示个性的高档服装已经成为国际服装市场竞争的焦点，而我国服装设计水平较低，高级设计人才奇缺，至今仍然没有国际知名品牌。一句话，虽然我国中低档服装产品目前具有竞争优势，但是在高档次高质量的服装产品上却难敌国外强大的竞争对手。加入 WTO 后我国中低档服装的出口将面临较大的发展机遇，同时由于进口关税和配额的降低，为高档服装进口留下了很大的空间，进口高档服装价格的下降和我国服装需求结构的升级，会给我国的高档服装市场带来一定的冲击。我国中低档服装生产企业可以利用价格优势，采取阻止定价行为和驱除对手定价行为，在一定程度上减少进口到中国的产品。中低档服装生产企业在巩固国内市场的同时，利用加入 WTO 他国对我国服装进口关税和配额限制的降低，积极开拓国际市场。同时，我国应该增加研究开发和广告费用，提高服装设计水平，增加服装的花色和品种，塑造国际知名品牌，增强高档服装的竞争优势，在国内和国际高档服装市场上占有一席之地。

6.4 提高竞争力是我国企业的根本

目前我国大部分产业的生产能力均大于国内市场需求量，再加上加入 WTO 短期内进口会增加，况且许多外资企业正在进入或跃跃欲试准备进入中国市场，几种力量混战在一起，此消彼长。可以预见，几乎每一个产业和市场都要经历国产品和进口品的重新洗牌。在这种土洋之间、新旧之间的激烈竞争格局中，也许谁在决策上稍有不慎，便会让虎视眈眈的对手抓个正着。或许这正是中国大多数产业和市场新格局最大的变数所在。就现阶段而言，我国企业应该从两方面入手

① 田素华、顾允平：《WTO 体制下的中国服装业国际比较优势研究》，载《复旦学报（社会科学版）》2000 年第 2 期，第 10~16 页。

来减少冲击。一方面，在 WTO 规则下增强自我保护能力，包括在关税水平一定的基础上，通过优化关税结构适当地提高关税的保护程度，同时利用新的非关税壁垒提高非关税壁垒的保护程度，避免企业经受剧烈的冲击，但这并不是最根本的解决方法；另一方面，利用开放国内市场的过渡期，加快中国企业优势的培育，提高企业自身的竞争力才是我国企业的根本出路。

（1）优化关税结构，在过渡期内适当提高关税对我国企业的实际保护程度。关税结构是根据贸易商品附加值的大小而适用不同税率的关税体制。通过合理制定中间投入品的名义关税税率，可以提高对最终产品的有效保护率。大部分发达国家的关税结构是循级上升的，即对加工程度越深的产品征收越高的名义关税，对原材料征收相对低的关税，而对那些原材料生产加工的制成品征收相对高的关税。这样可以在名义关税税率很低的情况下，对本国最终产品进行有效保护。

（2）利用新的非关税壁垒，提高非关税壁垒的保护程度。在新的贸易体制下，随着世界对环保问题和知识产权的重视，技术贸易壁垒的作用不断加强。所谓技术性贸易壁垒，是指一国或以维护国家安全，保护人类、动植物生命及健康，保护环境，保护产品质量为目的，或以贸易保护为目的所采取的技术性措施，这些措施在主观上或客观上成为自由贸易的障碍，主要包括技术规章和规范、产品的检疫、检验制度与措施、包装和标签要求、信息技术壁垒和绿色壁垒。技术贸易壁垒的隐蔽性很大，我国可以适当地利用它们来提高一定时期内对没有竞争优势产业的保护。

（3）通过强化企业优势来提高企业的竞争力。首先，打破市场分割的不合理状况，使生产要素能够在全国范围内合理流动，这样企业在竞争中通过联合重组形成合理的市场结构；其次，重视研究开发，增加研究开发费用，不断推陈出新；最后，重视广告促销，通过广告宣传增加产品差异，减缓价格竞争，获得更高的利润。

（4）政府行业管理部门也应从过去主要针对企业生产经营活动的监控，转向为中国企业发展提供宏观指导和信息服务。例如，国家经贸委产业损害调查局与汽车工业协会于 2001 年 12 月联合建立了中国汽车行业产业损害预警机制。2002年 7 月初发布的汽车行业产业损害预警指数表明，从进口价格、数量、对国内轿车产生的影响分析，轿车产业损害预警计算指数处于绿灯区（42.2），专家指数为 32.4，轿车产业损害预警综合指数为 38.3。整体评价轿车产业运行处于绿灯区，但这并不意味着我国轿车有了较强的国际竞争力，也不意味着中国汽车业未面临产业损害的潜在危险。

参考文献

［1］ Chandler, A. D. , *Strategy and Structure* ［M］. MIT Press, 1962.

［2］Schmalensee，Willig（ed.）. *Handbook of Industrial Organization*［M］. North – Holland，1989.

［3］冯宪宗、柯大钢：《开放经济下的国际贸易壁垒——变动效应、影响分析、政策研究》，经济科学出版社 2001 年版。

［4］龙正平：《试论加入 WTO 后对我国产业组织的影响》，载《上海财经大学学报》2000 年第 5 期。

［5］田素华、顾允平：《WTO 体制下的中国服装业国际比较优势研究》，载《复旦学报（社会科学版）》2000 年第 2 期。

第 7 章

入世后中国企业的进入退出问题研究[*]

7.1 国际分工中的比较优势与竞争优势理论

比较优势理论和竞争优势理论的主要区别在于：（1）比较优势涉及的主要是各国间不同产业或产品之间的关系，而竞争优势涉及的则是各国同一产业之间的关系；（2）比较优势更多地强调各国产业发展的潜在可能性，而竞争优势则更多地强调各国产业发展的现实态势；（3）比较优势取决于一国的资源禀赋或产业发展的有利条件，而竞争优势则更强调企业的策略行为。但是，二者之间又存在密切的联系：（1）在一国的产业发展中，一旦发生对外经济关系，比较优势与竞争优势就会同时发挥作用；（2）比较优势可以成为竞争优势的内在因素，促进特定产业国际竞争力的提高，因此具有比较优势的产业往往易于形成较强的国际竞争优势；（3）比较优势要通过竞争优势才能体现出来，即使是具有比较优势的产业，如果缺乏国际竞争力，也无法实现其比较优势。

实现比较优势向竞争优势的转化是赢得国际竞争的关键。按照比较利益理论，发展中国家资本和技术比较稀缺，但自然资源和劳动力资源丰富且便宜。发达国家资本和技术资源相对丰富，而劳动力成本较高。因此分工的结果是：发达国家进口劳动力密集型和自然资源密集型产品，出口资本和技术密集型产品；发展中国家则进口资本和技术密集型产品，出口劳动密集型产品。我国在劳动力密集型产业中拥有比较优势，如纺织、服装，目前的进出口结构基本上反映了这一分工原则，出口以劳动力密集型产品为主，进口以技术密集型产品为主。现在我国的出口结构已实现了劳动密集型产品对初级产品的替代。这种替代当然能够发挥我国劳动力资源丰富的优势，同时也有利于增加就业机会，缓解沉重的就业压力。但是，不可否认的是，在国际市场竞争中，劳动密集型产品的比较优势并不

* 本章作者为杨蕙馨、刘明宇、张鹏、裴春霞，发表在《南开管理评论》2003 年第 2 期（文章有改动）。

一定具有竞争优势。

在不完全竞争的国际贸易环境中，拥有竞争优势才能获得超额利润。在劳动密集型产品市场上，发展中国家一方面彼此相互竞争；另一方面面临发达国家制造的各种贸易壁垒，同时还有资本对劳动的替代压力，很难获得影响价格的市场支配力。况且，虽然发展中国家劳动密集型产品因其工资低而劳动成本较低，但发达国家也面对国内就业的压力，会以各种壁垒阻碍廉价的劳动密集型产品进入。对发展中国家而言，以本国拥有资源的相对优势参与国际分工，虽能获得部分贸易利益，但并不能缩短与发达国家的差距。发展中国家不能满足于拥有比较优势的国际分工，而要努力使比较优势转化为竞争优势。

7.2 比较优势与竞争优势决定企业的进入退出

由上可知，企业要根据自己所处产业在国际竞争中的地位和企业在该产业中的竞争力决定进入或退出。各产业不同的比较优势与竞争优势决定了它在全球范围内的市场份额，也决定了能够进入这一市场的厂商数量。

7.2.1 比较优势与企业的进入退出：理论分析

在完全竞争市场上，短期内可能会有许多生产同种商品但成本状况不同的厂商。由于它们都是价格接受者，所以，竞争的结果将会迫使低效率的厂商退出、高效率的厂商进入，直到生存下来的厂商都是最高效率为止，此时所有厂商只能获得平均利润，企业的进入退出停止，市场处于长期均衡状态。效率最高厂商的产量处于其长期平均成本曲线（LAC）的最低点，每个厂商选择的规模水平必然是在当时技术条件下效率最优的规模，并且在平均成本的最低点提供产量。

如图 7-1 所示，曲线 A 为国内原有厂商达到长期均衡时的成本曲线（类似于加入 WTO 前，国内市场为封闭市场，不准国外厂商加入），B 为后进入市场的国外厂商的成本曲线（类似于加入 WTO 后开放市场，国外厂商进入）。后进入厂商具有竞争优势，因而成本曲线 B 位于 A 的右下方。在进入退出达到完全竞争均衡后，只有生产成本曲线与 B 一致的厂商才能生存。假设封闭市场情况下，达到长期均衡时厂商最优产量为 q，价格为 P_0；开放市场情况下，达到长期均衡时，厂商最优产量为，价格为。同时假设市场需求曲线不变，为 $P = a - bQ$，P 为价格，Q 为该价格下市场需求总量，a、b 为系数且 $a > 0$，$b > 0$，如图 7-2 所示，则：

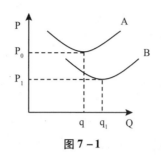

图 7－1

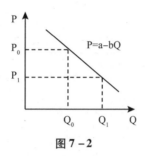

图 7－2

在价格为 P_0 时，市场的总需求量为 $Q_0 = (a - P_0)/b$，厂商均衡数量为 $n = Q_0/q = (a - P_0)/bq$，在价格为 P_1 时，市场的总需求量为 $Q_1 = (a - P_1)/b$。注意此市场已为开放市场，厂商最优产量为 q_1，而非 q，此时厂商均衡数量为 $m = Q_1/q_1 = (a - P_1)/bq$，则 $m/n = (a - P_1)q/(a - P_0)q_1$。设 $q_1 = \lambda q$，$\lambda > 1$，则 $m/n = (a - P_1)/[(a - P_0)\lambda]$。若要有 $m > n$，则必须 $(a - P_1)/[(a - P_0)\lambda] > 1$ 即 $(a - P_1)/(a - P_0) > \lambda$，类似可得 $m < n$，$m = n$ 的情况：（1）若 $(a - P_1)/(a - P_0) > \lambda$，则有 $m > n$。这表明对该产品而言，价格下降使市场容量扩大的幅度大于厂商规模的扩张程度，因而厂商均衡数量增加；（2）若 $(a - P_1)/(a - P_0) = \lambda$，则有 $m = n$。这表明市场容量扩大的幅度与厂商规模扩张程度一致，厂商均衡数量不变；（3）若 $(a - P_1)/(a - P_0) < \lambda$，则有 $m < n$。这表明市场容量扩大的幅度小于厂商规模扩张的程度，厂商均衡数量减少，部分厂商将不得不退出。可见，在同一市场中，厂商生产效率的高低决定企业的进入退出，但优势厂商的进入并不必然意味着均衡厂商数量的减少。m 与 n 的关系要看 a、P_1、P_0、λ 几个变量之间的关系而定，这几个变量反映市场容量大小对价格的敏感程度和企业规模扩张能力的关系。

7.2.2　中国不同产业的比较优势——以工业产品为例

1. 中国主要工业品进出口贸易状况

中国工业产品中的初级产品在工业产品出口总值中的比重持续下降，部分低附加值产品甚至在绝对量上有下降趋势。而工业制成品及制成品中的机电、机械运输设备出口比重有了不同程度的上升（见表7-1）。从整个工业部门看，1980～2001年，初级工业产品的比重已由40.0%下降为5.00%，工业制成品的比重由60.0%上升为95.0%，工业制成品的净出口已成为中国外汇的主要来源。然而，在工业制成品中，只有其他杂项制品提供着中国外汇的主要来源，化工产品、轻纺、橡胶、矿冶产品和运输设备基本呈净进口态势，尤其是有较高资本含量与技术含量的机械运输设备，尽管20世纪90年代以来出口比重上升较快，但仍旧处于净进口态势。

表 7-1   中国工业产品进出口贸易发展状况

年份	出口额（亿美元）			进口额（亿美元）			净出口额（亿美元）						
	出口总额	初级工业品	工业制成品	进口总额	初级工业品	工业制成品	工业品	初级工业品	工业制成品	化工品	轻纺橡胶矿冶制品	机械运输设备	其他杂项制品
1980	150	60	90	168	38	131	-18	22	-41	-18	-2	-43	23
1981	189	72	118	181	41	140	9	31	-22	-13	7	-48	32
1982	192	70	123	148	32	117	44	38	6	-17	4	-19	32
1983	192	66	126	182	26	156	10	40	-30	-19	-19	-28	30
1984	227	84	142	249	27	222	-22	58	-80	-29	-23	-58	35
1985	233	98	135	404	34	370	-171	64	-234	-31	-74	-155	16
1986	263	66	197	409	36	373	-146	29	-176	-20	-53	-157	31
1987	344	82	262	402	39	363	-58	43	-101	-28	-12	-129	44
1988	413	82	331	511	59	452	-98	23	-121	-62	1	-139	63
1989	460	85	375	539	65	474	-79	20	-99	-44	-14	-143	87
1990	550	88	462	489	54	435	61	34	27	-29	37	-113	106
1991	639	82	557	601	71	530	39	11	27	-55	40	-125	142
1992	758	78	679	767	93	673	-9	-15	6	-68	-31	-181	286
1993	822	72	751	1010	113	897	-188	-41	-147	-51	-121	-297	323
1994	1095	82	1013	1106	115	991	-11	-33	22	-59	-49	-296	432
1995	1370	97	1273	1230	153	1077	140	-56	196	-82	35	-212	463
1996	1391	100	1291	1310	176	1134	81	-76	157	-92	-29	-195	479
1997	1700	112	1588	1361	223	1138	340	-111	451	-91	22	-91	619
1998	1719	87	1632	1348	175	1173	371	-88	459	-98	14	-66	617

续表

| 年份 | 出口额（亿美元） | | | 进口额（亿美元） | | | 净出口额（亿美元） | | | | | | |
	出口总额	初级工业品	工业制成品	进口总额	初级工业品	工业制成品	工业品	初级工业品	工业制成品	化工品	轻纺橡胶矿冶制品	机械运输设备	其他杂项制品
1999	1836	86	1750	1605	217	1389	231	−131	361	−137	−11	−106	628
2000	2361	123	2237	2190	406	1784	171	−283	454	−181	7	−93	735
2001	2524	126	2398	2375	396	1978	149	−270	420	−188	19	−121	720

注：净出口额＝出口额－进口额。初级工业产品＝初级产品－食品及主要供食用的活动物－饮料及烟类－动、植物油脂及蜡。

资料来源：表中2000～2001年数据根据《中国统计年鉴》（2002）资料整理，其他年份引自潘文卿、张伟：《90年代中国工业产品外贸优势变化及入世后的战略选择》，载《统计研究》2001年第12期，第3～10页。

2. 中国工业产品产业间贸易优势的实证分析

产品竞争力指数可用 $C_i = (X_i - M_i)/(X_i + M_i)$ 计算，式中 C_i 表示第 i 类产品的竞争力指数，X_i 与 M_i 分别表示第 i 类产品出口值与进口值。一般认为，$C_i > 0$ 表示具有竞争力或处于比较优势；$C_i < 0$ 缺乏竞争力或处于比较劣势；$C_i = 0$ 表示中性竞争力或中性比较优势。如果指数大于或等于0.8，可以认为该类产品或产业部门具有高比较优势；如果指数介于0.5与0.8之间，则认为该类产品或产业部门具有较高的比较优势；如果指数介于0与0.5之间，则该类产品或产业部门被列为低比较优势。同理，国际竞争力指数分别位于−1与−0.8之间、−0.8与−0.5之间、−0.5与0之间的产品或产业部门通常被认为处于高比较劣势、较高比较劣势与低比较劣势。表7-2列出了1992～2001年中国16大类及17小类工业产品的外贸竞争力指数。

表7-2　　　　　　　　中国主要工业产品的国际竞争力指数变化

项目	1992年	1993年	1994年	1995年	1996年	1997年	1998年	1999年	2000年	2001年	总平均
工业产品	−0.022	−0.125	−0.045	0.055	0.041	0.125	0.137	0.075	0.113	0.030	0.038
一、食品制造业	0.502	0.622	0.574	0.412	0.356	0.290	0.374	0.542	0.481	0.509	0.466
二、矿产品业	0.080	−0.190	−0.049	−0.036	−0.112	−0.204	−0.178	−0.328	−0.454	−0.391	−0.186
三、化学工业	−0.270	−0.121	−0.094	−0.105	−0.105	−0.046	−0.067	−0.169	−0.217	−0.197	−0.139
有机化学工业	−0.144	−0.051	−0.020	−0.011	0.004	0.052	−0.014	−0.208	−0.333	−0.322	−0.105
药品	0.181	0.238	0.385	0.419	0.384	0.448	0.285	−0.004	−0.088	−0.145	0.210
其他化工产品	−0.376	−0.199	−0.203	−0.199	−0.200	−0.133	−0.126	−0.157	−0.138	−0.100	−0.183
四、塑料、橡胶制品业	−0.488	−0.433	−0.379	−0.355	−0.397	−0.328	−0.304	−0.350	−0.346	−0.351	−0.373
五、皮革业	0.353	0.303	0.362	0.388	0.355	0.401	0.418	0.401	0.404	0.419	0.380

续表

项目	1992 年	1993 年	1994 年	1995 年	1996 年	1997 年	1998 年	1999 年	2000 年	2001 年	总平均
生皮及皮革	-0.768	-0.827	-0.710	-0.701	-0.778	-0.751	-0.721	-0.732	-0.689	-0.556	-0.723
其他皮制品	0.861	0.853	0.888	0.914	0.923	0.939	0.939	0.935	0.936	0.931	0.912
六、木及木制品	-0.095	-0.120	0.001	0.153	0.133	0.051	-0.039	-0.149	-0.165	-0.092	-0.032
七、造纸业	-0.612	-0.527	-0.563	-0.502	-0.610	-0.580	-0.577	-0.642	-0.580	-0.547	-0.574
八、纺织业	-0.338	-0.333	-0.461	-0.240	-0.337	-0.237	-0.210	-0.221	-0.210	-0.208	-0.280
化学纤维	-0.418	-0.427	-0.339	-0.332	-0.423	-0.329	-0.297	-0.282	-0.242	-0.182	-0.327
地毯及纺织材料的其他辅地制品	0.901	0.891	0.901	0.887	0.847	0.873	0.905	0.896	0.895	0.874	0.887
其他纺织品	-0.402	-0.372	-0.256	-0.188	-0.271	-0.153	-0.148	-0.200	-0.210	-0.205	-0.241
九、服装业	0.918	0.918	0.933	0.916	0.914	0.928	0.930	0.929	0.934	0.932	0.925
十、石料、水泥、陶瓷类建材工业	0.480	0.415	0.462	0.475	0.446	0.512	0.470	0.446	0.389	0.382	0.448
玻璃及其制品	0.003	-0.037	-0.037	0.160	0.024	0.071	-0.020	-0.060	-0.094	-0.052	-0.004
其他建材制品	0.715	0.623	0.673	0.635	0.644	0.703	0.733	0.771	0.772	0.751	0.702
十一、宝石、贵金属及其制品业	0.078	0.020	0.184	0.261	0.098	0.129	0.258	0.101	0.023	0.417	0.157
十二、贱金属及其制品业	-0.266	-0.560	-0.320	-0.004	-0.098	0.033	0.002	-0.091	-0.108	-0.153	-0.157
钢铁	-0.526	-0.896	-0.713	-0.103	-0.375	-0.227	-0.422	-0.556	-0.454	-0.661	-0.493
钢铁制品	-0.071	-0.119	-0.094	0.129	0.313	0.328	0.391	0.465	0.528	0.485	0.236
锌及其制品	0.778	0.442	0.444	0.251	0.325	0.668	0.939	0.523	0.522	0.441	0.533
其他金属制品	-0.139	-0.441	-0.357	-0.259	-0.224	-0.100	-0.077	-0.095	-0.144	-0.088	-0.192
十三、机电产品制造业	-0.359	-0.441	-0.357	-0.259	-0.224	-0.100	-0.077	-0.095	-0.078	-0.064	-0.205
十四、车辆等运输设备制造业	-0.473	-0.637	-0.552	-0.132	-0.123	-0.026	0.067	0.045	0.188	-0.033	-0.168
铁道车辆及相关制品	0.694	0.542	0.706	0.734	0.890	0.819	0.781	0.769	0.817	0.808	0.756
其他车辆及零件	-0.564	-0.641	-0.541	-0.195	-0.126	0.064	0.063	0.080	0.121	0.026	-0.171
船舶及浮动结构体	0.030	-0.555	-0.418	-0.108	0.461	0.686	0.817	0.730	0.659	0.468	0.277
十五、精密仪器制造业	-0.124	-0.115	-0.014	0.021	0.055	0.150	0.143	0.077	0.021	-0.114	0.010
十六、其他制造业	0.750	0.750	0.795	0.778	0.791	0.861	0.896	0.896	0.871	0.752	0.814

资料来源：表中 2000～2001 年数据根据《中国统计年鉴》（2002）资料整理，其他年份引自潘文卿、张伟：《90 年代中国工业产品外贸优势变化及入世后的战略选择》，载《统计研究》2001 年第 12 期，第 3～10 页。

第一类，高比较优势产业。1992～2001 年，在 16 大类工业行业中，具有不变的高比较优势行业只有"服装业"，其产品的外贸竞争力指数一直保持在 0.9 以上，而且具有逐渐变大的倾向；"其他制造业"的国际竞争力指数平均也在 0.814 以上，并基本处于上升态势。如果再考虑 17 小类细分行业的产品，则"皮革行业"中的"其他皮制品"以及"纺织业"中的"地毯及纺织材料的其他辅地制品"也是一直具有高比较优势的产品。显然，这些处于高比较优势的行业及产品基本属于适合我们现阶段资源禀赋状况的劳动密集型产品。它们在 1992～2001 年的平均出口额占同期中国工业产品总出口额的比重为 36.3%，尤以"服装业"产品比重最高，为 24.5%。这说明劳动密集型工业产品是中国现阶段具有较高国际竞争力的工业产品。

第二类，较高比较优势产业。除"服装业"和"其他制造业"外，在 16 大类工业行业中没有任何一个行业的产品具有较高的比较优势。在 17 小类细分行业的产品中，"建材业"中的"其他建材制品"与"车辆等运输设备制造业"中的"铁道车辆及相关制品"一直具有较高的外贸比较优势。前者的国际竞争力指数平均为 0.702，后者平均为 0.756。另外，"贱金属及其制品业"中的"锌及其制品"，尽管国际竞争力指数变动较大，但其平均值达到 0.533。这三类产品基本属于资本密集型产品，但在工业产品出口中所占比重非常低。

第三类，低比较优势产业。在 16 大类工业行业中，"食品制造业""皮革业""建材业""宝石、贵金属及其制品业"一直具有稳定的低比较优势，1992～2001 年平均国际竞争力指数分别为 0.466、0.380、0.448 与 0.157，其产品的出口比重在 1992～2001 年间平均为 10.2%。另外，从 1992～2001 年平均国际竞争力指数看，"精密仪器制品业"以及细分产品中的"药品""玻璃及其制品"及"钢铁制品"也是低比较优势的产品，它们的出口比重平均为 9.50%。

第四类，较高比较劣势产业。"造纸业"在中国工业中属较高比较劣势的产业，其产品属于资本—技术密集型产品，一方面国内造纸业技术水平相对于世界发达国家要低得多；另一方面，由于林木等造纸资源及环境污染控制等问题，国内造纸业基本处于外贸竞争的劣势状态。该类产品在 1992～2001 年的平均出口额占工业产品总出口额的比重不足 1%。"生皮及皮革"在中国工业中也属较高比较劣势的产业，在 1992～2001 年，其国际竞争力指数的平均值在 −0.722。

第五类，低比较劣势产业。"矿产品业""有机化学工业""有机化学工业""塑料橡胶制品业""木及木制品业""纺织业""贱金属及其制品业""机电产品制造业"以及"车辆等运输设备制造业"均是中国当前的低比较劣势产业。其中，"化学工业""贱金属及其制品业""机电产品制造业""车辆等运输设备制造业"均是资本—技术密集型产业，在中国资本稀缺、技术相对落后的情况下，其比较劣势也很明显；但除"化学工业"外，其他 3 大行业的国际竞争力指数基本处于上升阶段，其中"车辆等运输设备制造业"的国际竞争力指数已由1992 年的 -0.473 上升为 -0.033；"化学工业"的国际竞争力在 1997 年前基本是从劣势向优势转换之中，但此后又有所恶化；该 4 大行业的产品出口占工业产品总出口的比重在 1992～2001 年平均为 40.3%，同时由于它们的进口比重也高达 60.2%，因此属于较高程度的产业内贸易产品。"矿产品业""塑料、橡胶制品业""纺织业"基本属于劳动—资本密集型、劳动—技术密集型产业，在中国资本稀缺、技术相对落后、人均资源占有率低，且自然资源过度开采的情况下，其比较劣势已日益显现；"矿产品业"的国际竞争力指数已从 1992 年的 0.080 下降为 2001 年的 -0.391；况且这 3 大类产业的产品在 1992～2001 年出口占工业品出口比重约为 11.3%。"木及木制品业"在中国属于典型的劳动密集型产业，同样，由于中国林木资源的过度开采，已使林木储备相当匮乏，从而使该产业处于比较劣势。

按照比较静态分析，16 大类工业行业比较优势的基本趋向是：第一，进出口产品中具有较高比较优势的产业（国际竞争力指数大于 0.5 者）种类少，在16 大类产业中只有 2 类产业（服装业与其他制造业），但它们在工业品出口中所占份额较大，1992～2001 年的出口份额为 33.2%；较高比较劣势产业（国际竞争力指数小于 -0.5 者）种类也很少，只有 1 类（造纸工业），并且出口比重也小，1992～2001 年其出口份额不足 1%。第二，处于比较劣势的行业要多于处于比较优势的行业。16 大行业中有 5 大行业处于比较优势，8 大行业处于比较劣势。处于比较优势行业的出口比重较小，只有 13.5%，而处于比较劣势的行业出口比重较大，为 50.8%。第三，某些具有比较优势的产业中，有些产品已成为劣势，而在某些具有比较劣势的产业中，有些产品则具有比较优势。如"石料、水泥、陶瓷、玻璃类建材工业"是具有国际比较优势的产业，但其产品中"玻璃及其制品"则在近两年内已成为比较劣势产品。具有比较优势的"皮革工业"中，"生皮及皮革"则一直处于比较劣势。同样的，处于比较劣势的产业"化学工业"中，其中的"药品"具有一定程度的比较优势；"贱金属及其制品业"中的"锌及其制品""车辆等运输设备制造业"中的"铁道车辆及相关制品"也具有比较优势。第四，中国经济发展中某些工业产品比较优势强化与某些产品比较劣势强化现象是同时存在的，如"服装工业"类工业产品的比较优势实际上有逐渐上升的趋势，而"矿产品业"则显示出了稳定的比较劣势强化倾向。

3. 中国工业产品产业内贸易分析

最常用的产业内贸易指数是劳爱德·格鲁贝尔指数，公式如下：$B_i = 1 - |X_i - M_i| / (X_i + M_i)$。式中，$B_i$ 表示 i 产业或产品类的产业内贸易指数，X_i 与 M_i 同上。显然，B_i 的数值在 0～1 之间，B_i 的值越接近于 1，则 i 产业或产品类的产业内贸易越发达。当然，某国 i 产业或产品类的产业内贸易是否发达，还应同时考察 i 产业或产品类在进出口中的比例是否较高。

表7-3列出了中国16大类、17小类工业产品产业内贸易指数在1992~2001年的变动情况。通过该指数的纵向与横向比较，可以考察中国各类工业产品产业内贸易发展程度的高低，以及特定工业产品产业内贸易的动态变化。

表7-3　　　　　　　　中国主要工业产品产业内贸易指数变化

项目	1992年	1993年	1994年	1995年	1996年	1997年	1998年	1999年	2000年	2001年
工业产品	0.978	0.875	0.955	0.945	0.959	0.875	0.863	0.925	0.887	0.970
一、食品制造业	0.498	0.378	0.426	0.588	0.644	0.710	0.626	0.458	0.519	0.491
二、矿产品业	0.920	0.810	0.951	0.964	0.888	0.796	0.822	0.672	0.546	0.609
三、化学工业	0.730	0.879	0.906	0.895	0.895	0.954	0.933	0.831	0.783	0.803
有机化学工业	0.856	0.949	0.980	0.989	0.996	0.948	0.986	0.792	0.667	0.678
药品	0.819	0.762	0.615	0.581	0.616	0.552	0.715	0.996	0.912	0.855
其他化工产品	0.624	0.801	0.797	0.801	0.800	0.867	0.874	0.843	0.862	0.900
四、塑料、橡胶制品业	0.512	0.567	0.621	0.645	0.603	0.672	0.696	0.650	0.654	0.649
五、皮革业	0.647	0.697	0.638	0.612	0.645	0.599	0.582	0.599	0.596	0.581
生皮及皮革	0.232	0.173	0.290	0.299	0.222	0.249	0.279	0.268	0.311	0.444
其他皮制品	0.139	0.147	0.112	0.086	0.077	0.061	0.061	0.065	0.064	0.069
六、木及木制品	0.905	0.880	0.999	0.847	0.867	0.949	0.961	0.851	0.835	0.908
七、造纸业	0.388	0.473	0.437	0.498	0.390	0.420	0.423	0.358	0.420	0.453
八、纺织业	0.662	0.667	0.539	0.760	0.663	0.763	0.790	0.779	0.790	0.792
化学纤维	0.582	0.573	0.661	0.668	0.577	0.671	0.703	0.718	0.758	0.818
地毯及纺织材料的其他辅地制品	0.099	0.109	0.099	0.113	0.153	0.127	0.095	0.104	0.105	0.126
其他纺织品	0.598	0.628	0.744	0.812	0.729	0.847	0.852	0.800	0.790	0.795
九、服装业	0.082	0.082	0.067	0.084	0.086	0.072	0.070	0.071	0.066	0.068
十、石料、水泥、陶瓷类建材工业	0.520	0.585	0.538	0.525	0.554	0.488	0.530	0.554	0.611	0.618
玻璃及其制品	0.997	0.963	0.963	0.840	0.976	0.929	0.980	0.940	0.906	0.948
其他建材制品	0.285	0.377	0.327	0.365	0.356	0.297	0.267	0.229	0.228	0.249
十一、宝石、贵金属及其制品业	0.922	0.980	0.816	0.739	0.902	0.871	0.742	0.899	0.977	0.583
十二、贱金属及其制品业	0.734	0.440	0.680	0.996	0.902	0.967	0.998	0.909	0.892	0.847
钢铁	0.474	0.104	0.287	0.897	0.625	0.773	0.578	0.444	0.546	0.339
钢铁制品	0.929	0.881	0.906	0.871	0.687	0.672	0.609	0.535	0.472	0.515

项目	1992 年	1993 年	1994 年	1995 年	1996 年	1997 年	1998 年	1999 年	2000 年	2001 年
锌及其制品	0.222	0.558	0.556	0.749	0.675	0.332	0.061	0.477	0.478	0.559
其他金属制品	0.861	0.559	0.643	0.741	0.776	0.900	0.923	0.905	0.856	0.912
十三、机电产品制造业	0.641	0.559	0.643	0.741	0.776	0.900	0.923	0.905	0.922	0.936
十四、车辆等运输设备制造业	0.527	0.363	0.448	0.868	0.877	0.974	0.933	0.955	0.812	0.967
铁道车辆及相关制品	0.306	0.458	0.294	0.266	0.110	0.181	0.219	0.231	0.183	0.192
其他车辆及零件	0.436	0.359	0.459	0.805	0.874	0.936	0.937	0.920	0.879	0.974
船舶及浮动结构体	0.970	0.445	0.582	0.892	0.539	0.314	0.183	0.270	0.341	0.532
十五、精密仪器制造业	0.876	0.885	0.986	0.979	0.945	0.850	0.857	0.923	0.979	0.886
十六、其他制造业	0.250	0.250	0.205	0.222	0.209	0.139	0.104	0.104	0.129	0.248

资料来源：表中 2000～2001 年数据根据《中国统计年鉴》（2001）资料整理，其他年份引自潘文卿、张伟：《90 年代中国工业产品外贸优势变化及入世后的战略选择》，载《统计研究》2001 年第 12 期，第 3～10 页。

总体来说，中国工业产品的产业内贸易较为发达，1992～2001 年的产业内贸易指数平均在 0.9 以上。从 16 大类工业行业看，"矿产品业""化学工业""贱金属及其制品业""机电产品制造业""车辆等运输设备制造业"，以及"精密仪器制造业"均为产业内贸易发达的产业，该六大类行业产品出口占工业品总出口的比重平均为 70.7%，其中"机电产品"的出口比重与进口比重就分别高达 21.8% 与 36.5%。

产业内贸易指数较高的产业还有"食品制造业""塑料、橡胶制品业""皮革业""木及木制品业""纺织业""石料、水泥、陶瓷、玻璃类建材工业"以及"宝石、贵金属及其制品业"。但其中除"塑料、橡胶制品业"及"纺织业"在工业进出口中的比重相对较大外，其他几类工业行业产品的进出口比重相对较小。如按 1992～2001 年平均进出口比重测算，"塑料、橡胶制品业"及"纺织业"的进口比重分别为 7.21% 与 7.42%，出口比重分别为 3.23% 与 3.78%；"木及木制品业"的进出口比重仅分别为 1.51% 与 1.29%，"石料、水泥、陶瓷、玻璃类建材工业"的进出口比重仅分别为 0.709% 与 1.80%。

产业内贸易指数较小的产业有"造纸业""服装业""其他制造业"，其中除"造纸业"中国呈明显的依赖进口外，"服装业"与"其他制造业"则均呈"出口导向型"。

从表 7－3 的资料看出，轻制造业中的"塑料、橡胶制品业""纺织业"，重制造业中的"贱金属及其制品业""机电产品制造业""车辆等运输设备制造业"

"精密仪器制造业"均呈现出明显的产业内贸易稳步上升的趋势，其中尤其以重制造业最为显著。如"机电产品制造业""车辆等运输设备制造业"的产业内贸易指数在1992年分别为0.641与0.527，到2001年分别升至0.936与0.967。与此相反的是，"矿产品业"的产业内贸易指数稳步下降，说明中国已经从出口矿物原料产品转向了进口。

7.2.3　不同产业的比较优势与企业的进入退出策略

由表7-2和表7-3知，"服装业""其他制造业"是拥有高比较优势的产业，"皮革行业"中的"其他皮制品"以及"纺织业"中的"地毯及纺织材料的其他辅地制品"是拥有高比较优势的产品。由于入世后国际市场的进入壁垒降低，更多的上述产业的中国产品会进入国际市场，国内企业的进入会加快。这些劳动密集型产品目前虽具竞争力，但由于是初级产品，将面临大量劳动力成本更低的国家和地区产品的竞争，同时也面临发达国家的各种非关税壁垒，市场前景不容乐观。要保持产品的竞争力，一方面可以把生产向劳动力更低的地区转移，如中国西部地区；另一方面要提高产品的技术含量。

根据外贸竞争力指数，只有在细分的工业产品类中，如"其他建材制品""铁道车辆及相关制品""锌及其制品"具有较高比较优势，就工业大类而言则没有优势，这说明我国的资本密集型产业尚受资本稀缺的限制，但那些不需要大量资本、规模经济不显著的细分产品类中，中国则具有一定的比较优势，且竞争力在逐步提高，在这些行业预计企业进入会加快。

"食品业""皮革业""建材业""宝石、贵金属业""精密仪器制造业""药品"等产业的比较优势较低，这些产业的产品在各种壁垒的保护下，长期只满足于供应国内市场，缺乏在国际市场的竞争能力。入世后，随着关税壁垒的降低，国外的优质产品会进入，外商也会在国内投资办厂，他们在与国内厂商竞争利润较高的高附加值产品市场具有优势，部分效率较低的国内厂商将不得不退出。国内厂商可以利用自身对国内市场的了解集中于细分市场，积累力量，逐步提高竞争力。

我国人口众多，人均森林面积少，林木资源相对稀缺。我国目前造纸业的技术水平较低，是由于受到资本稀缺的限制（资本优先向有高比较优势的产业流动），难以通过提高技术水平，进行产品深加工来提高产品的竞争力。因而，对像"造纸业"等属于较高比较劣势的产业，可以鼓励企业退出，把资源集中于我国具有比较优势的产业。对于受自然资源禀赋限制较多的，具有低比较劣势的"木及木制品业""矿产品业"也是如此。

像"化学工业""塑料、橡胶制品业""机电产品制造业""车辆等运输设备制造业""纺织业""贱金属及其制品业"的情况比较复杂，从产业来看它们都属于低比较劣势的产业。但有些产业中的细分产品类中有一定的比较优势，如"贱金属及其制品业"中的"锌及其制品"，"化学工业"中的"药品"，并且细分产品类的比较优势和比较劣势处于变化之中。因而企业在进入退出时需要将市场进行细分，并且研究其竞争力的变化趋势。

"化学工业""机电产品制造业""车辆等运输设备制造业""贱金属及其制品业"是资本—技术密集型产业，产业内贸易比较发达。入世后，上述产业的外资企业和产品将会大规模进入，但国内企业的出口也会增加，产业内贸易将继续扩大。在这些规模经济显著的产业，国内企业首先要提高自己的规模经济水平，其次要提高产品差异化程度，并配合以全球化战略，才能逐步提高产业的竞争力。

"塑料、橡胶制品业"和"纺织业"等产业的出口比重虽然较大，但基本属于劳动—资本密集型或劳动—技术密集型产业，生产的产品多为低附加值产品，在与发达国家的制成品交换时，存在"剪刀差"，获得的贸易利益并不大，并且这些产业更易受到劳动力更为廉价地区产品的冲击，因而必须提高增加产品附加值的能力，生产高端产品。对于无法具备这种能力的企业，将不得不退出。

7.3　在进入退出的重新洗牌中打造竞争优势

成为 WTO 成员方后，许多国外企业正紧锣密鼓地进入中国市场，竞争的必然结果是淘汰低效率的厂商，而不同产业的比较优势决定了该产业中企业的进入退出。问题的关键不是保护那些低效率的企业不被淘汰，而是以入世为契机创造一个有利于企业创新的公平竞争的市场环境，促使潜在的比较优势转化为现实的国际竞争优势，这才是政府产业组织政策的重点所在。

7.3.1　立足比较优势，积极参与国际分工

任何一个国家参与国际分工，首先要从本国要素禀赋的实际情况出发，从事本国有比较优势的产业可以获得比较利益，尽快进行稀缺要素的积累。稀缺要素的积累可以提升本国的要素禀赋水平，促成比较优势转化为竞争优势，并使产业结构升级。许多发展中国家同发达国家的差距越来越大，很重要的原因就是采用了错误的发展战略，优先发展没有比较优势的产业，如资本密集型产业。在放弃了自身劳动力廉价的优势之后，即便资本密集型产业通过国家的扶持建立起来，由于本国资本稀缺，要素价格较高，产品在国际竞争中也缺乏竞争力，从而无法为以后的发展积累更多的资本。另外拥有比较优势的产业得不到发展，也就无法为国家重点扶持的产业提供强有力的相关产业支持。目前，除去一些涉及国家安

全的领域外，我国应遵循市场规则，发展具有高比较优势（服装业、其他制造业、其他皮制品、纺织业）和较高比较优势的产业（其他建材制品、铁道车辆及相关制品等），首先获取比较利益是现实的选择，而后逐步积累资金，发展资本密集型和技术密集型的产业。

7.3.2　减少企业进入退出的障碍，提高市场绩效

由于种种原因，我国企业易进难退，既存在较严重的过度进入，也存在较高的退出壁垒。在公平开放的国内外竞争环境下，不仅要淘汰低效率的企业，而且要从政策上合理把握进入退出壁垒的高度，通过控制进入退出壁垒优化产业组织。值得注意的是，由于以前国有资本投资的决策人实际是中央各部门或地方各级政府，国有企业建立后又存在预算软约束，往往忽略沉淀成本带来的投资风险，投资时是一个"易进"的局面。而一旦国有企业陷入长期亏损需要退出时，出于就业和部门利益考虑，往往又存在一个"退出难"的问题，恰好造成了一个"易进难出"的组合。作为 WTO 的成员方，国有企业面临更严峻的进入退出问题，一方面政府应该通过产业退出援助政策帮助国有企业从竞争性产业退出；另一方面要通过改革国有资本管理体制解决"易进"问题，因为这个"易进"是忽视产业投资风险的"冒进"，并非真实进入壁垒的降低。

降低企业进入退出壁垒是提高市场绩效的必由之路。在开放初期对本国民族经济的幼稚产业进行一定程度的保护是必要的。从长期看，应鼓励竞争，只有通过有序的竞争，本国企业才能充满活力，本国产业才能具有国际竞争力。我们认为，除去一些规模经济显著、具有区域自然垄断性质和社会公益性质的行业需要进入管制外，基本原则是鼓励厂商（中外厂商）自由地进入退出。

7.3.3　推动要素禀赋升级，在产业组织重新整合中寻求竞争优势

比较优势转化为竞争优势的关键在于推动要素禀赋升级。高级要素与基本要素的重要区别是它主要不是靠继承获得，而是通过主动的投资行为去获得。不仅高新技术产业依赖高级要素，传统产业的升级，现有产业竞争力的保持，都需要比基本要素更为稀缺的高级要素。从比较优势看，推动要素升级，一方面意味着对目前我国具有比较优势的产业，重视人力资本的培养和技术的不断创新，获得动态的比较优势，而不是一时的比较优势；另一方面意味着对低比较优势和比较劣势的产业（食品制造业、皮革业、建材业、矿产品业、有机化学工业、车辆等运输设备制造业等）需要加快资本和技术的投入，尤其是在全面建设小康社会中，重视通过信息化改造这些传统产业，提升要素禀赋结构，以此促成产业从比较优势到竞争优势的转化。在中国产业内贸易发达的产品上（见表 7-3），中国

与贸易伙伴国享受着一定程度的产业内贸易的利益，但与发达国家间高度发达的产业内贸易并不完全相同，中国的产业内贸易不是集中在技术与资本密集的行业上，这与我国目前的比较优势和比较劣势状况密切相关，也说明我国要实现传统产业的升级和新型产业的发展任重而道远。

参考文献

［1］潘文卿、张伟：《90 年代中国工业产品外贸优势变化及入世后的战略选择》，载《统计研究》2001 年第 12 期。

［2］吕铁：《比较优势、增长型式与制造业发展战略选择》，载《管理世界》2001 年第 4 期。

［3］张德修：《加入 WTO 对中国经济某些产业的正反面影响剖析》，载《北京大学学报》2000 年第 3 期。

［4］郭克莎：《从挑战中攫取机遇——加入 WTO 对我国主要工业行业影响的详尽分析》，载《瞭望》2000 年第 9 期。

第 8 章

加入 WTO 后外商直接投资对
我国产业组织的影响*

8.1   加入 WTO 对我国吸收 FDI 的影响

FDI 行为涉及三个主体：跨国公司、东道国和投资国，并受制于第四个行为主体——国际性组织。跨国公司是 FDI 的决策者和执行者，在 FDI 中处于重要地位；东道国是 FDI 的接受国，东道国的 FDI 决定因素直接决定 FDI 的流入结构和总量；投资国是 FDI 的来源地，投资国的 FDI 决定因素直接决定 FDI 的流出结构和总量。三者都直接介入 FDI 的实施全过程或部分过程，各自间的相互作用最终决定特定的 FDI 分布状况。国际性组织并不直接介入 FDI，但是近年来对 FDI 的影响越来越大，如 WTO、世界银行、联合国有关机构等世界性组织以及欧盟、经合组织等区域性组织，陆续颁布的一些多边性规则，正在更多地涉及和影响着 FDI。

加入 WTO 必然会对我国吸收 FDI 产生广泛而又深远的影响，既有有利于扩大吸引外商直接投资的因素，又有不利因素。从东道国的角度看，FDI 的决定因素中，跨国公司与投资国是不可控制因素，而国际性组织的作用可以被充分利用，而我们对这些组织的影响有限。因此，最重要的是作为东道国自身吸引 FDI 的因素。决定东道国吸收 FDI 的因素主要有东道国的经济发展水平和市场潜力、东道国的要素禀赋状况以及东道国的投资软硬环境。据一些学者对中国 29 个省市区的调查，1985～1995 年 FDI 的投向与广阔的地区市场、良好的基础设施、优惠政策（特别是特区政策）呈正相关，与工资成本负相关，与教育水平正相关但不显著。另外，FDI 具有"自我强化"的能力，即原有较高的 FDI 存量有助于进一步吸引新的 FDI。

＊ 本章作者为杨蕙馨、栾光旭，发表在《山东大学学报》（哲学社会科学版）2002 年第 6 期（文章有改动）。

8.2　加入 WTO 后 FDI 可能的变化趋势

随着我国投资环境的进一步改善和对外资的进一步开放，综合而言将对外商直接投资产生较大的吸引力。但是，潜力变为现实还受到很多因素的制约。鉴于 FDI 的规模和增长速度主要取决于一个国家市场化改革和市场开放的程度以及由此带来的增长速度、增长方式的转变和市场规模的扩大，还有投资管制的放松和市场体系的完善等，而这些又不是短时间内能够明显改观的。我们的基本判断是，短期内 FDI 的总量会有所增加，但增幅不会很大；中长期的不确定因素较多，比较大的可能性是 FDI 将稳定增长。

加入 WTO 后对不同产业吸收 FDI 的影响是有差别的。这取决于不同产业自身的特点、各产业目前的发展状况以及市场结构、不同产业对外资开放的进度等。总体判断是：劳动密集型的一般制造业中 FDI 将保持稳定或略有增加；资本、技术密集型的高级制造业中 FDI 将有所减少；而多数服务业中 FDI 将有所增加。

一般制造业是传统的外商投资重点产业，这些产业的 FDI 主要是"寻求效率型"的，我国低成本劳动力仍对其有一定的吸引力，是我国具有相对比较优势的产业。加入 WTO 后中国以往对外商投资的诸多限制将逐渐减少和取消，世界市场也将向中国产品扩大开放，导致贸易机会增加，商品贸易规模扩大，对这些产业的需求增加，从而带动这些产业投资和生产的增长。可以预测，一般制造业中 FDI 将保持稳定或略有上升，中低技术水平的劳动密集型产业有可能吸引更多来自中国香港、中国台湾和亚洲周边国家的投资。对于资本、技术密集型的高级制造业来讲，尤其是汽车等以往保护较多的产业，由于关税的降低外商直接投资冲动将会减少，转而采用进口等其他替代方式，因此 FDI 将会有所下降。对中国服务业来讲，本身具有巨大的国内市场容量和广阔的发展前景，随着管制的放松，对外资的吸引力增大，将有更多的 FDI 进入，如电信、金融、商业等。

从投资方式看，加入 WTO 后，短期内 FDI 仍将以新建投资方式为主，从长远看，并购方式将逐步增多。20 世纪 90 年代中期以来，全球并购发展迅速，跨国收购与兼并已经成为全球跨国投资的主要方式。从全球看，企业并购的主要目的已经从消灭竞争对手转向双赢战略，通过并购谋求利用双方互补性资源、减少研发领域的重复投资和扩大经济规模等有益于双方的结果。由于并购目标的转变，被兼并企业和东道国开始对跨国并购持积极的态度，政策取向更加开放。对我国来讲，吸引外商并购投资，不仅是为了顺应全球跨国投资快速发展的趋势，也是促进国内经济增长、结构调整和体制改革的重要战略举措。与新建投资相比，并购投资在推进国企改革、减少重复建设等方面具有明显优势。大型跨国公司参与国有经济布局调整和国企改革，不仅能提供巨额资金，而且伴随着资金的进入，经营理念、技术、全球营销网络、管理经验等资源都会进入被并购企业。利用并购方式引进 FDI 还可以有效地解决生产能力过剩和外商不断新建企业生产能力扩张的矛盾。许多跨国公司之所以对并购方式感兴趣，是因为并购比新建节约时间，能更好地利用现有企业的有形和无形资产，以较少的投资获得企业的控制权，能够不增加企业的生产能力从而改善市场结构等。

8.3 加入 WTO 后 FDI 对我国市场结构的影响

市场结构是指某一产业中的厂商之间以及厂商与消费者之间关系的特征和形式。市场结构的核心是竞争与垄断的关系问题。市场中企业数量和新企业进入的难易程度决定了市场结构的类型。目前我国市场结构的特征是：第一，与改革初期相比，总体上市场结构趋向合理，市场竞争程度增强。第二，经济转轨过程中的市场结构变化表现出较强的渐进性和不平衡性特征。中国市场竞争程度的提高始于非国有经济成分在乡村、沿海开放城市的发展，而后向其他地区逐步推进；先从纺织、家电等进入壁垒较低的轻工业开始，逐步推进到进入壁垒较高的化工、机电、资源开发等重工业和原材料产业。由于市场结构演变的渐进性，不同地区、不同产业的市场结构差异悬殊。第三，从地区看，东部沿海地区的市场竞争更充分一些，由于不同程度的地方保护的存在，全国性统一大市场至今没有真正形成。第四，部分产业"过度竞争"与部分产业的垄断并存。"进入企业过多""全行业长期低效益"和"竞争及低效益不能产生淘汰作用"是"过度竞争"的三个主要表现。在中国，"过度竞争"的行业还有另外一个特征，即在"过度竞争"状态下，仍有许多新企业继续进入。过度竞争最典型的案例是纺织业。另外，我国仍有部分产业垄断较为严重，缺乏竞争，如电信、电力、银行、保险等，它们的垄断主要是政府管制等体制性壁垒造成的，而不是经过市场充分竞争由于厂商获得市场势力而走向垄断的。第五，在转轨中的中国市场结构变化过程中，所有权改革和对外开放度的不断提高扮演了重要角色。有效推进所有权改革和进一步扩大对外开放大大促进了中国市场结构的优化。加入 WTO 后可能面临的一个重要问题是，随着对外资的进一步开放，能否保证对不同所有制内资企业的开放也同步进行，真正实现内外资企业间充分有效的竞争。

对市场集中度的影响。短期内，FDI 进入会影响到中国市场上销售者的数量及其市场份额，这主要取决于 FDI 进入的方式。根据联合国跨国公司与投资司的研究，FDI 新建投资在短时间内会增加从事生产或服务的企业总数，最初的直接效应是降低某一产业中生产者和销售者的集中度，或至少保持不变。通过企业并购进行的 FDI 具有双重性，或者会改变生产者和销售者的总数，或者不改变生产者和销售者的总数。如果并购导致跨国公司子公司的销售增加，FDI 就会提高市场集中度；如果购并后的规模与早先被收购的企业相等，则市场集中度不变。

FDI 对中国市场集中度的中长期影响取决于以下因素：与市场中在位企业相比新进入的 FDI 企业的数量和规模，FDI 企业相对于当地在位企业的绩效及对当地在位企业长期存活能力的影响，我国在位企业对 FDI 企业进入的反应，FDI 企业与其他企业的市场运作以及我国政府对 FDI 的态度等。对发达国家的经验研究表明，上述因素共同作用的结果是市场集中度降低或保持不变。而对发展中国家的经验研究表明，FDI 企业的进入加强了市场集中化的趋势。那么，我国加入WTO 后，中长期内市场集中度会怎样变化呢？我们的看法是，经过短期内市场集中度的下降，优胜劣汰的市场竞争机制将会使得多数产业的市场集中度提高。尤其是随着并购的增多，一些产业经过竞争和优胜劣汰最后可能会形成少数寡头企业。因为以往我国吸收 FDI 以周边国家和地区的中小资本为主，今后大型跨国公司对华投资将越来越多，而国家又鼓励大型跨国公司前来投资，大型跨国公司的规模和效率以及技术水平等都明显强于国内企业，所以，市场集中化的趋势难以避免。即使存在所谓的学习效应，对于国内企业实力的提高作用有限，原因在于国内的许多企业长期以来并没有真正经历过严酷的国际市场竞争考验，要想真正缩小与跨国公司的差距，需要付出的努力和代价太多。

FDI 对进入壁垒的影响。加入 WTO 后，为了遵守国际规则和履行我国的承诺，短期内将不断降低对外商投资的政策性壁垒，对外商的限制将越来越少。同时，对国内不同所有制内资企业的进入壁垒也将同步降低。从中长期看，随着实力强大的跨国公司的不断进入，它们在市场上站稳脚跟后将会构建新的进入壁垒。就与成本有关的进入壁垒来说，跨国公司可以凭借其巨额的自有资本优势和多渠道的融资方式在我国进行大规模投资，提高产业的平均必要资本规模，对潜在进入者构筑起较高的进入壁垒。跨国公司可以内部分工优势，提高进入的绝对成本壁垒。另外，跨国公司进入后，还将提高我国市场的产品差别化壁垒，提高研发、广告投入等方面的进入壁垒。跨国公司在研发、广告等方面的投入在跨国公司内部具有公共产品的性质，可以在其体系内共享，具有规模经济特点，在同样情况下，新进入者要以更高的研发和广告支出才能与之相抗衡，这些都构成了策略性进入壁垒。

8.4 加入 WTO 后 FDI 对我国企业行为的影响

企业行为也叫市场行为，是指企业在市场上为了赢得更多的利润和更高的市场占有率所采取的一系列策略性行动。加入 WTO 后，短期内 FDI 的进入会使市场上的竞争者增多，市场集中度下降，对企业行为的直接影响是价格下降。另外，随着竞争的加剧，迫使许多企业提高质量、增加品种，并采用新技术、新工艺和提供新产品。当然，前提条件是相关市场能够进行有效竞争，保证市场机制的作用有效地得到发挥。如果 FDI 进入的市场没有当地国内企业经营，或者当地国内在位企业与外资企业的竞争实力差距太大，而又缺少进口和较多的外国竞争者，那么市场功能得不到有效发挥，上述的种种行为不一定发生。总的来看，我国加入 WTO 在短期内企业行为将趋于合理化。

从中长期来看，FDI 进入后对国内在位企业市场行为的影响更多地体现为动态溢出效应。也就是说，通过长期的竞争迫使国内在位企业提高效率，并通过学习效应培养提高长期竞争力。第一，FDI 的进入产生的巨大竞争压力，促使国内在位企业加强成本控制与管理，激励员工减少拖沓行为，提高效率；第二，为了与外资企业展开竞争，国内在位企业被迫采用与外资企业类似的技术，短期内技术的获得可能靠引进，从中长期看，国内企业将越来越多地进行联合开发或自主开发，这有助于企业研发行为和技术水平的提高；第三，溢出效应还表现为营销能力的提高，特别是出口能力的培养。相对于技术来讲，营销能力或诀窍的学习和模仿更容易一些。出口导向型的外资企业带来了产品市场的销售渠道，成为出口能力开发的催化剂。当然，FDI 的进入不仅会给我国市场带来竞争效应，在特定的条件下，还可能导致反竞争行为的产生，例如勾结、垄断性并购、排他性纵向联合、掠夺性定价行为等。

一句话，FDI 进入后的中长期影响是使企业行为更趋合理，但是外资企业可能的反竞争行为不容忽视，需要政府健全与竞争和垄断有关的法律来加以规制。

8.5　加入 WTO 后 FDI 对我国市场绩效的影响

市场绩效是指在一定的市场结构下，由一定的市场行为所形成的价格、产量、利润、品种、技术进步等方面的效果。在短期内，由于 FDI 的进入使得市场集中度降低从而更具竞争性，并且企业竞争行为更趋合理，因此，可以认为，市场绩效会改善，表现为产业利润较为合理，垄断利润尤其是政策性垄断造成的垄断利润将明显减少，产业技术水平有所提高，消费者福利得以改善等。

中长期内市场绩效主要取决于市场结构和企业行为的变化，归根结底取决于国内企业是否建立起自己的竞争优势。根据前面的分析，在中长期内，市场结构的可能变化趋势是趋向更加集中，并且进入壁垒提高。而国内企业行为合理化的同时，不排除外资企业的反竞争行为。因此，加入 WTO 后，中长期内我国市场绩效可能的变化趋势是部分产业竞争受阻，消费者福利受损，市场绩效恶化。这个判断是基于对跨国公司的强大实力、我国国内企业缺乏核心技术和竞争力的认识之上，尤其是对于汽车制造、电信、银行等以往受保护较多、未经历较为充分竞争的产业来讲，由于这些产业中的企业总体竞争力较弱，其绩效恶化的可能性很大。

8.6 小 结

加入 WTO 后，FDI 的大量进入是可以肯定的。FDI 的进入将对我国产业组织乃至整个国民经济发展产生多方面的影响。FDI 在短期内会改善我国市场结构、优化企业行为、提高市场绩效。在中长期内，FDI 对产业组织的影响存在较大的不确定性。我们认为中国产业组织状况不容乐观。中长期 FDI 对民族产业的冲击、对市场绩效的影响将是巨大的。这种影响归根结底取决于国内企业是否能够形成并强化自己的竞争优势。提高市场绩效的关键在于提高产业竞争力，这需要有一大批具有竞争力的企业尤其是国内企业的存在。这需要政府和企业共同努力。尤其不能小视政府的作用，流行的说法是"中国入世首先是政府入世"。政府要努力创造一个良好的市场竞争环境，同时通过制定贯彻科学合理的产业组织政策，使 FDI 对我国产业组织产生好的影响，最大限度地避免其负面影响。从优化产业组织的角度，政府应当如何作为呢？

第一，加快完善市场体系。一个全国统一的充分竞争的市场体系是十分重要的，当务之急是要尽快打破地区、部门之间的分割状况。这对于企业通过有效竞争形成竞争优势是很有好处的。企业自身的管理固然重要，但一个充分有效的市场竞争是更重要的，在有效竞争的市场中企业可以按照比较优势自主经营，通过市场竞争优胜劣汰。否则的话，国家给没有自生能力的企业过多保护，只能带来种种"扭曲"现象，自生能力培养不起来，企业永远长不大，只能长期"幼稚"，一旦政府放弃保护就只有死路一条。

第二，积极稳妥地放宽进入限制，打破行业垄断。从我国经济发展实践看，凡是较早打破垄断的行业，其发展速度明显快于没有打破垄断的行业，消费者的满意程度也高于垄断行业，国际竞争力也强于垄断行业。打破垄断的直接后果是大量投资资金（包括国内的和国外的）的进入，继而生产能力增加，供给增加，价格下降，企业开始采用各种方法提高生产技术和效率。开放垄断领域，放松民间资本和民间企业进入限制，促进市场公平竞争已经成为多数人的共识。

第三，改变"超国民待遇"，实行统一的"国民待遇"。以往我国为了吸引外资，给予外商许多优惠性的激励政策，实际上具有歧视国内投资者的特征。超国民待遇孕育着超常利润，易产生"寻租"行为，必须废除。加入 WTO 后，对外国投资者开放的领域必须首先对国内投资者开放，起码要同时开放，对外国投资者的种种优惠也应当给予国内投资者。

参考文献

［1］ Cheng，Leonard K.，Yum K. Kwan. What Are the Determinations of the Location of Foreign Direct Investment? The Chinese Experience ［J］. *Journal of International Economics*，2000（51）：379 – 400.

［2］ "促进跨国公司对华投资策略"课题组：《跨国公司在华并购投资：意义、趋势及应对战略》，载《管理世界》2001 年第 3 期。

［3］ 江小涓：《体制转轨中的增长、绩效与产业组织变化——对中国若干行业的实证研究》，上海三联书店、上海人民出版社 1999 年版。

［4］ 杨蕙馨：《从进入退出角度看中国产业组织的合理化》，载《东南大学学报》2000 年第 4 期。

［5］ 戴伯勋、沈宏达：《现代产业经济学》，经济管理出版社 2001 年版。

［6］ 李太勇：《跨国公司投资对我国市场结构的影响》，载《中国工业经济》1999 年第 11 期。

［7］ 联合国跨国公司与投资司：《1997 世界投资报告——跨国公司、市场结构与竞争政策》，对外经济贸易大学出版社 2001 年版。

第 9 章

入世后进口对中国汽车制造业
产业组织的影响[*]

加入 WTO 以后，中国的关税壁垒和非关税壁垒都将发生大幅度的变化，国外产品进入中国市场的壁垒降低，短期内进口的增加会使中国汽车产业市场集中度下降、竞争加剧、从而市场绩效可能得到改善。但从长期和战略意义上考虑，中国汽车企业竞争力的提高是应对更激烈的竞争的唯一持久的措施。

9.1　加入 WTO 对中国进口的影响

入世后，中国企业面临巨大的环境变化，包括政策性的和经济性的，其中关税壁垒和非关税壁垒的削减改变了国外产品或企业进入中国市场的难度，进而影响着中国企业的市场占有率、盈利情况，事关中国企业的生死存亡。

9.1.1　入世后中国关税壁垒的变化

关税是一国对经过其关境的进出口货物课征的税收。它是世界各国普遍采用的保护国内产业的重要政策工具。按照中国入世时的承诺，到 2005 年中国关税将降到发展中国家的平均水平以下，工业品的进口关税平均税率将为 10% 左右。

9.1.2　入世后非关税壁垒的改变

非关税壁垒是指一国政府除关税以外一切限制进口的措施。非关税壁垒主要分两大类：直接非关税壁垒和非直接非关税壁垒。由于使用非关税壁垒违背了公平竞争、非歧视待遇和国民待遇的原则，WTO 禁止成员使用它们来保护国内产业，主张增加贸易政策的透明度，减少非关税壁垒。中国为入世付出了很大的努

---

[*] 本章作者为杨蕙馨、于洁涵、王军，发表在《东岳论丛》2004 年第 25 卷第 2 期（文章有改动）。

力。在 15 年的谈判中，不断地减少实行配额管理和许可证管理的商品。仅在 1995 年一年，实行进口配额管理的商品由 26 种减少为 16 种，实行进口配额管理的机电产品由 18 种减少为 15 种，实行进口许可证管理的商品由 53 种减少为 36 种，税目由 742 个减少为 354 个，减幅分别为 32% 和 52.3%。2001 年 1 月 15 日起中国又取消了 20 多种机电产品的配额、许可证和特定进口管理措施。入世时中国承诺，进口许可证要求及招标要求将于 2005 年取消，所有的进口配额在 2005 年以前逐步被取消。世界贸易组织要求其成员规范非关税措施的管理行为，提出"中国入世后所执行的所有非关税措施都应该加以分配并严格按照《WTO 协定》的条款以其他方式执行，包括《GATT1994》第 13 条和《进口许可程序协议》"。中国承诺"取消、不引入、不重新引入和不使用非关税措施"，列出了 377 个税则号的产品逐步取消非关税壁垒的时间表，同时中国还承诺了 15 类产品的基期配额和过渡期内每年的配额增长率。

9.1.3　关税与非关税壁垒的变化对中国进口的影响

入世后，随着中国关税与非关税壁垒的逐步消除，国外厂商的产品就会更加容易地进入中国市场。当然，入世后国外进入者可以选择出口或者直接投资两种方式进入中国市场。从理论上说，以往为了避开关税与非关税壁垒而在中国进行直接投资的外国厂商，会选择出口而不再倾向于直接投资；而对那些想利用中国丰富的自然资源与劳动力资源的外国厂商，会选择直接投资方式，尤其是提供服务的服务业。

通过图 9 - 1 可以看清关税和非关税壁垒的变化对中国原来受保护产业的进口的影响。在这里我们作如下的假设：第一，进口国的进口量占世界市场该种商品交易量的比例很小，关税的变化，不会影响到该商品的国际市场价格；第二，进口国的进口替代产业的生产成本不变，居民收入和消费偏好也不变。

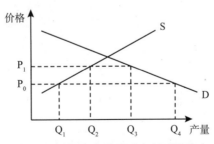

图 9 - 1　关税与非关税壁垒削减的效应

图 9 - 1 中横轴代表产量，纵轴代表价格，S 为国内市场上的总供给，D 为国内市场上的总需求。P_1、Q_2、Q_3 分别代表受到关税和非关税保护的市场均衡价

格、国内厂商的总供给、国内市场的总需求。P_0、Q_1、Q_4 分别代表关税和非关税保护消除后的市场均衡价格、国内厂商的总供给、国内市场的总需求。

从图 9-1 可见，（$Q_3 - Q_2$）为受到保护时的进口量，（$Q_4 - Q_1$）为消除保护后的进口量。由于关税和非关税的保护，市场的均衡价格被人为地提高了，国外厂商原有的价格优势并不能完全显示出来。在关税和非关税壁垒消除以后，市场均衡价格降低，国外产品的价格优势显现出来，如图 9-1 所示，进口会增加。

非关税壁垒的变化，如进口配额和许可证的变化对进口的影响与关税变化的影响原理相同。关税只是影响价格机制，而配额和许可证是由政府强制决定的，完全排除了价格机制。征收关税有可能没有完全削弱进口商品的价格竞争力，但是非关税壁垒对进口数量的限制，使得进口商品的价格竞争力无法突破政府所规定的进口数量。同时数量限制也助长了生产进口替代产品的国内厂商的垄断程度。关税壁垒只是把垄断程度限制在其价格不能超过国际市场价格与关税之和。而通过配额和许可证制，进口的数量受到限制，国内在位者所面临的进口竞争要小得多，它们成了国内市场上的垄断者，可以制定较高的垄断价格，获得更多的垄断利润。因此配额和许可证的取消，会使得国内在位者突然失去原来强大的保护，进口对国内在位者的冲击可能要更大一些。

以上的结论都是在前面的两个假设条件下得出的。改变这些假设，结果就会大不一样。如果中国企业能够积极地应对外来的挑战，运用低成本战略降低产品的成本，使得价格为时的国内供给量增大，进口量就会小于（$Q_4 - Q_1$）。或者通过差异化战略增加消费者对本国产品的偏好，即使面对外国产品的大举进犯，进口量也不会大幅度增加，留给中国产品的市场空间依然非常广阔。当然中国企业如何实行低成本和差异化战略也绝非易事。

9.2 中国汽车制造业产业组织分析

9.2.1 市场结构

总体来讲，中国汽车制造业市场集中度低，企业生产规模小，多数未达到最低有效经济规模。

（1）生产集中度。国外汽车制造业的市场集中度很高。美国汽车的 CR_3 达到 98.9%，它的整车市场集中于通用、福特和克莱斯勒 3 家汽车公司，日本和韩国的 CR_3 分别为 63.1% 和 97.1%。根据《中国汽车工业年鉴》（2002 年）的有关数据，2001 年中国汽车生产的 CR_3 只有 31.7%，远远低于发达国家。表 9-1

和表 9-2 也说明了中国汽车工业的分散状态。伴随入世，激烈的市场竞争也在逐步地推进中国汽车工业的集中。到 2002 年底，一汽、东风和上汽三大汽车集团的汽车产量占到了全国产量的 51%，市场集中度达到 57%，2003 年三大汽车集团的产量则占到全国产量的 47.90%。2003 年中国汽车制造业的市场集中度 CR_3 为 47.95%，CR_5 为 64.98%，CR_7 为 72.29%，CR_{10} 为 80.08%。广州本田、重庆长安、安徽奇瑞、沈阳华晨、南京菲亚特、浙江吉利、哈飞汽车、昌河汽车和江铃汽车 9 个独立生产商的产量合计占到全国的 40%。这种 "3+9" 格局的汽车产量合计占到全国产量的 91%，从这个意义上说，中国汽车工业 "散、乱、差" 的局面似乎得到改善。

表 9-1　　　　　　　　　　　2001 年中国汽车企业集团市场集中度　　　　　　　　　单位：%

	东风	一汽	上海大众	长安	哈飞	一汽大众	昌河	五菱	北汽	金杯
市场份额	11.19	10.80	9.70	9.06	5.98	5.52	5.10	5.07	4.23	3.18
累计百分比	11.19	22.00	31.70	40.76	46.74	52.25	57.36	62.43	66.66	69.83

资料来源：根据《中国汽车工业年鉴》（2002 年）整理。

表 9-2　　　　　　　　　　　2000 年和 2002 年分车型市场集中度比较　　　　　　　单位：%

市场集中度		CR_1		CR_2		CR_3		CR_4	
		2000 年	2002 年	2000 年	2002 年	2000 年	2002 年	2000 年	2002 年
载货汽车	重型	63.0	49.8	84.0	84.0	90.0	89.3	94.0	93.9
	中型	45.7	45.5	93.9	79.5	—	85.4	—	90.6
	轻型	24.6	36.8	35.0	54.7	44.7	65.6	53.8	76.1
	微型	41.4	42.0	71.8	63.3	80.6	80.7	89.3	91.2
客车	大型	20.3	26.7	37.0	49.2	54.3	58.1	68.1	66.7
	中型	36.7	25.2	53.5	48.1	70.9	60.7	84.0	70.5
	轻型	25.0	20.5	38.0	32.1	49.0	42.6	57.0	50.7
	微型	26.8	25.1	52.4	50.1	65.7	70.6	85.7	83.1
	轿车	35.0	25.8	56.0	45.4	72.0	55.3	81.0	65.2

资料来源：根据程贵孙、黄新建：《我国汽车工业产业组织分析与优化对策》，载《哈尔滨工业大学学报（社会科学版）》2003 年第 6 期和《中国汽车工业年鉴》2002 年相关数据整理，其中 2002 年的数据采用的是年鉴中 2002 年 1~6 月的数据。

（2）企业规模。中国整个汽车制造业年产量在 2001 年达到 233.4 万辆，其中轿车产量为 70.4 万辆，2002 年汽车总产量和轿车产量分别为 325 万辆和 109 万辆，而 2003 年汽车总产量和轿车产量则分别达到 444.37 万辆和 201.89 万辆。

就单个企业规模而言，中国汽车工业的前4名一汽、东风、上汽、长安汽车集团生产能力在30万~60万辆，规模经济效益开始显现。尽管如此，与世界级的汽车生产企业相比较，中国汽车工业企业的规模仍然偏小。随着跨国企业间的购并与联合，汽车生产企业的数目越来越少，生产规模则越来越大。世界汽车工业体系已形成了所谓"6+3"的格局，即通用、福特、戴姆勒–克莱斯勒、大众、丰田、雷诺、本田、宝马、雪铁龙等几大集团进行全球化生产。而其中的6大汽车集团的汽车年产量最高为1348万辆，最低也为444万辆，是中国整个汽车制造业年产量的8~20倍。

（3）企业的进入。近年来，不管政府如何严把准入关，各地争上汽车项目的冲动都一直没有停止过。继耗资500亿元、号称"亚洲第一"的上海国际汽车城全面开工建设之后，北京于2002年又宣布，将举全市之力，用8年时间投资过百亿元，在京郊顺义建汽车城；此外，一汽大本营长春的目标是"世界级汽车城"；广州也宣称要打造"中国底特律"。新一轮"汽车热"背后，蕴藏着巨大的风险——产能和需求严重脱节，是否会带来新一轮的重复建设，重蹈汽车业当年"散、乱、差"的覆辙？担忧不是没有道理的。虽然，用发展的眼光看，中国汽车市场长远向好是没有疑问的，考虑到世界汽车生产能力和需求市场的转移，让中国有条件成为世界汽车工业重要的生产和消费基地。抓住市场机会，加速中国汽车工业的发展，本身没有错。但"汽车热"中折射出的政府色彩，以及现有投资体制带来的"只管上项目，不管结果如何"的弊端，让人不免对投资是否具有理性产生疑问。此外，以前在高关税和严格市场准入制下，汽车业高利润率的神话，将随着中国加入WTO后竞争的加剧而打破。这些都给新一轮"汽车热"带来了变数。当然，为避免新一轮重复建设，简单地用行政手段加以调控，是不可取也是行不通的。但是，国家宏观经济管理部门通过发布信息、制定规则等手段，加强对各地规划进行平衡和调节却是有必要的。各地政府在决定投资汽车业的时候，也一定要因地制宜，根据本地技术、市场和配套体系的实际情况，结合有关部门的指导信息，制定切实可行的规划。此外，各地发展汽车工业，要与汽车产业联合重组的大趋势结合起来，剔除地方保护色彩，为中国汽车产业做大做强创造条件。

9.2.2 市场行为

（1）从产品价格水平看，中国生产的中低档客车货车由于劳动力成本低，其价格低于世界平均水平，只是国际市场价格的40%~85%。根据有关资料，由于受关税壁垒与非关税壁垒的保护，目前国内生产和销售量较大的轿车，其国内市场销售价格与国外同档次轿车的国际市场价格相比要高出54%~157%，大体上是轿车的档次越高，国内外的价格差距越大。考虑到国内轿车税率较高对车价的影响，国内轿车不含税的价格也比国际市场价格高出25%～108%。中国汽车制造业除了受国家关税保护以外，还受到地方政府的保护。在双重保护下，汽车制造业竞争不足，规模不经济，管理费用和销售费用高，同时材料支出成本高，导致汽车成本居高不下。与国外同类车型相比，中国轿车的生产成本高出44%～140%。这也是中国国内车价居高不下的主要原因。1998年以来，随着竞争的不断加剧，汽车市场不断演绎一场又一场的降价潮，入世后，降价使得中国汽车制造业厂商的利润空间不断地被压缩。有关资料表明，从2001年始到2003年底，我国轿车总体价格水平下降了约20%。

（2）汽车制造业竞争不足。中国汽车制造业达不到经济规模，市场集中度低，但是并不能由此认为过去中国的汽车制造业是竞争性市场结构，主要原因是中国市场分割、地方保护主义阻碍了市场竞争。我们可以把汽车市场划分为高中低档轿车市场、重中轻微型货车市场和大中轻微型客车市场，在每一类细分市场上由于地方保护等政策性进入壁垒高，各个细分市场上的生产集中度（不包括进口车）和市场集中度都较高。以中档轿车市场为例，一汽集团的捷达产量为76863辆，上海大众公司普通桑塔纳产量为130894辆，神龙汽车公司的富康ZX16为18342辆，CR_3达到100%。可见，中国汽车制造业存在的问题不是过度竞争，而是长期在国家关税保护和地方保护主义下的竞争严重不足。

（3）从研究开发能力看，在八大轿车生产厂家中，只有一汽具有自主开发能力，上海汽车集团和天津汽车集团还处于与外商投资联合开发阶段，其他一些小型汽车企业还不具有完整的开发队伍，一些高档次的关键零部件，如发动机、变速器等，除了一汽集团和上汽集团的一些合资厂的产品接近国际中等水平外，其他企业大多依赖进口。目前八大厂家生产的几十种车型中，基本上都是引进车型，而且中国汽车制造业的研究开发费用只占销售额的1.5%。

（4）从售后服务看，中国在汽车业售后服务方面与国际差距是相当大的。如订单生产在发达国家已是一种普遍的经营模式，中国只有极个别的轿车厂在进行最初级的订单生产；汽车维修在国外是以品牌为核心专营的，中国的汽车修理还处于初级阶段，大部分维修厂是什么车都修；国外的配件销售是以维修站为主渠道，而中国有几十万的汽车配件销售商，假冒伪劣现象相当严重。

9.2.3 市场绩效

表9-3是依据《中国汽车工业年鉴》各卷计算出的汽车工业利润总额与销售收入相比的净利润率情况，"中国汽车工业整体盈利能力自20世纪80年代以来逐年下降，净利润率由1982年的12.86%降至1998年的2.11%，下降10个百分点"。

表 9 - 3   中国汽车工业净利润率

	1982 年	1983 年	1984 年	1985 年	1986 年	1987 年	1988 年	1989 年	1990 年
净利润率（%）	12. 86	15. 13	16. 69	18. 30	12. 18	10. 20	10. 37	8. 41	5. 44
	1991 年	1992 年	1993 年	1994 年	1995 年	1996 年	1997 年	1998 年	—
净利润率（%）	6. 08	7. 40	6. 40	5. 23	3. 93	3. 18	2. 93	2. 11	—

资料来源：引自高莉：《中国汽车工业：政府管理体制绩效分析》，载《改革》2002 年第 1 期，第 53～58 页。

表 9 - 4 是 1999 年和 2001 年排名较前的中国六大汽车集团的绩效状况。

表 9 - 4   **1999 年和 2001 年中国汽车工业六大集团的绩效**

公司名称	销售量（辆）		销售收入（万元）		利税总额（万元）		销售利税率（%）	
	1999 年	2001 年	1999 年	2001 年	1999 年	2001 年	1999 年	2001 年
东风汽车公司	205810	265407	2613331	4011321	103191	485122	3.9	12.09
中国第一汽车集团	188417	256125	2623204	3663942	162151	273174	6.2	7.46
上海大众有限公司	230699	230050	2674074	3173557	576861	733123	21.6	23.10
长安汽车（集团）有限责任公司	168197	214868	640731	1027976	29900	77749	4.7	7.56
一汽 - 大众汽车有限公司	83620	141774	1093438	365694	253753	32534	23.2	8.90
哈尔滨哈飞汽车制造有限公司	84318	130781	230042	2178578	19862	720071	8.60	33.05

资料来源：根据《中国汽车工业年鉴》2000 年和 2002 年相关数据整理，按照销售量排序选取数据。

另外，中国汽车制造业劳动生产率也很低。据调查，2000 年上海大众人均年生产 4.57 辆，一汽为 3.65 辆，天津工业汽车公司为 3.87 辆。而世界主要汽车公司在 1993 年的人均年产量就已经达到：丰田 32.93 辆，克莱斯勒 24.75 辆，福特 18.33 辆，通用 10.38 辆，日产 12.6 辆。1999 年中国轿车业的人均年产量不到 10 辆，而同期日本轿车业人均年产量为 20 辆左右。

9.3　入世后进口的变化对中国汽车业的影响

9.3.1　入世后汽车进口的变化

根据 2001 年的关税税则，各类汽车的税率都将有较大的降幅，表 9 - 5 列出了汽车整车与零部件的最终谈判结果。并且,最大的减幅将在加入世贸的头几年做出,截至 2006 年逐步削减至 25%。到 2002 年 1 月 1 日,排量 3 升以下轿车的税率由 2000 年的 70% 下降到 43.8%,3 升以上的轿车由 2000 年的 80% 降低到50.7%,降幅都接近 30%。

表 9-5　　　　　　　　　汽车整车与零部件的最终谈判结果

货品名称	加入时税率(2001)	2001 年 1 月 1 日优惠税率	最终约束税率	降幅差额	最终实施期
轿车整车	54.51	72.67	25.00	47.67	2006.7.1
轿车零部件	20.81	26.24	10.12	16.52	2006.7.1
客车整车	44.20	50.00	22.00	28.00	2006.7.1
客车零部件	19.93	24.52	10.49	14.03	2006.7.1
载货车整车	30.41	36.88	21.25	15.63	2005.1.1
载货车零部件	17.88	22.34	9.76	12.58	2006.7.1
特种车整车	12.30	14.74	10.95	3.79	2004.1.1
特种车零部件	16.75	20.63	9.69	10.93	2006.7.1
摩托车整车	51.11	53.57	42.14	11.43	2005.1.1
摩托车零部件	17.68	21.08	11.50	9.58	2006.7.1
半挂车零部件	12.91	15.00	10.00	5.00	2005.1.1
汽车零部件(122 项)	18.17	22.27	10.40	11.78	2006.7.1

资料来源:黄永和、吴松泉:《汽车行业入世第一年》,载《汽车行情》2003 年第 1 期。

同时,中美双边协议规定中国汽车的进口配额在 2005 年之前将逐步取消,在这期间基本配额的水平为 60 亿美元,以后每年递增 15%,直到配额取消为止。

随着关税的降低,进口整车的价格优势逐渐表现出来,国产车将面临较大的竞争压力。上面已经讲过进口轿车的价格大约一半是由于关税造成的,可以想象关税一旦降低,进口车对国产车的价格冲击是不可避免的。配额以 60 亿美元为基准每年递增 15% 对中国又意味着什么呢?以目前的轿车市场为例,60 亿美元的进口配额可以进口 30 万~40 万辆轿车,而中国 1999 年的轿车销售量为 57 万辆,2000 年的轿车生产量为 60.5 万辆,轿车进口配额的数量占轿车销售量或生产量的 50%~70%。据预测在 2001~2005 年,中国轿车产量的年增长率为 13%左右,轿车市场的需求量年平均增长 14% 左右,而配额的增长为 15%,大于轿车生产量和需求量的增长,由此看出轿车进口配额的增长速度对国产车的冲击是相当大的。国产车不仅面临着进口车的价格冲击,还面临着进口车的质量冲击。与同类的国产车相比,进口车在技术性能和整体质量上都优于国产车,它们耗油量低，款式漂亮，舒适优雅，这些都是国产车所不及的。

9.3.2 进口对中国汽车制造业市场行为的影响

（1）促进汽车制造业内的规模调整。汽车制造业是规模经济显著的行业，而目前中国汽车制造业的状况是企业生产规模小，市场集中度低，因此扩大企业生产规模和提高市场集中度是当务之急。我们可以利用加入 WTO 的机会，逐渐开放国内市场，引入竞争，通过市场的优胜劣汰，使那些效率低的汽车企业退出，有竞争优势的企业通过横向或纵向一体化战略来扩大企业规模，提高市场集中度。在纵向上建立起整车组装企业和零部件制造商的分工协作体系，横向上则要扩大整车组装企业和零部件制造商的生产规模，改变过去大而全、小而全和整车组装企业自己小批量高成本生产零部件的状况，通过外购零部件降低整车的成本。

2002 年 6 月 14 日，中国汽车业最大重组案终于浮出水面，天汽与一汽正式签署协议，这是中国汽车工业发展史上最大、最具影响力的一次联合重组。天津汽车集团公司将其持有的天津汽车夏利股份有限公司 84.97% 股权中的 60% 即夏利公司总股本的 50.98% 股份转让给一汽；与此同时，天津汽车集团公司还将其下属华利公司所拥有的 75% 的中方股权全部一次性转移给一汽。紧接着 2002 年 8 月 29 日，一汽与日本丰田合作协议正式签署，双方合作目标是在天津建立中高档轿车生产基地，联合打造汽车业的航母出征中国市场。这桩一汽与天汽的重组联姻寄托着振兴中国汽车工业的希望。毕竟留给中国汽车企业的"保护期"不多了，如果重组无法实现它的初衷，下一轮重组的主角恐怕就不是我们自己的企业了。

（2）有利于提高企业的研究开发能力，改善售后服务质量。中国汽车产品无论是在技术还是在质量上，都与国际水平相差较大，主要原因是企业研究开发能力不高。为了与进口产品相竞争，中国汽车企业应当增加研究开发费用，提高科技人员的比例，增强研究开发的能力，也可以通过与其他企业建立研究开发型虚拟企业，联合开发，降低研究开发的成本，加快研究开发的速度，共享风险和利益。售后服务是企业产品营销的一个重要环节，如果企业的售后服务网络混乱，产品销售就没有保证。国外的大多数汽车公司都有自己的售后服务网络。中国汽车企业应该在它们进入之前建立起自己的销售和服务网络，改变维修厂维修质量差，什么车都修的局面，形成配件销售以维修点为中心，维修以品牌为核心，提高专业维修的质量，赢得消费者的信赖，取得先动优势。

（3）借助网络经济，促进企业联盟、虚拟企业的发展，引导汽车制造业的创新和不断升级。虚拟企业和企业联盟能够使企业实现跨地区、跨行业的联合，促使企业间资金、设备、技术、人才等要素的合理运作，从而有效配置资源。通过互联网与其他企业进行协作和联合，既能保持企业的灵活性又能获得可观的经济利益。目前，美日等发达国家正以年增 35% 的速度组建跨行业、跨地区的虚拟企业。在这种趋势中，尽快形成中国汽车企业与国外著名公司的联盟和虚拟，不仅要单向地从对方吸纳技术和资金，而且要逐步转向双向的、多向的水平式的信息和技术交流，从而使中国汽车企业能够把握国际市场动态，跟上国际市场竞争的步伐。

9.4　提高竞争力是中国企业的根本出路

入世后，中国汽车产品和市场要经历国产品和进口品的重新洗牌。在这种土洋之间、新旧之间的激烈竞争格局中，也许谁在决策上稍有不慎，便会让虎视眈眈的对手抓个正着。现阶段，中国汽车企业应该从两方面入手来减少冲击。一方面，在 WTO 规则下增强自我保护能力，包括在关税水平一定的基础上，通过优化关税结构适当地提高关税的保护程度，同时利用新的非关税壁垒提高非关税壁垒的保护程度，避免企业经受剧烈的冲击，但这并不是最根本的解决方法；另一方面，利用开放国内市场的过渡期，加快中国企业优势的培育，提高企业自身的竞争力才是中国汽车产业的根本出路。

9.4.1　优化关税结构，在过渡期内适当提高关税对中国企业的实际保护程度

关税结构是根据贸易商品附加值的大小而适用不同税率的关税体制。通过合理制定中间投入品的名义关税税率，可以提高对最终产品的有效保护率。大部分发达国家的关税结构是循级上升的，即对加工程度越深的产品征收越高的名义关税，对原材料征收相对低的关税，而对那些原材料生产加工的制成品征收相对高的关税。这样可以在名义关税税率很低的情况下，对本国最终产品进行有效保护。

9.4.2　利用新的非关税壁垒，提高非关税壁垒的保护程度

在新的贸易体制下，随着世界对环保问题和知识产权的重视，技术贸易壁垒的作用不断加强。所谓技术性贸易壁垒，是指一国或以维护国家安全，保护人类、动植物生命及健康，保护环境，保护产品质量为目的，或以贸易保护为目的所采取的技术性措施，这些措施在主观上或客观上成为自由贸易的障碍，主要包括技术规章和规范、产品的检疫、检验制度与措施、包装和标签要求、信息技术壁垒和绿色壁垒。技术贸易壁垒的隐蔽性很大，中国可以适当地利用它们来加强

一定时期内对汽车产业的保护。

9.4.3 通过强化企业优势来提高企业的竞争力

首先，打破市场分割的不合理状况，使生产要素能够在全国范围内合理流动，这样企业在竞争中通过联合重组形成合理的市场结构；其次，重视研究开发，增加研究开发费用，不断推陈出新；最后，重视广告促销，通过广告宣传增加产品差异，减缓价格竞争，获得更高的利润。

9.4.4 政府行业管理部门应从过去主要针对企业生产经营活动的监控，转向为中国企业发展提供宏观指导和信息服务

例如，国家经贸委产业损害调查局与汽车工业协会于 2001 年 12 月联合建立了中国汽车行业产业损害预警机制。2002 年 7 月初发布的汽车行业产业损害预警指数表明，从进口价格、数量对国内轿车产生的影响分析，轿车产业损害预警计算指数处于绿灯区（42.2），专家指数为 32.4，轿车产业损害预警综合指数为 38.3。整体评价轿车产业运行处于绿灯区，但这并不意味着中国轿车有了较强的国际竞争力，也不意味着中国汽车业未面临产业损害的潜在危险。

参考文献

［1］《中国入世议定书》，上海人民出版社 2001 年版。

［2］中国汽车工业协会：《2003 年中国汽车工业产销形势分析》，载《经济日报》2004 年 1 月 30 日第 13 版。

［3］赵英：《中国汽车工业的发展趋势及对策》，载《中国工业经济》2003 年第 4 期。

［4］国家统计局：《中国工业统计年鉴（2002）》，中国统计出版社 2002 年版。

［5］郭克莎：《加入 WTO 之后中国汽车工业面临的影响及应对思路》，载《中国工业经济》2001 年第 10 期。

［6］平新乔、魏军锋：《中国汽车工业的市场规模和企业数量研究》，载《经济研究》2001 年第 11 期。

［7］孙遇春、金麟、苏东水：《加入 WTO 对中国汽车产业的影响》，载《复旦学报（社会科学版）》2000 年第 2 期。

［8］高莉：《中国汽车工业：政府管理体制绩效分析》，载《改革》2002 年第 1 期。

第3篇
集中度、规模与市场结构

第 10 章

集中度、规模与效率[*]

10.1 完全竞争市场与效率最优

以贝恩为代表的传统产业组织理论的产生和发展，可以说是囿于新古典经济学框架之内的，其分析和推论也是基于古典经济学的一些基本假设，如经济主体的偏好、完全竞争等。本章的分析以新古典经济学完全竞争市场的理论作为理论参照系，重点针对实际竞争。虽然进入退出会影响实际竞争，却不会像鲍莫尔等人强调的那样是潜在竞争而不是实际竞争起着主导作用。

完全竞争的市场是建立在一系列严格假设之上的，虽然不能说这些假设完全没有现实基础，但是，它们显然不会完全与现实实践吻合，要求它们在经济生活中的各个方面都成立更是不现实的，也是不可能的。既然完全竞争市场能够同时实现资源的最优配置和消费者均衡即帕累托最优，那么，言外之意就是不完全竞争市场肯定会偏离帕累托最优。与完全竞争市场被认为是效率最优的市场相对应，完全垄断市场被认为是效率较差的市场，原因在于垄断会阻碍创新和技术进步，造成社会福利的净损失，但是，垄断也不是一无是处。现实中常见的不完全竞争市场类型是垄断竞争和寡头垄断。依照经济学的分析，垄断竞争市场的效率低于完全竞争市场，但高于完全垄断市场；而寡头垄断市场是介于完全垄断和垄断竞争之间的一种市场，其价格的高低、产量的多少以及超额利润的多寡均取决于寡头垄断行业内厂商的多少、进入壁垒的高低以及寡头垄断厂商的行为方式。

10.2 集中度与效率

市场（或行业）的集中度和规模是市场结构的主要内容，也是衡量某一市场

＊ 本章作者为杨蕙馨，发表在《文史哲》2001 年第 1 期（文章有改动）。

竞争程度的重要标志，并且是决定某一市场绩效或效率的重要因素。简单地说，集中度是衡量某一市场（或行业）内厂商之间市场份额分布的一个指标。市场集中度是指某一特定市场中少数几个最大厂商（通常是前 4 位）所占有的市场份额，是市场寡占程度的一个指示器。市场中的寡头垄断者可以如同一个独家垄断者那样协调其行动，也可以展开激烈竞争，还可以采取一种介于二者之间的形式。集中度就反映了这些厂商共同占有的市场份额的多寡。很明显，集中度最高的市场是只有一家厂商的独家垄断。当任一市场中的厂商数量大于 1 时，以下两个因素就会影响集中度：一是该市场中的厂商数量多少；二是该市场中厂商市场份额的分布。所以，衡量集中度的指标必须灵敏地反映这两个因素，换句话说同时反映这两个因素的集中度指标才算是科学的。衡量市场集中度的方法有绝对法和相对法。

绝对法就是直接计算前几位厂商的市场份额，常用的绝对法计算指标有两个：前 4 位厂商的集中度系数和赫芬达尔—赫希曼指数。前 4 位厂商的集中度系数是将前 4 位最大厂商的市场份额相加得出的，令 $S_1 \geqslant S_2 \geqslant S_3 \geqslant S_4$，则 $CR_4 \equiv \sum_{i=1}^{4} S_i$，$i = 1$，2，3，4 取值范围是 $\frac{4}{N} \leqslant CR_4 \leqslant 1$。前 4 位厂商的集中度系数计算简单，能够形象地反映市场的集中状况，缺点是不能反映不同规模分布对市场集中度的影响。赫芬达尔—赫希曼指数是厂商市场份额的凸函数，对厂商之间市场份额的非均等分布非常敏感，该指数的定义为 $I_{HH} = \sum_{i=1}^{N} (S_i)^2$，取值范围是 $0 \leqslant I_{HH} \leqslant 10000$。赫芬达尔—赫希曼指数的直观性较差，但却能够灵敏反映厂商规模分布对集中度的影响。表 10 − 1 是计算出的 4 个假设市场中的前 4 位厂商的集中度系数 CR4 和赫芬达尔—赫希曼指数 I_{HH}。由表 10 − 1 看出前 4 位厂商的集中度系数 CR4 存在某种程度的缺陷。在市场 A，第一家厂商的市场份额为 60%；其余 7 家的市场份额为 40%。市场 B 共有 5 家市场份额均等的厂商。然而，市场 A 和市场 B 的 CR_4 均等于 80%。既然前 4 位厂商的集中度系数 CR_4 是线性的，就无法区别前 4 位厂商之间市场份额分布的差异。再比较市场 C 和市场 D 也存在同样问题，只有 3 家市场份额均等厂商的市场 C 的 CR_4 显示比由两家绝对占优厂商主导的市场 D 的 CR4 还要高。表 10 − 1 中市场 A 的 I_{HH} 几乎是市场 B 的两倍，这种差异产生于 I_{HH} 计算公式中对厂商市场份额求平方。再比较市场 C 和市场 D，依据 CR4 指标，市场 C 的集中度最高（100%），而市场 D 的 CR_4 等于 98.5%，而 I_{HH} 指标显示市场 D 的集中度最高，市场 C 的集中度比市场 A 还低。由此看出，I_{HH} 在指导政府制定反垄断政策方面的实际意义。尽管前 4 位厂商的 CR_4 存在某种程度的缺陷，但是，由于其含义明确、计算简便，依然是比较好的衡量市场集中度和竞争程度的指标。

表 10 – 1　　　　　　　　市场集中度的衡量指标（S_i 以百分比表示）

市场份额	S_1	S_2	S_3	S_4	$S_5 S_6 \cdots S_9$	S_{10}	CR_4	I_{HH}
市场 A	60	10	5	5	5	0	80	3850
市场 B	20	20	20	20	0	0	80	2000
市场 C	100/3	100/3	100/3	0	0	0	100	3333
市场 D	49	49	0.25	0.25	0.25	0.25	98.5	4802

相对法主要采用两种指标：一是洛伦茨曲线和基尼系数；二是厂商规模的对数方差。洛伦茨曲线见图 10 – 1。基尼系数就是洛伦茨曲线反映出来的特定市场中厂商规模的差异值，这是一种常用的对不均等的度量指标。基尼系数计算的就是洛伦茨曲线与绝对平均线（45°线）所包围的面积的比值，亦即 $GI = \dfrac{A}{A + B}$。基尼系数越大，厂商规模的差异越大；反之，基尼系数越小，厂商规模的差异则越小。理论上基尼系数的取值范围是 $0 \leqslant GI \leqslant 1$。洛伦茨曲线和基尼系数能够形象、直观、准确地反映厂商的规模差异，其主要特点是受厂商数量的影响较大。图 10 – 1 中，横轴是厂商数量的百分比，纵轴是厂商市场份额的百分比，45°线为厂商规模分布的绝对平均线，亦即市场是一个均齐分布的结构（意味着 20% 的厂商占有 20% 的市场份额，40% 的厂商占有 40% 的市场份额），这时洛伦茨曲线将是一条 45° 的对角线。右下角的 90° 线为厂商规模分布的绝对非平均线，亦即独家垄断。处于 45° 和 90° 线之间的洛伦茨曲线代表了厂商规模分布的差异，是一条向下弯曲的曲线，如图中的阴影部分下部的曲线代表厂商规模分布的差异就比 45° 线的差异大，却比 90° 线的差异要小。图中阴影部分的面积越大，厂商规模分布的差异就越大。厂商规模的对数方差 $V = \dfrac{1}{N} \sum_{i=1}^{N} (\log S_i)^2 - \dfrac{1}{N} \left(\sum_{i=1}^{N} \log S_i \right)^2$，对数方差的最大特点是假定厂商规模分布愈均齐，厂商之间的竞争性就愈强。

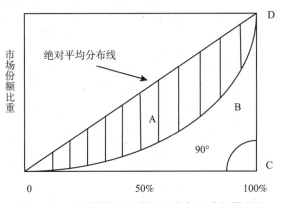

图 10 – 1　洛伦茨曲线和基尼系数与厂商规模差异

比较绝对法和相对法可得出如下判断：绝对法主要反映了市场中前几家最大厂商的集中度，而未能考虑到参与整个市场的厂商数量和厂商规模的差异程度；而相对法则主要考虑到了参与整个市场的厂商规模的差异，却未能考虑到前几位最大厂商对市场竞争、价格等的控制和影响。因此，两种方法各有利弊，单独一种方法不能完全准确地反映市场中厂商之间的竞争程度，两种方法结合运用是比较全面的。当研究具体产业的集中度时，究竟什么样的集中度才意味着一个产业既达到了规模经济又保持了有效竞争，至今仍是一个在经济理论和实践中均没有固定答案的问题。不仅不同产业的集中度由于产业的技术经济特点不同，而且同一产业在不同时期的集中度也处于不断变化之中。另外，同一产业在不同的国家也会表现出不同的集中趋势，这主要是与一国的经济发展程度、经济发展阶段、市场容量等相关。市场集中度与厂商的利润率之间肯定存在着某种关系，这种关系有可能非常松散，也有可能非常紧密。集中度越高，大厂商对市场的支配力量就越强。当集中度提高时厂商之间就由"松散型"寡占变为"紧密型"寡占。或者说，寡占厂商间协调比较好时，其利润率就有可能提高，反之，当寡占厂商之间竞争激烈时利润率就会降低，最糟糕的结果是各方俱伤。

10.3　规模经济与范围经济

随着社会分工和专业化协作的发展，规模经济的重要性逐渐显现出来，追求规模经济的行为日益渗透到各种经济活动中去。规模经济的分类方法很多。按照生产要素在企业的集中程度和投入产出之间的比例关系，可以把规模经济分为三个层次：第一个层次是单一产品的规模经济。从理论上说，单一产品的规模经济是指在单一产品的生产中，伴随着产品生产规模的扩大而发生的单位产品生产成本的降低，单位产品的平均成本在一定范围内递减直至达到单位产品平均成本的最低点，这时的产量规模称作最低经济规模（MES）。最低经济规模的产量水平依照具体产品的技术特性可高可低，厂商的产量水平一般是保持在 MES水平之上。

第二个层次是工厂水平上的规模经济。工厂的形态取决于产品的生产技术特性，如单一产品工厂和多种产品工厂，依照多种产品的结合形式又可分为多种产品结合生产工厂、垂直集中（或联合）工厂、多角化关联工厂以及多角化非关联工厂等。在讨论工厂水平上的规模经济时，有必要区分内部因素和外部因素。内部因素只适用工厂内部，如一个汽车制造厂的技术反映了其制造装配和管理的水平。外部因素存在于工厂以外，例如把水泥运往市场上去的相对成本提高了，则在各地分散建立水泥厂就会产生较高的效率。每一个工厂都有反映其现有生产技术水平的生产函数，生产函数为工厂提供了一定的投入要素组合和产出水平的选择范围，最佳选择取决于投入要素价格和产出的市场价格。工厂实际上是把内部的技术选择和投入产出的市场价格所表示的稀缺性相结合，作出最佳的选择。在现有技术水平和要素组合比例不变的条件下，扩大工厂生产规模可以降低单位产品平均成本的原因是：（1）专业化分工的利益；（2）管理效率的提高；（3）技术上（或物理规律）的原因导致的建设费用节省。例如在制造装置的工厂中，要将球的容积扩大两倍时，只需把表面积增加 1.56 倍即可。

第三个层次是多工厂水平（多种产品工厂）上的规模经济，或叫公司水平上的规模经济。经济学关于长期成本曲线是短期成本曲线最低点的包络线研究的就是这种情况。当长期成本曲线超过某一最低点后就会上升，即产生规模不经济。当多个工厂生产不同产品（产品品种的增加）时，多工厂的经济性又常常被称为范围经济。这在许多化学产品的生产中表现得特别强烈，一个连续的生产流程可以生产出多个品种的产品，铁路、航空和水路的客货运联营也是典型例子。多工厂水平规模经济产生的原因主要有：（1）工厂的技术条件。公司或企业范围的扩展减少了一个一个复制生产相同产品工厂时的某些费用，如可以共用运输车辆或厂内运输轨道等，但是，企业范围的扩展也会引起某些官僚主义和浪费现象，问题的关键在于不同经营活动之间的均衡协调。当然，多工厂规模的经济性还在于不同的产品品种可以分散风险，尤其是对于需要满足高峰需求的公用事业企业，可以通过不同工厂间生产能力的合理调配，既能满足高峰需求又尽量不使工厂的生产能力闲置，把满足高峰需求的储备生产能力保持在最低水平上。（2）货币所得或货币收益。事实上，多工厂的公司在采购时比单一工厂更具价格上的谈判力量，大量采购可迫使供应商降低价格。所以，在谈到公司的规模经济时实际上已包含了这种货币所得或货币收益。这种货币所得使公司更倾向扩大市场占有率，使单纯从技术方面考虑的平均成本水平与包含了货币所得的成本水平差距扩大，提高单位产品的盈利空间。上述货币所得对公司而言是利润的真实增加，但对社会而言只是一种所得的分配，不是社会所得的净增加。

关于规模经济与范围经济的界定有不同的表述。美国管理学家小艾尔弗雷德·A. 钱德勒认为："规模经济最初可以被定义为从事单一产品的生产或者分配的单一经营企业由于规模的提高而产生的生产或分配成本的降低。联合生产或联合分配的经济性产生于在单一经营企业内部由于生产或分配多种产品而带来的成本的节约（我使用被越来越多地使用的'范围经济'一词来表示这种联合生产或联合分配的经济性）。""交易成本的经济性理所当然与规模经济和范围经济紧密相连。一个企业内部生产或分配中的规模经济和范围经济为该企业扩大生产或分配的产品数量提供了可能，这种可能反过来又成比例地增加了该企业与其他企业的交易量和签订的合同数量。在不同产业、不同国家以及不同时期规模经济和范围经济的差异产生于生产和分配技术的差异、市场规模和市场位置的差异"。钱德勒认为生产的规模经济要求工厂在"最小经济规模"上生产，联合生产的经济性或范围经济使企业能够大规模地节约成本；技术的变化会提高或降低最小经济规模，而市场规模的变化会提高或降低最优工厂规模。潘扎尔和威利哥认为："范围经济是由于企业的范围（而不是规模）而产生的成本节约。只要在一个企业中将两条或更多的生产线合并起来比各自分开生产更能节约成本的话，就存在范围经济。""只要为两个或更多的生产线提供可共享投入的服务成本是次可加的（即少于单独为每一条生产线提供服务的成本之和），那么这种多产品的成本函数就表现出范围经济。"潘扎尔和威利哥还证明范围经济的存在是由于可共享投入的存在，二者之间有某种等价关系，结论是"当多产品成本函数概括了厂商经营的生产和组织成本时，在竞争条件下范围经济就成为多产品厂商存在的恰当条件。"

笔者认为，本章给出的规模经济三个层次的划分实际上已包括了范围经济，规模经济的第二个层次和第三个层次就是这里所说的范围经济，与钱德勒、潘扎尔和威利哥对范围经济的定义是一致的。

10.4 规模与效率

规模经济、市场份额和利润率之间究竟存在着什么样的关系？尽管有些学者的实证研究证明多数产业的规模经济非常有限，但是，某些产业中占有较大市场份额的厂商，例如通用汽车公司、国际商用机器公司、柯达公司、通用电器公司等的利润率就明显地比同行业中市场份额较低的公司要高，因此，必须对其超额利润究竟在多大程度上来自规模经济做出解释和回答。

回答上述问题的关键是界定规模经济所带来的成本节约。假设 MES 以平均成本 AC_m 的水平占有市场 20% 的份额，而厂商利润最大的销售量 Q_m 占市场份额的 34%，此时价格是 P_m，"超额"市场份额为 34% - 20% = 14%，超额利润为 $(P_m - AC_m)Q_m$。$(P_m - AC_m)Q_m$ 可能是规模经济的某种反映，但是，程度如何呢？

如果市场中每一个厂商的市场份额分布均等，则问题的关键就是界定能够保持市场有效竞争的厂商最大市场份额。完全有效竞争意味着价格等于最低平均成本 $P = AC_{min}$。如果所有厂商的市场份额都在 $P = AC_{min}$ 所允许的最大市场份额水平上，则市场可实现有效竞争。反之，如果厂商的市场份额低于 $P = AC_{min}$ 所允许的最大市场份额水平，就部分牺牲了规模经济，或者说是产品的平均成本可能会在一定程度上提高。

假定有效竞争的市场份额是 10%，AC_c 为竞争性厂商的平均成本，AC_c - AC_m 就是成本增加额即成本效应，亦即为了保持有效竞争所增加的成本。与之相对应，超过 10% 的市场份额就会带来某种程度的市场实力，从而使得成本由 AC_c

下降到 AC_m。10% 的市场份额与 MES 时 20% 的市场份额间的差距就是可能产生福利替代的区间（也称作"反垄断困境"）。厂商超过 MES 后的市场份额达到一定程度就不能再使成本减少，这部分市场份额虽然不再使效率提高，但可使厂商的市场实力提高以及获得由市场实力提高所产生的多种效应。可见，超额利润的多寡取决于厂商对市场的垄断程度，规模经济可以部分解释超额利润的来源，但却不能对这部分超额利润是否真的增加了社会福利作出判断。谢泼德对 20 世纪 60 年代美国主要产业的研究表明，厂商的市场份额保持在 20% 以上很少是由于规模经济可以使效率提高，但是，为了多种原因厂商肯定是不遗余力地追求市场份额的扩大。

10.5   垄断、竞争与效率

毫无疑问，市场实力是一个复杂的、引人深思的现象，因为它对市场价格、利润、效率、创新、公正及其价值判断都会产生影响。那么，垄断怎样影响效率呢？或者说，一旦竞争遭到破坏，效率将受到何种影响呢？由以上论述可知，垄断最显著的直接效应是对价格和利润的影响，从而对效率也产生某种影响。一般而言，垄断程度与高价格、高盈利能力正相关，但是，这种正相关关系也受到除市场实力之外的规模经济、创新、随机事件、不确定性和其他因素的影响。理论和实证研究表明，集中度与利润率间的关系比较弱，而市场份额与大公司的高利润率间的关系非常紧密。这也反过来证明，市场实力强大则在市场竞争中的处境就主动，就会占有较多的市场份额，就越有可能赚取较多的利润。虽然具有某种垄断实力的厂商获得的利润比部分厂商高，但并不是说垄断厂商总是能获得超额利润。在一定意义上可以说垄断或市场实力就是在边际成本之上定价的能力，虽然垄断会使社会福利遭受损失，但是，对未来垄断利润的预期能够激励厂商开发新产品、采用更有效率的生产技术。从这种意义上说，对垄断、竞争和效率的关系只能是具体问题具体分析了。

被普遍用来直接或间接反映利润或价格与成本间关系的三种方法可以作为衡量绩效的标准：一是利润率，即单位投资盈利的多少。二是价格成本加成，亦即价格与边际成本之间的差距，也称作勒纳指数，用公式表示为 $(p-mc)/p$。由于边际成本的资料很难获得，在实际工作中常用平均成本来代替边际成本。三是托宾的 q，这是一家厂商资产的市场价值（通过其已公开发行并售出的股票和债务来衡量）与这家厂商资产的重置成本的比率。

20 世纪 80 年代中期以来对中国的市场结构、集中度和绩效较有代表性的是马建堂的研究。他在计算了中国 39 个主要工业行业前 4 位和前 8 位企业的集中度和集中度系数的基础上，进一步选取了市场机制作用较为充分的消费品行业，证明了"企业所占市场份额与企业利润率间存在非常确定的正相关关系"。

参考文献

[1] Chandler Jr., Alfred D., *Scale and Scope：The Dynamics of Industrial Capitalism* [M]. The Belknap Press, 1990.

[2] Panzar, John C., Robert D. Willig. Economies of Scope [J]. *American Economic Review*, 1981 (2)：268 – 272.

[3] Shepherd, W. G. Monopoly Profits and Economies of Scale [A]. John C ravened. Industrial Organization, Antitrust and Public Policy [C]. Kluver Nijhof, 1968.

[4] 马建堂：《结构与行为——中国产业组织研究》，中国人民大学出版社 1993 年版。

第 11 章

关于规模经济的含义及估计[*]

规模经济不仅是现代产业经济学的重要研究领域，而且还是当前我国经济工作中遇到的重要现实问题。党中央国务院三番五次强调解决重复建设、实现规模经济，但是，仍有理论研究者和实际工作者对规模经济的科学含义存在某些模糊认识。为此，本章对规模经济的科学含义及估计进行分析探讨。

11.1 规模经济与市场需求

11.1.1 什么是规模经济

随着社会分工和专业化协作的发展，规模经济的重要性逐渐显示出来，追求规模经济的行为日益渗透到各种经济活动中去。规模经济最核心的含义是指在投入增加的同时，产出增加的比例超过投入增加的比例，单位产品的平均成本随产量的增加而降低，即规模收益（或规模报酬）递增；反之，产出增加的比例小于投入增加的比例，单位产品的平均成本随产量的增加而上升，即规模收益（或规模报酬）递减；当规模收益递增时，称作规模经济（economies of scale），规模收益递减时称作规模不经济（diseconomies of scale）。

规模经济的分类方法很多。按照生产要素在企业的集中程度和投入产出量的大小，可以把规模经济分为三个层次：第一个层次是单一产品的规模经济；第二个层次是工厂水平上的规模经济；第三个层次是多工厂水平（多种产品工厂）上的规模经济，或叫企业水平（company-wide）上的规模经济。

11.1.2 规模经济与市场需求

规模经济的前提是投入增加和产出规模的扩大，由此可见，规模经济与市场

* 本章作者为谷书堂、杨蕙馨，发表在《东岳论丛》1999 年第 2 期（文章有改动）。

需求密切相关。在产出规模扩大的过程中，只有产品的市场需求不存在问题，规模经济才得以成立和实现。事实上，市场上的任何一种产品都或多或少地存在差异，消费者的需求不仅取决于该产品的价格，还取决于消费习惯、消费偏好、消费时尚等。这就意味着任何产品的价值实现均受到市场需求的约束，对某种产品的需求受多种因素的影响。规模经济能否实现取决于产品的需求弹性，应该说规模经济与产品的需求弹性存在正相关关系，即产品的需求弹性愈大，就愈有可能从规模的扩张中获得规模经济收益，反之，产品的需求弹性愈小，规模损失的可能性就愈大。

可见，产出规模的扩张是不能简单地与规模经济画等号的，在某些情况下产出规模的扩张能实现规模经济，在另外一些情况下产出规模的扩张不仅不能实现规模经济，反而会造成规模损失。

11.1.3　市场条件与规模经济的实现

既然随着产出规模的扩张，单位产出的成本可以下降，就为生产者提供了降低价格的可能性，而其他生产者由于规模小就不具备这种可能性。那么，这种竞争的结果就有两种可能性：一种可能性是其他生产者也跟随着降低价格，导致整个市场价格的下降，下降后的市场价格如果低于其他生产者的平均成本，则必然使这部分生产者亏损直至破产。一旦这部分生产者破产退出，市场上规模较大的生产者的产品的实现不再困难，从而规模经济得以实现。另一种可能性是其他生产者并不跟随着降低价格，市场上就出现了同质产品多种价格的情况，消费者自然会选择价格较低者，这意味着市场扩大了对价格较低者的产品需求，相反，高价格的产品在市场上就难以实现，最终结果也会导致这部分生产者破产。

由此看出，扩大产出规模、追求规模经济是在市场份额随之扩大的情况下实现的，但是，市场份额的扩大并不必然带来规模经济。对处于垄断地位的生产者而言，一般不会盲目的追求规模扩大，而是追求单位产出的盈利水平最高，或者在保持垄断地位的前提下追求超额利润的最大化。对于非垄断者而言，如果试图以追求规模扩大来获取更多的利润，则需要考虑在规模扩大的同时，市场需求弹性和价格变化对产品需求的综合影响。

11.2　单一产品的规模经济

11.2.1　单一产品规模经济的含义

从理论上说，单一产品的规模经济是指在单一产品的生产中，伴随着产品生产规模的扩大而发生的单位产品生产成本的降低，单位产品的平均成本在一定范围内递减直至达到单位产品平均成本的最低点，这时的产量规模称作最低经济规模（Minimum Efficient Scale，MES）。最低经济规模的产量水平依具体产品的技术特性可高可低，如图 11 – 1 中的两条平均成本曲线所示。厂商的产量水平一般是保持在 MES 之上。

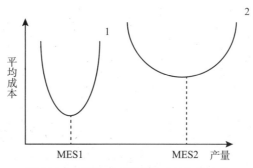

图 11 – 1　两种成本曲线和 MES 的比较

11.2.2　单一产品规模经济的原因

单一产品的规模经济是产品生产技术上的规模经济，也就是为取得规模经济所必须具备的最低生产能力。假定生产的技术水平、投入要素的价格和投入要素的组合比例均保持不变，单一产品的产量在达到一定规模时，由于制造、运输和库存管理等费用的节约，使得单位产品的平均成本下降，就产生了规模经济。当单位产品的平均成本达到最低点，随着投入的再增加和产出规模的扩大，单位产品的平均成本一般会上升（如图 11 – 1 的 U 形成本曲线所示），越过单位产品平均成本最低点后再增加投入就会产生规模不经济。

11.3　工厂水平上的规模经济

在讨论工厂水平上的规模经济时，有必要区分内部因素和外部因素。内部因素只适用于工厂内部，如一个汽车制造厂的技术反映了其制造装配和库存管理的水平。外部因素存在于工厂以外，例如把汽车运往市场上去的相对成本提高了，那么，在各地分散建立汽车生产工厂会产生较高的效率。每一个工厂都有反映其现有生产技术水平的生产函数，生产函数为工厂提供了一定的投入要素组合和产出水平的选择范围，最佳选择取决于投入要素和产出的市场价格。工厂实际上是把内部的技术选择和投入产出的市场价格所表示的稀缺性相结合，力图作出最佳的选择。

11.3.1　成本曲线与成本趋势

在工厂生产的每一时点上，对应于不同的产出规模都存在着相应的平均成本水平，随着产出规模的变化，平均成本水平随之发生变化。工厂在不同时点上的不同成本水平代表了工厂不同的实际产出水平的成本变化情况，或者说反映了工厂的成本变化趋势，这种成本水平的变化并不是工厂成本曲线的变化。

11.3.2　X 效率与规模

平均成本曲线是不同产出规模上一系列可能的最低平均成本水平的连线（或点的运动轨迹），如图 11－2 所示。平均成本曲线上方的任何一点对工厂而言显然都是可能的，但却不是最低成本水平，说明存在着一定程度的管理低效和浪费现象，即 X 非效率。既然人无完人，管理者也不具备先知先觉的非凡才能，X 非效率（如图 11－2 中的 A、B、C 点）的发生就很难完全避免。显然，这时平均成本曲线显示的就是可达到的最优可能性。

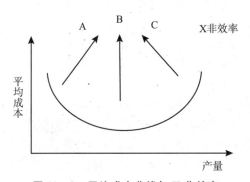

图 11－2　平均成本曲线与 X 非效率

11.3.3　工厂水平规模经济的原因

为什么在现有技术水平和要素组合比例不变的条件下，只是扩大工厂生产规模就可以发生单位产品平均成本的下降呢？其原因在于：

（1）专业化分工的利益。专业化分工可以产生规模经济早在亚当·斯密1776 年出版的《国富论》一书中就已被注意到。随着工厂规模的扩大，劳动者可以从事更加专业化的工作。专业化分工使每个劳动者的工作更加简单和容易掌握，时间一长熟能生巧，避免了从一种工作或动作转向另一种工作或动作的时间损失，从而可以使用更加专业化的机器设备，使连续化、系列化生产变为可能。从长期看，分摊到单位产品上的机器设备等固定成本就会降低，这是得自与工厂规模经济相伴而生的生产设备专业化的经济。

（2）管理效率的提高。在大规模生产的工厂中，可以获得管理的高效率，尤其是借助计算机、电话等现代信息处理手段，管理者可以管理和监督的幅度大大扩大，从而使分摊到单位产品上的管理费用减少。

（3）技术上（或物理规律）的原因导致的建设费用的节省。大规模工厂的机械、装置、建设等方面可以享有技术上（或物理规律）的原因导致的建设费用的经济性。例如在制造装置的工厂中，要将球的容积增加两倍时，只需把表面积增加 1.56 倍即可，也就是说建设容积扩大 2 倍的球时只需多花费原费用的 1.56 倍。在机械、装置以及房屋建设中，2/3 法则是比较普遍起作用的。这就意味着如果机械、设备以及房屋等的规模要扩大两倍时，建设费用只增加 $2 \times 2/3 = 1.2$ 倍。

辩证法原理表明，任何事物都有一个合适的度，超过这个度就会发生质变。上述引起工厂规模经济的原因若利用过度就会导致规模不经济。过度专业化分工会造成过多的、需要相互协调才能做好的工作，一旦分工过细、工作过于单调简单，协调不力时就会造成不必要的工作中断。工厂规模过大也会使管理效率降低，高层管理容易产生官僚主义。

11.3.4 外部成本与学习曲线对规模经济的影响

上面论述的是与工厂内部技术水平有关的影响平均成本的因素，与这种技术上的规模经济不同的是，外部成本和学习曲线对规模经济也会产生影响。

（1）外部成本，特别是运输成本的影响。对于某些产品，运输成本比生产成本更重要，尤其是对那些过重或过轻货物，其单位生产成本相对于运输成本而言很低，如砖瓦、石材、水泥、牛奶等。如果这些产品的市场局限于较小的地理范围，运输费用相对于生产成本来说就显得不太昂贵，相反，市场地理范围分布较广，运输成本就会影响生产的总成本。产量的增加一般需要开拓距离更远的市场，从而平均运输成本提高。图 11 - 3 所示就是外部成本的这种影响。生产成本是由内部因素决定的，如果运输成本提高，就会使单位产品的平均成本提高，从而使最低经济规模降低（从 Q_1 降至 Q_2）。显然，各种投入要素的运输费用提高对平均成本也会产生同样的影响。

（2）学习曲线的影响。到此为止，只从静态分析了一定时间内不同产量水平上成本的变化，学习曲线中包含的与时间相连的动态变化对产量和成本水平的变化也是非常重要的。当新产品开始生产或新工艺过程刚被采纳时，学习过程也就开始了。随着生产的进行和产量规模的扩大，学习过程不断深入，劳动者变得更加熟练，机器设备和工艺过程被调试到了最佳状态。学习过程的结果表现在与总产量水平相比平均成本下降了。这种现象已存在了几个世纪，直到二战期间才被系统地考察并形成经济学概念。今天，产业组织理论研究者特别强调在位厂商的学习经验对潜在进入者是一种优势，潜在进入者可以循着学习曲线追赶在位厂商。

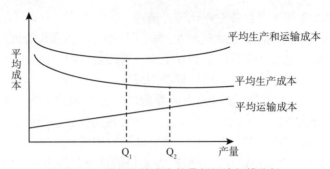

图 11-3 增加运输成本使最低经济规模降低

追赶的结果取决于学习曲线的斜率，如图 11-4 所示。图中横坐标是从第一个单位算起的累计总产量，不是工厂在某一时期选定的产量水平。学习曲线可以像曲线 A 那样斜率非常陡峭，也可以像曲线 B 那样斜率很平坦，或者像曲线 C 一样在一段较长的区间比较陡峭，然后转为比较平坦，学习曲线还可以有多种不同形式。与学习曲线 A 相比，学习曲线 C 使先进入者具有较大的优势。例如，在其他厂商未进入时，在位厂商就已达到了 Q_5 的产量水平，这时的成本优势是显而易见的，即使在位厂商未达到 Q_5 的产量水平，只是比后进入厂商的产量多出一个单位，成本优势也是存在的。当厂商尝试生产一系列相关产品时，沿着学习曲线不断进行学习，保持成本不断下降的优势就更加明显。

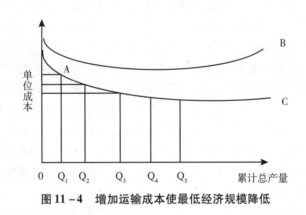

图 11-4 增加运输成本使最低经济规模降低

11.4 多工厂水平（多种产品工厂）上的规模经济

11.4.1 多工厂水平的规模经济与范围经济

简单的多工厂水平的规模经济是一个企业或公司一个一个地复制生产相同产

品的工厂，使规模扩大，产量水平提高，从而使企业或公司的成本水平逐步降低，经济学关于长期成本曲线是短期成本曲线最低点的包络线研究的就是这种情况。当长期成本曲线超过某一最低点后就会上升，即产生规模不经济。当多个工厂生产不同产品（产品品种的增加）时，多工厂的经济性又常常被称为范围经济（economies of scope）。这在许多化学产品的生产中表现得特别强烈，一个连续的生产流程可以生产出多个品种的产品；铁路、航空和水路的客货运联营也是典型例子。

11.4.2　多工厂水平规模经济的原因

多工厂水平规模经济产生的主要原因有两个：

（1）工厂的技术条件。多工厂成本曲线的形状取决于企业或公司范围内不同经营活动随规模发生什么样的变化。企业或公司范围的扩展减少了一个一个复制生产相同产品工厂时的某些费用，如可以共用运输车辆或厂内运输轨道等，但是，企业范围的扩展也会引起某些官僚主义和浪费现象，问题的关键在于不同经营活动的均衡协调。这些不同的经营活动中最引人注意的就是管理活动。从最一般的意义上讲，管理需要设立不同的等级，各等级之间以及上下等级之间需要信息的沟通，沟通过程有时会使信息扭曲、信息传递时滞延长、上级对下级的权威减弱甚至公司整个管理的混乱。上述官僚现象可以通过某些技术上的改善加以避免，如采用计算机联网沟通信息、划小核算单位等。无论如何，企业或公司规模的扩大都会使管理成本增加，如果规模经济带来的收益不能抵消直接和间接管理费用的增加，则规模的扩大就只能减少利润。另外广告、研究开发、市场营销等活动与管理活动一样都有一个最佳规模问题，超过最佳规模只能使平均成本上升导致规模不经济。

当然，多工厂规模的经济性还在于不同的产品品种可以分摊风险，尤其是对于需要满足高峰需求的公用企业，可以通过不同工厂间生产能力的合理调配，即能满足高峰需求又尽量不使工厂的生产能力闲置，也就是使满足高峰需求的储备生产能力保持在最低水平。

（2）货币所得或货币收益。事实上，多工厂企业或公司在采购时比单一工厂更具价格上的谈判能力，大量采购可迫使供应商降低价格，这一点对于从劳动力到各种原材料、从各种半成品到成品的投入要素、从融资、广告到研究开发等活动都是适用的，均可得到价格折扣。所以，在谈到企业或公司的规模经济时实际上已包含了这种货币所得或货币收益。这种货币所得使企业或公司更倾向扩大市场占有率，使只从技术方面考虑的平均成本水平与包含了货币所得的成本水平差距扩大，提高单位产品的盈利率。上述货币所得对企业或公司而言是利润的真实增加，对社会而言只是一种所得的分配，而不是社会所得的净增加。

11.4.3 结合产品的规模经济

典型的多工厂规模的经济性发生在结合产品生产的企业和垂直集中（或联合）的企业中，如炼油企业生产汽油、轻油、重油等石油产品时同时使用蒸馏设备，比只生产一种石油产品要经济。假定分别生产两种产品的成本是 X 和 Y，即 C(X，0) 和 C(0，Y)，当一个企业将两种产品结合生产时，其结合生产的成本为 C(X，Y)，则结合产品的规模经济性就可表示为：C(X，Y) < (X，0) + (0，Y)。

11.4.4 垂直集中（或联合）的规模经济

在钢铁生产中垂直集中（或联合）的经济性特别显著。在钢铁企业中，采矿、选矿、炼焦、炼铁、炼钢、轧钢以及最终产品的加工垂直地集中于同一企业内，可以产生明显的经济性。首先，几个阶段发生的热可连续利用，将热的原材料投入到下一个生产阶段再加工，可获得热处理经济；其次，各个生产阶段中投入的原材料的搬运时间、搬运费用可以节省；最后，合理的工厂布局、工程管理以及质量管理等方面的费用也可以节省。

11.5 估 计 MES 的 方 法

对产品最低经济规模进行估计时，要剔除掉所有的货币所得因素，而只考虑影响成本的技术因素。此种估计是以市场上在位厂商的实际规模为基础的，即以实际规模与应该的最低经济规模相比较，同时对成本的定义是可能达到的、最低成本水平，与这种成本相伴的是可能达到的最佳管理和最佳技术状态，依此得出的则是以现有技术和管理为基础的最低经济规模。

20 世纪 30 年代以前，有研究者提出以不同规模厂商盈利水平的比较确定最低经济规模，这种比较实际上把所有的货币所得因素都包括了进来，比较的结果是盈利水平的差异与规模并无必然联系，也就不能成为规范性地研究最低经济规模的较好方法。30 年代以来，产业经济学家提出了多种估计最低经济规模的方法，但仍未能将货币所得因素全部剔除，其中，工程法在这方面较其他方法要好一些。剔除货币所得因素的确比较困难，如果最低经济规模包括了货币所得因素，那么，估计就反映了企业或公司开拓市场、有效利用各种外部条件能力，而不只是反映在既定技术水平下企业高效率生产的能力。这方面还有待我们深入研究。

11.5.1 工程法

工程法是通过搜集"专家"（工程师和经理）关于单一产品或多工厂成本曲线的斜率和最优规模的意见，得出最低经济规模的估计值。这些专家或是专门从事工厂的设计和建设，或是直接从事生产经营管理，因此最了解工厂的设计、生产和经营过程，他们的意见具有一定的权威性。搜集意见的方法可以是问卷调查、面访专家，或者通过其他途径获得信息。该方法的最大优点是直接从从事经营管理和生产活动的专家意见得出某一产业最低经济规模的结论，这种最低经济规模是在市场竞争的压力下，采用最有效率的技术和管理有可能达到的最合理的最低经济规模，正因为该方法是归纳不同专家的意见而成，所以是一种实用的估计方法。其主要缺点是搜集专家意见的工作量过大，既费时又费力，而且不同专家的意见往往相左，有的过分夸大自己工厂或企业的规模，有的过分看重最流行的技术，这些都会使由此得出的结论偏离真正的最低经济规模。另外，如果某一产业只存在一家或两三家厂商，工程法估计的有效性就很值得怀疑，而恰恰是在这些垄断或少数寡占产业，合理的估计是制定正确的反垄断政策的基础。

贝恩（1956）20 世纪 50 年代对美国 20 个产业最低经济规模的估计是利用工程法的开创性工作，他的大部分信息是通过面访专家获得的，也部分采纳了间接渠道获得的信息。贝恩得出的结论是：美国大多数产业的最低工厂规模只占整个产业总规模的很小比例（最低是制鞋业为 0.14%，最高是打字机为 30%），工厂成本曲线的斜率较为平坦，所以，多工厂规模的经济性显得微乎其微。

普雷顿（Pratten，1971）采用工程法估计了 60 年代英国的 25 个产业，得出与贝恩不同的结论：工厂最低经济规模相对于英国各产业的规模而言一般占的比例较大。

谢勒等人（Scherer et al.，1975）通过访问 125 个公司的专家和报刊资料上的信息，提出了 12 个产业工厂最低经济规模和成本情况的估计，12 个产业的资料取自美国、加拿大、德国、法国、瑞典和英国六个国家，这样，他们实际得到了六个国家 72 个产业的资料。在进行估计时，他们区分了工厂的内部成本与外部成本，将工厂的最低经济规模与工厂所在地的市场规模而不是与全国的市场规模相比，应该说这种比较的意义更重要更现实，因为像水泥、啤酒、地方报纸等产品的绝大部分主要在当地市场销售，销售市场距离工厂越远，运输等费用在总成本中的比例越高。谢勒等人还做了一系列统计回归以检验产生规模经济的原因及其影响。他们的结论与贝恩的结论相近：最低经济规模在各国的情况非常相似；规模经济在某些产业中确实很明显，但只在极少数产业规模经济才与高集中度相连，大多数产业的工厂最低经济规模相对于产业规模来说只占很小的比例；成本曲线的斜率比较平坦，一家规模很小的工厂并不一定在市场上居劣势地位；

多工厂规模的经济性不明显，只是在啤酒、香烟和电冰箱产业中广告对多工厂规模的经济性显著；小国的规模经济往往使高集中度的必要性更显著；截至搜集到的资料，美国之外五个国家中大约一半产业的集中度并未超过所估计的多工厂的最低经济规模。

韦斯（Weiss，1976）估计了 20 世纪 60 年代后期美国 16 个产业的情况，得出的结论是：最低经济规模只占产业总产出规模的 1% ~ 7%，成本曲线的斜率不太陡峭。韦斯认为，美国约一半产业的实际规模低于估计的最低经济规模，从而效率低下。人们不禁怀疑韦斯估计的最低经济规模是否太高了，否则必然的推论就是，这些规模过小的工厂之所以能在市场竞争中生存下来，是因为它们的规模相对于在市场竞争中生存所需的各种技术条件和外部条件不是过小而是正合适。

上述几位产业经济学家利用工程法估计得出的结论很有价值，尤其是对工厂最低经济规模的估计，但他们对多工厂最低经济规模的估计囿于资料所限比较少。

11.5.2　成本法

成本法就是通过分析研究实际成本数据资料找到可能的成本曲线，成本数据即可是同一时间多个厂商的资料，也可是同一厂商不同时间序列的资料。史密斯（Smith，1955）利用美国 20 世纪 30 年代许多产业的横截面和时间序列数据对成本曲线进行了估计，得出的结论是：大多数成本曲线的斜率是比较平坦的。纳洛夫（Nerlove，1963）利用 50 年代美国电力工业的时间序列数据对成本进行了估计，得出了长期成本曲线先下降然后转为上升的结论。伊兹等人（Eads et al.，1969）采用 1958 ~ 1966 年美国航空业的数据对成本曲线估计的结论是未发现规模经济的证据。

因为成本法估计需要大量的数据资料，不但数据资料的分析整理费时费力，并且成本资料是对过去生产经营花费的描述，不能代表应该的最优生产经营效率，所以此法应用并不广泛。

11.5.3　生存法

自 1958 年施蒂格勒提出以生存法估计最低经济规模以来，此法得到了较广泛的认同和应用。该方法不是依据某些专家的意见，而是在实际工厂规模变动趋势分析的基础上得出工厂最低经济规模的估计。该方法的假定很简单：如果某一规模范围内的工厂的市场份额正在不断提高，那么，这些工厂的规模就是有效率的；反之，如果某一规模范围内的工厂的市场份额正在不断下降，则这些工厂的规模就属于低效率的。换言之，既存工厂的规模是最优规模的最可能的解。从极端的角度说，如果某一产业中所有工厂的规模均为 Y，该规模就一定是工厂的最优规模；如果某一产业中没有一个工厂的规模为 Z，该规模就绝不可能是工厂的最优规模，生存法在估计最低经济规模时，可以把实际成本、专家意见以及其他衡量效率的标准忽略不计，只需比较一定时间内的工厂规模，找出能够在竞争中生存下来的那些工厂的规模，这种比较既可以是在较长时间内某一产业生存规模的深入研究，也可以是在比较短的几年内对许多产业规模变化的研究。生存法估计可以使用官方的统计资料，所以是比较客观、方便的，也展示了工厂规模的实际分布。

生存法包括了所有货币所得因素，因此对企业或公司最低经济规模的估计常常会偏差过大，对工厂最低经济规模的估计也会受到货币所得因素的某种影响，特别是在那些急需制定反垄断政策的产业中，这种影响可能会使制定的政策与实际情况出入较大。

施蒂格勒利用长达几十年的数据，对美国几个产业的工厂和企业规模进行估计的结论是：成本曲线的形状就像碟子那样扁平，即最低经济规模的水平很低。

萨文（Saving，1961）利用 1947~1954 年的统计资料对美国 83 个产业的工厂最低经济规模进行了估计，结论是最低经济规模在大多数情况下处在很低的水平，而许多产业的最低经济规模是无法进行估计的。

谢泼德（Shepherd，1967）对美国 1947~1963 年 50 多个产业的工厂最低经济规模估计的结论是：大多数产业的估计非常困难或者几乎是不可能的，少数可以估计出的产业的最低经济规模相对是很低的。

里斯（Rees，1973）只对英国 1954~1968 年 30 个产业的工厂最低经济规模作了估计，得出了最低经济规模一般是从较小的规模开始，但并不一定就是最大的工厂规模。

上述几人对 MES 的估计是比较可信的，他们的结论与工程法得出的结论基本上是吻合的，即大多数情况下 MES 占整个产业规模的比重不到 2%。还有研究者（William S. Comanor and Thomas Wilson，1967；Scherer et al.，1963）将50~100 个产业的现存工厂规模作为一个变量进行回归分析，认为较为满意的做法是将现存工厂的平均规模值作为 MES 的粗略估计值。

参考文献

[1] Bain, J. S. *Industrial Organization* [M]. John Wiley & SonsInc, 1959: 24-56.

[2] Chandler, Jr., Alfred D. *Scale and Scope: The Dynamics of Industrial Capitalism* [M]. Harvard University Press, 1990: 61-64.

[3] Lepage Henri., *Nouvelle Economie* [M]. Hachette, 1989: 8-14.

[4] OECD, *Glossary of Industrial Organization Economics and Competition Law* [EB/OL].

Centre for Co – Operation with European Economies in Transition, Paris, 1993.

[5] Scherer F. , *Industrial Market Structure and Economic Performance* [Z]. Rand – McNally, 1980.

[6] Schmalensee, Willig (Eds.), *Transaction Cost Economics* [Z]. Handbook of Industrial Organization, 1989.

[7] Shepherd, W. G. , *Economics of Industrial Organization* [M] . Prentice – Hall Press, 1979: 31 –38.

[8] Tirole Jean. *The Theory of Industrial Organization* [M]. MIT Press, 1989: 14 –27.

第 12 章

横向并购：我国房地产业集中度
演变与发展路径研究[*]

12.1 引　　言

1998 年 7 月，国务院正式宣布停止国有企事业单位、政府部门工作人员的福利性住房分配，自此我国房地产业开始了市场化时期。1998～2009 年，我国城镇房地产投资额从 3614.2 亿元增长到 36241.8 亿元。相关研究表明，房地产业发展可以带动 60 余个相关行业发展，促进国民经济的增长。1991～2009 年，我国房地产业增加值年均增长幅度为 19.9%，房地产业增加值占 GDP 的年平均比重为 4.2%[①]，2010 年房地产业增加值占第三产业增加值比重为 12.9%，占 GDP 比重提高至 5.6%。

我国实行住房制度改革以来，住宅消费逐渐成为消费热点，2009 年我国城市化率已达到 45.7%，城市人口为 6.66 亿人（2010 年人口普查数据），加上改善居住条件的需求，我国房地产市场容量巨大。与之相应，房价也一路走高，1998～2003 年房价年均涨幅 3.6%，2001～2010 年间房价年均涨幅 9.32%[②]，房价上涨速度远高于城乡居民收入增长速度。

2003 年 4 月，中国人民银行下发《关于进一步加强房地产信贷业务管理的通知》，我国开始对房地产业进行调控。2005 年 3 月，国务院办公厅下发《关于切实稳定住房价格的通知》，明确提出要稳定住房价格，将稳定房价提高到政治高度；同年 5 月，国务院办公厅转发建设部等七部委《关于做好稳定住房价格工作的意见》，明确禁止商品房预购人将购买的未竣工的预售商品房再行转让。2006 年 5 月，国务院常务会议提出了促进房地产健康发展的六项措

---

　* 本章作者为杨蕙馨、王继东、徐召红，发表在《经济学动态》2012 年第 4 期（文章有改动）。

　① 易宪容：《当前楼价下跌正是房地产市场转型契机》，载《上海证券报》2011 年 11 月 25 日。

　② 《宏观调控提高房地产业集中度》，http://data.stock.hexun.com/invest。

施，拉开了 2006 年房地产调控序幕。2007 年 1 月，国税总局下发《中华人民共和国土地增值税暂行条例》，规定转让国有土地使用权、地上的建筑物及附着物并取得收入的单位和个人，应当缴纳土地增值税。同年，金融监管部门明确二套房贷的首付比例、贷款利率以及第二套房以"家庭"为单位来认定房贷次数。2008 ~ 2009 年国际金融危机时期调控有所减缓，2009 年全国住宅平均价格涨幅达 25.1% 后，国家宏观调控政策愈发严厉，开始了限购、限贷、限价等调控政策。

房地产业是资金密集型产业，随着国家宏观调控愈发严格，楼市低迷，公众持币待购，多数房地产企业资金链条极度紧张，加上市场竞争不断加剧，横向并购已成为房地产企业突破融资困境、拓展市场份额、谋求生存的主要途径。目前，我国房地产企业横向并购主要以股权收购和项目收购为主，在这种并购趋势下，我国房地产行业集中度将如何变化？我国房地产业如何实现良性发展？本章将对这些问题进行分析探讨。

12.2 相关文献回顾

国外文献对并购是否会提高市场份额持有不同观点。斯蒂尔曼（Stillman，1983）的研究结果部分支持了横向并购的一个动机就是获得市场势力。卢巴特金（Lubatkin，1983）认为横向并购不但可以增加市场份额，还能够节约营销和生产成本。安德拉德和斯塔福德（Andrade，Stafferd，1999）认为横向并购可以提高产业集中度，解决产能过剩问题，促使企业退出。而斯蒂格勒（Stigler，1950）指出，横向兼并企业的典型行为是降低产量，提高产品价格，从而导致未参与兼并的企业（外部企业）趁机扩大产量获取利润，兼并的主要受益者是外部企业而非兼并企业，所以，企业没有兼并动机。高德博格（Goldberg，1973）检验了 20 世纪 50 ~ 60 年代的 44 个并购公司样本，发现市场份额在并购后没有显著的变化。撒兰特、斯威策和雷诺兹（Salant，Switzer，Reynolds，1983）提出，在特定环境中，行业的横向并购如果缺少完美共谋，即使利润会上升，并购后的市场份额也会下降。缪勒（Mueller，1985）通过实证分析证实，无论是混合并购还是横向并购并没有成功地增加被并购企业的市场份额。乔治（George，1989）认为没有证据证明过去发生的并购会导致市场份额及集中度的提高。

国内学者对我国房地产业研究主要集中于行业集中度分析和房地产业如何发展。周刚（2001）认为中国房地产业过低的集中度和进入壁垒是房地产企业间过度竞争和整个产业业绩下滑的主要原因。潘爱民、王洪卫（2008）对我国房地产市场非有效性进行检验，得出我国房地产市场仍然是一个非有效的市

场，房地产价格对信息的反映程度很低，且房产市场存在超额利润。刘树枫
（2009）认为我国房地产业集中度低的主要原因是房地产市场规模扩大过快、
房地产企业进入数量多、规模障碍系数低。张魏等（2009）对影响我国房地产
市场集中度因素进行了实证分析，指出市场集中度与行业进入壁垒正相关，与
生产能力扩张负相关，我国房地产市场结构稳定性差，规模经济不显著，当
领导型企业采取防止新企业进入的竞争策略时会显著提高市场集中度。陈笑
（2007）对房价与房地产业市场结构等因素之间的关联关系进行实证研究，得
出市场集中度与房价之间存在高度的负相关关系，认为市场集中度是房价最重
要的影响因素，提出全面优化房地产市场结构、适当提高房地产市场集中度的
建议。

学者们针对我国房地产业现状，提出了基本相同的对策建议。周京奎（2002）
提出产业集中型垄断是我国房地产市场结构优化的必然选择。欧阳强（2004）
对我国房地产业发展提出结构性调整、促进产业升级、规范土地市场和健全金
融体制的政策建议。黄光灿（2008）通过对 2000 年以来上海房地产信贷与房
地产市场关系的实证分析，认为只有构建完善的住房供应体系才能保持房地产
市场的长期稳定。欧阳文和等（2011）比较了美国和中国土地制度、供给模
式，提出中国城市住宅问题解决的途径要增加保障性住宅供给，对土地实行
限价供给和以工业化模式取代传统建造方式。葛扬等（2011）认为我国房地
产业形成了"一调控就减少供给，导致下一阶段更大的调控压力的怪圈"，
形成这种怪圈的主要原因是我国房地产业发展是典型的外力推动型，提出完
善财税体制、增加保障性住房供给、不断优化产业结构等作为走出这种怪圈
的路径。

12.3　我国房地产业集中度的变化

1998 年我国实行全面住房制度改革，释放了巨大的市场需求，2002～2004
年房地产业年均增幅达到 28%，经过十多年的发展和逐步规范，我国房地产业
的结构体系已经初步形成。

12.3.1　房地产企业数目变化

1998 年我国房地产开发企业总数为 2.4 万家，在 2007 年高房价的刺激下，
一年间企业数目增长了 40%，2009 年商品房平均售价提高至 4681 元/平方米，
又吸引众多中小型房地产企业进入，2010 年增加了 4700 多家（见表 12-1）。
1998～2010 年 13 年间，我国房价一直在上涨（除 1999 年、2008 年、2010 年略

有下降），这 13 年间房地产企业数目和就业人数一直在增加（除 2005 年、2009 年）。2005 年受调控政策的影响，企业数目和就业人数分别比 2004 年减少了近 3000 家和 7 万人；2009 年受 2008 年金融危机的影响，企业数目和就业人数分别比 2008 年减少了 7000 多家和 14 万人。

表 12 - 1 房地产开发企业的企业数量等指标

年份	企业总数（家）	平均就业人数（万人）	企业规模（万元）	商品房平均价（元/立方米）	平均销售面积（万平方米）
2005	56290	151.62	3200	3168	9770
2006	58710	160.09	3400	3367	10560
2007	62518	171.97	4700	3864	12316
2008	87562	210.04	2700	3800	7537
2009	80407	194.90	5500	4681	11815
2010	85218	209.00	6200	4628	12321

注：房地产企业规模 = 商品房销售收入/房地产企业个数。
资料来源：《中国统计年鉴》（2009 ~ 2010）、《中国大型房地产与建筑业企业年鉴》（2011）。

大量中小型房地产企业进入，与我国房地产市场的进入壁垒较低直接相关。目前，我国房地产开发企业的资质管理仍然沿用 2000 年的《房地产开发企业资质管理规定》，进入门槛低。目前，在新的《我国房地产开发企业资质管理规定（征求意见稿）》中，提高了房地产企业的进入门槛。

2005 ~ 2010 年，我国房地产企业规模和平均销售面积一直在增长（除 2008 年），而房地产开发企业的平均规模却未同步提高。2010 年我国商品房销售收入是 1998 年（0.25 万亿元）的 21 倍，房地产企业平均规模增长了 6 倍（1998 年 1032.77 万元），市场容量的扩大远远大于房地产企业规模的扩大，占总数量 54% 的中小房地产企业年均销售规模在 1 万 ~ 4 万平方米。

12.3.2 行业集中度稳步提高

行业集中度又称市场集中度，是指某行业（市场）内前 N 家最大的企业所占市场份额的总和。以我国房地产综合实力前十强和前百强销售额占整个行业份额的 CR_{10} 和 CR_{100} 来测算我国房地产业的集中度。图 12 - 1 显示，无论是 CR_{10} 还是 CR_{100}，除 2006 年略有下降外，其余年份一直上升，二者的变化趋势一致，说明我国的房地产业集中度一直在稳步提高。

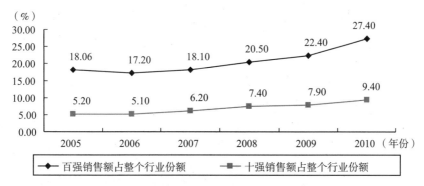

图 12 – 1　我国房地产业 CR_{10} 与 CR_{100} 变动

12.3.3　规模优势显现

从销售额和销售面积看（见表 12 – 2），全国商品房销售额和销售面积除 2008 年下降外，一直处于增长状态。销售过百亿的房地产开发企业也逐年增加，2005 年没有一家房地产企业销售额超过百亿元，2010 年已有 35 家房地产企业销售额超过百亿元，万科公司销售金额超过 1000 亿元。房地产上市公司是房地产业的主力，中国房产信息集团发布的 2010 年上半年中国房地产企业销售排行榜中，上市房地产企业销售金额占前 20 强企业销售金额的 78%。

表 12 – 2　　　　　　　　　销售过百亿的房地产企业规模变化

	2005 年	2006 年	2007 年	2008 年	2009 年	2010 年
销售金额超过百亿的公司数（家）	0	2	11	13	27	35
全国商品房销售额（万亿元）	1.808	2.0509	2.9603	2.4071	4.3997	5.25
商品房销售面积（亿平方米）	5.5	6.2	7.7	6.6	9.5	10.5

资料来源：中国房地产 TOP10 研究组：《中国房地产百强企业研究报告》（2006、2011）；搜房产业网，2010 年 1 月 7 日。

从总资产看，2005 年我国房地产企业总资产规模超过百亿元的有 22 家；2009 年房地产上市公司中总资产规模过百亿元的有 54 家，2010 年达到 65 家。从上市公司的总资产均值看，沪深上市的房地产公司，2005 年总资产均值是 26.4 亿元，2007 年底升至 58.21 亿元，2010 年提高至 122.32 亿元；香港上市的内地房地产企业，2007 年底总资产均值达 236.37 亿元，是 2005 年同期的近 3 倍，2010 年提高至 436.48 亿元。

从利润流向看，2000～2004 年，前 20% 房地产上市公司的 5 年平均净资产收益率为 10.15%，高出同期房地产业平均净资产收益率近 53 个百分点；2007 年，房地产行业销售利润率的平均值是 15%，房地产企业 TOP100 中 59% 的销售利润率在 20% 以下，超过 30% 的企业仅占 16%。2010 年 20 强品牌房企净资产收益率均值为 25.89%，高于行业平均水平 9.82 个百分点。这些表明我国房产企业的规模优势已经显现，资产规模和利润都呈现出集中趋势。

12.3.4 并购规模和起数的变化

2004~2008 年我国房地产业并购金额达 260.32 亿元，发生 196 起并购案；2010 年房地产业涉及并购金额 174.65 亿元[1]，实现并购 84 起，占各类并购总数的 13.5%；2011 年前三季度，我国房地产业并购达 87 起，总交易金额达到了 256.65 亿元[2]。可见，房地产业并购起数（除 2009 下降）和并购金额呈现加速增长的趋势（见图 12-2）。

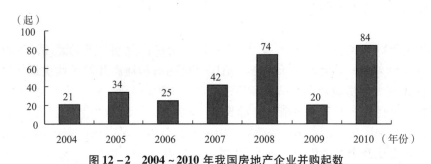

图 12-2　2004~2010 年我国房地产企业并购起数

房地产业并购主要表现为大企业对小企业的横向并购。如万科公司 2005~2010 年并购了 131 家公司，涉及金额达 134.7 亿元，并购方式主要是整体并购、项目收购、股权收购、合作拿地开发等（见图 12-3）。2009 年 8 月至 2011 年 4 月，SOHO 中国在上海进行了五次收购。

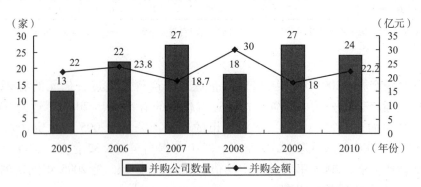

图 12-3　2005~2010 年万科公司并购金额和公司数

资料来源：万科公司年报。

---

[1] 2010 年房地产业涉及并购金额 25.8 亿美元，以 2010 年的平均汇率 6.7698 折合成人民币。
[2] 《房地产业惊现"卖身潮"》，载《汕头都市报》2011 年 10 月 24 日。

12.3.5　横向并购与市场份额的关系

以万科公司为例分析横向并购与市场份额的关系。万科企业股份有限公司是我国最大的房地产上市公司，成立于 1984 年，在全国 31 个城市开展了业务。万科公司是我国首家销售额突破千亿元大关的住宅开发企业，其市场份额 2005 年以来一直稳定上升，2010 年达到 2.06%（见表 12 - 3）。

表 12 - 3　　　　　　　　　　　2005 ~ 2010 年万科公司并购和销售额

	2005 年	2006 年	2007 年	2008 年	2009 年	2010 年
并购公司数量（家）	13	22	27	18	27	24
并购金额（亿元）	22	23.8	18.7	30	18	22.2
市场份额（%）	0.77	1.04	1.77	1.99	1.44	2.06

注：市场份额由中国房地产 TOP10 研究组数据整理计算而得。
资料来源：《深度调控下的万科并购学》，www.0759home.com。

从并购规模看（见图 12 - 4），2005 年以来，万科公司的市场份额与并购规模不完全一致，并购金额下降时，市场份额仍在上升（2007 年）。从并购公司数量看（见图 12 - 5），2005 年以来，该公司的市场份额与并购公司数量也不完全一致，2008 年并购公司数量减少，市场份额仍提高了 0.22 个百分点，而 2009 年并购公司数量增加，市场份额下降了 0.55 个百分点。将二者结合起来可以看出，横向并购对市场份额的提高是有效的。万科通过整体并购、项目收购、股权收购、合作拿地开发等方式成为国内房地产行业中的龙头企业，与美国最大的房地产开发商 4.5% 的市场份额相比仍显得不够大。

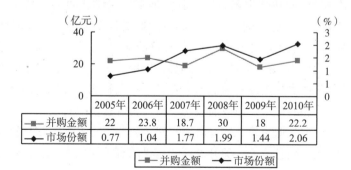

图 12 - 4　2005 ~ 2010 年万科并购金额与市场份额

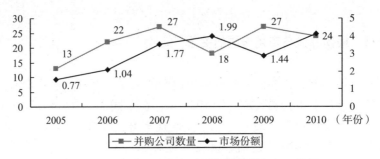

图 12-5　2005~2010 年万科并购数量与市场份额

　　一般情况下，某一行业的企业能够赚取高额利润时，会诱惑企业进入，再加上进入门槛较低，造成企业数量增加过快，导致行业集中度水平不高。在房地产市场化初期，行业集中度比较分散，企业间存在低水平的竞争。经过近几年的发展，我国房地产业集中度稳步提高，规模效应开始显现。在目前中央宏观调控不放松的情况下，房地产企业资金会更加紧张，楼市价格进入拐点及居民买方市场初步形成会进一步推动房地产企业的并购，行业集中度会进一步提高。国际上成熟的房地产市场，80% 的市场份额集中在 20% 的企业手中，2004 年美国前 10 家地产业开发商占全美市场份额高达 27.25%。可见，我国房地产业集中度仍有很大的提升空间。

12.4　美国房地产业的发展路径

　　美国私人拥有住房比例较大，已形成较为完善的住房制度和政策体系，美国政府对房地产行业一直进行强有力的干预和控制。

12.4.1　供给政策的变化

　　美国自 20 世纪 30 年代以来，历届政府都很重视住房问题，其住房政策也根据国民经济的发展变化适时调整，调控的重点始终是保证低收入家庭能够买得起房。30 年代以前，美国主要依靠市场力量解决国民住房，采取市场供给住房，30~70 年代，由于国内经济不景气，采取公共住房为主和市场性住房为辅的供给政策。美国的公共住房是指政府为低收入者、老年人和残疾人建造和维护、收取低额租金并由政府管理的住房。由政府控制户型、售价和供应对象，主要建设中等收入者买得起的小户型、低房价住宅。政府对建设公共住房者提供贴息贷款以降低房价，对居民提供购房贴息贷款，免开发商和居民的有关税收[1]。第二次世界大战后

---

① 《美国政府如何介入住房问题》，http：//www.sina-nb.com.cn。

的 20 年是美国房地产业的高速发展时期，其间美国住房自有率从约 45% 提高至 65% 左右（见表 12 - 4）。

表 12 - 4　　　　　　　　　　　美国房地产业的发展历程

住房提供模式	时间	住房供给情况	政府政策	房地产业发展阶段
公共住房为主和市场性住房为辅	20 世纪 30 年代至二战结束	住房数量短缺	对建设"社会住宅"提供贴息贷款以降低房价，也包括对居民提供购房贴息贷款，免开发商和居民的有关税收	二战后 20 年的高速发展时期，粗放式增长
	二战结束至 1960 年	增加住房面积		
	1960 ~ 1970 年	提高住房质量		
市场性住房和福利性质的市场性住房	1970 年至今	提高整体住房水平	贴息贷款、担保和抵扣个人所得税等优惠政策	呈现螺旋式上升态势，跨区域扩张，产业链整合、精细化管理、并购及金融创新

资料来源：陈洪波：《美国房地产金融及对中国的启示》，载《中国房地产金融》2006 年第 2 期；欧阳文、张璇：《中美房地产发展路径比较研究》，载《河北经贸大学学报》2011 年第 1 期。

20 世纪 70 年代至今，美国采取市场性住房和福利性质的市场性住房，公共住房在住房政策中的核心地位淡化，公共住房数量逐渐减少，增加了住房保障制度及各种优惠政策措施，如美国联邦政府对低收入者提供的住房支持主要是提供租金补贴帮助低收入家庭获得私人住房；为家庭购买住房提供贴息贷款、担保和贷款利息在个人所得税税基中予以抵扣等。美国联邦财政在 2010 财政年度中，纯粹保障性住房在金融税收的预算支出达 8967.65 亿美元[①]。借助跨区域扩张、产业链整合、精细化管理、并购及金融创新等手段，美国房地产业在 2003 ~ 2006 年发展到了顶峰，2007 年以后，在金融危机的冲击下，房地产业走入低谷。

12.4.2　房地产市场结构

美国实行多元化的土地所有制，包括私人土地、联邦政府土地、州政府土地和印第安人保留地，各种所有制形式的土地之间可以自由买卖及租赁，不存在土地垄断供应和因政府干预造成的市场扭曲，土地价格由估价公司协助确定。

在美国，房地产业有三类开发商：第一类是住宅建筑商（home builder），通常以私人住宅开发、销售为主；第二类是不动产商（real estate），主要从事房地产中介服务、投资性商用物业的融资、投资、开发和管理运营等；第三类不动产发展商（real estate developer），主要以投资性物业的开发和销售为主。美国个人

---

① 陈济朋：《美国法国新加坡住房保障政策成社会稳定基石》，载《经济参考报》2011 年 10 月 18 日。

和机构进行房地产投资的主要途径是各类房地产信托投资基金（REITs）持有的投资性物业，住宅更多地被视为消费性产品。

美国绝大多数开发商专注于某个区域市场上的运行，采用高度专业化和长期收益为主的商业模式。美国排名前列的房地产开发公司经历了一系列横向并购和纵向并购，兼并成了美国房地产企业规模扩张和提高占有率的重要手段。2009年，美国第四大房屋建造商帕尔迪公司（Pulte Homes）收购美国另一住宅营建巨头桑达克斯公司（Centex），成为美国最大房屋建造商，这一并购使帕尔迪公司得到了桑达克斯公司在德克萨斯州和卡罗来纳州的大量土地。

12.4.3 房地产金融体系变化

20世纪70年代以前，美国房地产金融是以银行性金融机构提供贷款为主的间接融资体系。20世纪70年代以后，大量的非银行性金融机构，如养老基金、保险公司、共同基金进入住房金融领域，在激烈的竞争环境下，金融机构创新出各种衍生金融工具，住房金融逐渐从间接融资转向了市场（直接）融资。

目前，美国的房地产金融体系由商业性住房金融体系和政府性住房金融体系构成。商业性住房金融体系由商业银行、人寿保险公司、养老基金、房地产信贷、房地产投资信托基金、房地产抵押贷款基金等各类机构构成。政府性住房金融体系主要由美国联邦住房金融署、房利美、房地美、退伍军人管理局等构成。美国联邦住房金融署负责住房标准的制定和为中、低收入阶层提供按揭担保；房地美和房利美是住房抵押贷款融资机构，主要从住房抵押贷款二级市场购买贷款并持有，对购买的住房抵押贷款实行证券化并提供担保，两家公司是美国住房抵押贷款的主要资金来源。美国形成了以私有金融机构为主体，以住房抵押贷款市场为基础，多种住房机构广泛参与的金融体系。

2007年美国爆发了"次贷危机"，美国政府接管陷入困境的住房抵押贷款融资机构房利美和房地美，美国政府也开始了对住房金融体系的改革。

12.5 我国房地产业的发展路径

目前，我国房地产业已经从爆发式增长阶段步入了规范平稳增长阶段，消费者已经形成了"降价预期"，大多处于等待和观望，房地产"买方"市场"初步"形成。通过哪些路径可以实现我国房地产业的良性发展呢？

12.5.1 完善我国保障性住房体系

美国住房供给政策变化反映了不同时期政府政策侧重点不同，可以采取多种方式提供住房，如直接建房提供给居民或由政府对建设低成本、低租金住房提供优惠贷款或对购房者或租房者给予减税或承租补贴。

目前，我国住房自有率高达89%，居住性购房需求比较大，但中低收入者的住房困难问题日益突出，保障性住房体系的完善势在必行。我国针对中低收入者提供的保障性住房主要包括廉租住房、经济适用房、棚户区改造安置住房、限价商品房和公共租赁房五大类。我国从1995年开始实施"安居工程"，1998 ~ 2009年，我国城市经济适用房投资额占住宅投资总额的比重从13%降至4.4%，销售面积占普通住宅销售面积的比重降至4%。美国2005 ~ 2009年住房保障支出占中央财政支出比重在14% ~ 15%。而2009年我国住房保障支出占中央财政支出的比重仅为3.6%，占中央税收比重仅为1.7%，占GDP比重为0.2%①。2010年保障性住房建设已经上升为国家战略，重在完善保障性住房的层次结构，覆盖"夹心层"，适用不同住房条件的居民。

政府除了提供保障性住房外，还可以在补贴、税收、信贷等方面，采取多种方式满足中低收入者的住房需求，更为重要的是完善对保障性住房的管理。如美国通过立法保障，建立了严格的收入划分标准和资格审查制度，规定不同收入标准所能享受到的住房保障待遇，并严格执行住房保障对象的进入、退出标准，在健全住房保障对象档案的同时，实施动态监管。

12.5.2 完善房地产价格形成与调整

房价上涨过快不仅影响居民住房福利水平、影响到绝大多数居民的基本居住条件改善，也不利于经济社会的协调发展。从经济发展的一般规律看，房地产价格必须与居民的消费能力相适应。联合国人居与环境组织认为，城市合理房价一般不超过城市家庭年收入3倍，世界银行则认为不能超过城市家庭年收入的五倍。按照房价与收入的关系及家庭负债破产风险性考虑，我国房价收入比②在3 ~ 6倍之间为合理区间，超过7，大部分居民已经没有购房的能力了。1996 ~ 2010年我国房价收入比在5.5 ~ 8.0间波动，2005年后房价收入比就超过了合理区间，2008年和2010年有所下降，但2010年仍高于7（见图12 – 6）。

商品房价格由利润、地价、税收、管理费用（含财务成本）、建安成本等构成。首先，来看房地产业的利润。2011年《住房绿皮书》中计算的我国房地产企业2008年营业利润比2004年增长290.4%，2009年我国房地产业的平均毛利润率为55.72%。根据上市公司的相关报表测算，目前房地产业的平均毛利润率

---

① 中国指数研究院：《中国保障性住房建设模式研究》，搜房产业网。
② 房价收入比 = 住宅销售单位面积价格 × 城镇人均住宅建筑面积/城镇居民的人均可支配收入。

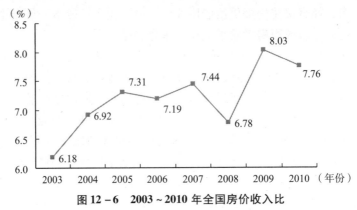

图 12 - 6　2003 ~ 2010 年全国房价收入比

资料来源：上海易居房地产研究院综合研究部：《2010 年度全国房价收入比研究报告（2010）》，百度文库。

为 37% 左右，扣除 "三费" 之后的营业利润率约为 20% ~ 25%，净利润率为 15% ~ 20%，各种数据表明我国房地产业利润率远高于美国等发达国家 5% 的水平。因此，政府必须通过降低房地产业的利润率，促使房地产业中过多的资金回流到制造业与其他产业，保证房地产业与国民经济的平稳发展。

其次，来看地价。我国土地是全民所有和劳动群众集体所有，土地定价和供应数量取决于政府，特别是地方政府。土地出让金是政府出让土地一次性收取未来几十年的土地收益，是国家作为土地所有者向土地使用者收取的土地价格。2001 ~ 2003 年，全国土地出让金达 9100 多亿元，相当于同期全国地方财政收入的 35%，2004 年收入近 6000 亿元，2009 年达到 1.5 万亿元，相当于同期全国地方财政总收入的 46% 左右，2010 年土地出让金高达 2.7 万亿元，占全国财政收入比重高达 33.75%[1]。可见，土地出让金已成为地方财政收入主要来源，这种情况下，地方政府为实现土地收益最大化，会使用各种手段推高地价和房价。所以，保持房地产市场价格的合理水平，必须改革土地出让金制度，深化财政体制改革，扩大地方财政收入来源。

最后，投机性购房推高了房价。房地产业发展需要一个稳定可持续的市场环境，而投机与投资性购房会推高或降低房价，严重扰乱市场环境。房地产业是典型的资金密集型产业，我国绝大多数的房地产企业没有上市，其开发资金主要来源于国内贷款、自筹资金、定金及预收款，商业银行贷款一直以来都是我国房地产企业的主要资金来源之一。美国的金融危机已经证明，脱离实体经济、过度炒作资产不仅会影响经济发展、扩大社会贫富差距，而且会增加经济金融风险和社会风险。因此，对于有炒地、囤地行为的开发商，要在信贷上加以控制，降低对个人和房地产企业的银行信贷资金供给。

---

① 《去年全国财政收入土地出让金占 1/3，破解迫在眉睫》，http://news.dichan.sina.com.cn。

另外，为有效遏制投机性购房，政府应尽快开征房地产买卖和持有环节的税种，如房产税、对买卖住房的所得征收高额所得税等。在韩国，在房屋保有环节征收房屋财产税、综合土地税、综合不动产税、城市规划税和共同设施税，拥有的房产价值越高，则缴税越多。在美国，买卖房屋手续非常复杂，中介代理机构和律师都要从成交金额收取买卖双方较高比例的费用；房屋的维护费用也比较昂贵，房屋拥有者每年都要缴纳税金和房屋保险费用等。

12.5.3　完善住房金融体系和金融监管

2005~2010 年我国房地产企业的资金来源构成如表 12-5 所示。国内贷款是银行直接向房地产开发商发放的开发贷款，约占资金来源的 20%。其他资金来源主要是购房者的定金、预收款、个人按揭贷款，约占资金来源的 45%；2009年、2010 年来自个人按揭贷款的比例为 14.7%、12.7%，与国内贷款合并计算，来自商业银行的贷款比例达到 30% 左右。由此可见我国房地产企业对商业银行信贷依赖程度的高低。

表 12-5　　　　　2005~2010 年我国房地产企业的资金来源构成　　　单位：%

年份	国内贷款	利用外资	自筹资金	其他资金来源
2005	18.3	1.2	32.7	47.8
2006	19.7	1.5	31.7	47.1
2007	18.7	1.7	31.4	48.2
2008	19.2	1.8	38.6	40.3
2009	19.7	0.8	31.1	48.4
2010	17.3	1.1	36.8	44.8

资料来源：《2010 年中国统计年鉴》；《2010 年全国房地产市场运行情况》，国家统计局网站。

外资主要以直接投资、收购等形式进入我国的房地产市场。我国房地产吸收外商直接投资 2006 年为 303.05 亿元，2010 年增长达到 676.96 亿元，2010 年资金来源中利用外资比例是 1.1%。外资开始向我国的二、三线城市发展，更多地向房地产产业链的上游延伸。外资进入房地产业参与国内竞争的同时，会进一步推动并购，这就要求政府加强对房地产外资活动的监控，外资流动情况与房地产价格走势表现了非常高的相关性，境外购买力的流入对内地城市房价的上涨起了推波助澜的作用。

其他融资途径主要是在资本市场通过境内上市、境外上市、借壳、资产注入等方式来融资。截至 2006 年 12 月，房地产企业通过资本市场已累计融资近 300 亿元。2010 年房地产上市公司无一例增发获得成功。由于我国《公司法》对发行债券主体要求严格，对企业资产负债率、资本金以及担保等都有严格限制，大多数房地产企业无法通过国内债券市场融资。因此，信托融资规模近年发展迅速，截至 2011 年第三季度末，投向房地产的新增信托资金累计达 3216.6 亿元，已超过 2010 年的 2864 亿元的发行总量，目前房地产信托已达到约 6797.7 亿元，占资金信托总规模的 17.24%。

大型房地产企业还可以海外融资，但我国大多数房地产开发企业属中小企业，与美国房地产企业相比，国内房地产企业融资渠道非常有限，过度依赖银行，因此，我国住房金融体系建设需要在融资渠道上创新，分散金融风险，降低对银行信贷及股市融资的依赖。如 2010 年国内涌现 20 多只地产私募股权投资基金，资金规模达到 500 多亿元。既要为多渠道融资创造条件，也要实施有效的金融监管，达到调控房地产业的目的，避免美国"次贷危机"的出现。

12.5.4 房地产企业的战略调整

在政府调控房地产业的政策作用下，房地产企业的战略调整直接关系到企业的生死存亡。

（1）品牌战略。房地产市场的产品既具有同质化，也可以体现差异化的特点。而差异化竞争主要表现在品牌优势和附加值上。2011 年中国社会科学院中国企业品牌竞争力指数研究课题组对 178 家房地产上市公司进行企业品牌竞争力分级评估（5 级），达到 5A 级的企业占到 2%（3 家），48.9% 的企业是 3A 级，28.1% 的企业是 2A 级，11.8% 的企业是 1A 级。可见我国房地产企业总体仍处于规模竞争阶段，远没有到达效率和创新阶段。因此，房地产企业应重品牌、重环境、重质量、重服务客户，企业的品牌形象将直接影响到产品的销售。

（2）跨区域经营战略。房地产最重要的特性是其位置不可移动性，特定的消费者只会在特定的市场区域内选择购买，因此，房地产企业的市场区域性明显，如我国房地产上市企业集中分布于长三角、珠三角和京津唐发达地区。大型房地产企业可以利用企业的品牌优势有效地消除地域之间的进入壁垒，以较低成本实现跨区域经营。表 12-6 显示，大型房企已经加大了对中西部和华北、华东地区的布局，加大对二线和三、四线城市的开发，大型房地产企业正逐步完成全国布局。如 2010 年万科共获得 106 块土地，大多数位于二、三线城市，这种发展趋势会进一步挤占其他中小房企的市场份额，形成房地产市场的"马太效应"。

表 12 - 6　　　　　　前 20 强房地产企业销售区域分布情况　　　　　　单位：%

	华北	中西部	华东	华南	一线城市	二线城市	三、四线城市
2009 年上半年	6	3	20	71	39	48	13
2010 年上半年	13	7	25	55	29	52	19

注：一线城市、二线城市、三线城市、四线城市是针对 2009 年全年而言的。

资料来源：中国房产信息集团：《2010 年上半年中国房地产企业销售排行榜》，2010 年。

　　住房问题不仅是经济问题，更是影响社会稳定的重要民生问题。房地产业的良性发展不仅需要政府的有效调控，还需要通过房地产企业自身规范和金融机构的适度融资以及购房者的良性消费来实现。

参考文献

[1] 陈洪波：《美国房地产金融政策及对中国的启示》，载《中国房地产金融》2006 年第 2 期。

[2] 陈笑：《浅析房地产市场集中度对房价的影响》，载《人民论坛》2010 年第 32 期。

[3] 陈湛匀：《论外资流动和并购对我国房地产市场的影响》，载《中国城市经济》2011 年第 8 期。

[4] 冯俊华、沈静：《我国房地产类上市公司并购特点研究》，载《商业时代》2010 年第 6 期。

[5] 葛扬、贾春梅：《关于中国房地产业发展路径的分析》，载《经济纵横》2011 年第 10 期。

[6] 崔光灿：《房地产信贷、价格及市场供求关系研究》，载《金融论坛》2008 年第 12 期。

[7] 刘树枫：《我国房地产业集中与市场结构优化》，载《现代经济探讨》2009 年第 6 期。

[8] 欧阳强、李祝平：《我国房地产业现状与产业升级问题研究》，载《湖南财经高等专科学校学报》2004 年第 5 期。

[9] 欧阳文和、张璇：《中美房地产发展路径比较研究》，载《河北经贸大学学报》2011 年第 1 期。

[10] 潘爱民、王洪卫：《中国房地产市场的非有效性研究——理论分析与实证探讨》，载《上海财经大学学报（哲学社会科学版）》2008 年第 3 期。

[11] 上海易居房地产研究院综合研究部：《2010 年度全国房价收入比研究报告》，2011 年。

[12] 张巍、赵彦辉、陈伟：《中国房地产业市场集中度影响因素的实证研究》，载《建筑经济》2009 年第 5 期。

[13] 中国指数研究院数据信息中心：《中国保障性住房研究报告》。

[14] 周刚、孙尧、许远朋：《我国房地产市场结构探析》，载《重庆建筑大学学报》2001 年第 3 期。

[15] 周京奎：《产业集中型垄断与中国房地产市场结构优化》，载《生产力研究》2002 年第 3 期。

第 13 章

新常态下中国汽车制造业
集中度演变研究[*]

汽车工业（广义汽车制造业）按主导产品分为汽车（整车）、改装汽车、摩托车、车用发动机、汽车摩托车配件等。中国 2002 年修订的《国民经济行业分类》中明确界定了汽车整车制造业。真正反映一国汽车制造业水平和规模的是汽车整车制造业（狭义的汽车制造业）。中国汽车制造业市场结构研究针对汽车整车制造业的较少，多是从制造业或工业层面进行跨行业分析或者从汽车工业角度分析。

2009 年以来，中国汽车总产量、大型汽车生产企业规模达到甚至超过汽车强国的规模水平，中国汽车工业成为世界汽车工业的重要组成部分。中国是汽车生产大国但非汽车强国已成为共识，汽车制造业集中度不高一直伴随着中国汽车产业的发展。随着中国经济从高速增长转为中高速增长，从规模速度型粗放增长转向质量效率型集约增长，从要素投资驱动转向创新驱动，中国经济进入新常态发展，中国汽车制造业也步入新常态。研究中国汽车整车制造业集中度演变问题，对汽车制造业有效应对新常态发展和加快向汽车强国转变具有重要意义。

13.1   文 献 综 述

市场结构反映了一个产业中垄断与竞争的关系，垄断与竞争的不同组合就形成了市场结构的动态变化。关于制造业市场结构演变的研究文献中对于美国制造业的相关研究比较系统和典型。谢波德（Shepherd，1997）的实证研究结果表明，20 世纪 20 ~ 60 年代的美国制造业集中度增长趋势缓慢，属于寡头垄断市场结构。普赖尔（Pryor，2001，2002）指出，60 ~ 80 年代美国制造业集中度趋于稳定后，先下降后上升，属于寡头垄断市场结构，并分析了并购浪潮、信息技

---

* 本章作者为王继东、杨蕙馨，发表在《东岳论丛》2016 年第 6 期（文章有改动）。

术、经济全球化和电子商务对集中度的影响。杜传忠（2002）利用美国工业和制造业数据进行实证分析，得出西方国家 19 世纪末至 20 世纪 80 年代寡头垄断市场结构具有缓慢提高的趋势，并分析市场竞争、企业并购、现代企业制度、技术进步和政府反垄断政策等因素对市场结构的影响。余东华（2004）认为市场竞争和政府干预是影响 20 世纪 90 年代后美国制造业市场结构新的集中趋势的两大基本力量，企业兼并、经济国际化、企业制度的演变、技术创新等也是影响市场集中的重要因素。

中国制造业市场结构的研究开始于改革开放后。毛林根（1996）利用 1985 年第二次工业普查数据对 98 个工业小类产业的市场结构进行了研究，提出中国工业市场结构是分散竞争型结构，指出这种市场结构主要是由大规模产业集中度过低造成的。魏后凯（2002）利用 1995 年第三次工业普查数据进行分析，发现中国绝大多数制造业行业的产业集中度都非常低。刘戒骄（2003）认为中国产业集中度与经济发展的倒"U"形变动是经济发展的内在规律性、市场力量和政府干预共同促成的。江小涓（2002）得出跨国公司是促进中国汽车竞争性市场结构形成的重要因素。高国伟（2009）对中国制造业 28 个部门 2001 ~ 2007 年的数据进行研究，发现对外贸易使中国制造业的市场竞争增强。郭树龙（2014）认为 20 世纪 90 年代以来中国制造业集中度整体上升，私营经济和外资经济对集中度的影响存在一种非线性的 M 形关系。李晓钟、张小蒂（2011）认为中国汽车企业生产规模的扩大促进了中国汽车产业寡占型市场结构的形成。吴定玉、张治觉（2004）认为 FDI 在一定程度上促进了中国汽车行业集中度的提高。

理论和实践发展已经证明，制造业市场结构存在波动性变化，演变趋势是由分散竞争发展为寡头垄断，当制造业市场结构达到一定水平后，集中度会处于相对稳定的状态。汽车制造业是规模经济显著的产业，符合竞争市场结构向垄断结构演变的规律。寡占型的市场结构更有利于汽车制造业实现生产过程的专业化分工、协作、批量生产。

13.2　中国汽车制造业集中度的演变

集中度是决定和影响市场结构的首要因素，研究市场结构演变的文献资料常以集中度反映市场结构的变化。本章采用 CR_n 指数和赫芬达尔—赫希曼指数（HHI）指标来衡量集中度。CR_n 指数是指某一产业内最大的 n 家企业销售额（或职工人数、产量、资产总额等）市场份额之和。HHI 是指某一产业内每家企业市场份额的平方之和，一般选取产业内 50 家最大企业，如果少于 50 家企业则选取所有企业。HHI 指标是测量集中度的综合指数。

图 13 - 1 和图 13 - 2 显示，1956 年以来中国汽车制造业以产量衡量的 CR_4 呈

"U"形变化，市场结构经历了极高寡占型、高寡占型、中下寡占型、中上寡占型、高集中寡占型（按贝恩市场结构分类标准划分）的变化。中国汽车制造1956～1992年CR$_4$下降趋势明显，且处于反复波动状态，CR$_4$变动率多为负值。1992年后CR$_4$呈现明显上升趋势，CR$_4$变动率多为正值。2001年以来CR$_4$变动率基本都是正值，CR$_4$变动幅度不大，处于缓慢提高中。

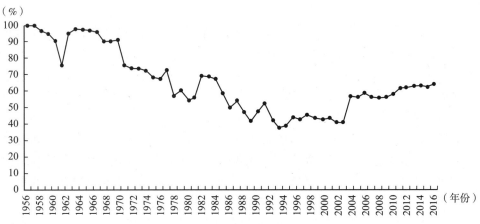

图13-1　1956～2014年中国汽车制造业CR4变动趋势

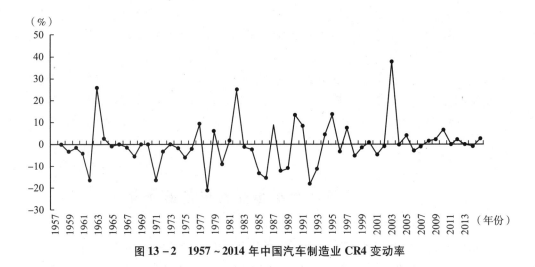

图13-2　1957～2014年中国汽车制造业CR4变动率

德国、日本、韩国、法国等国是国际公认的汽车强国，这些国家的汽车制造业属于极高寡占型市场结构，集中度比较稳定（见表13-1）。中国面临着汽车大国向汽车强国的转变，那么汽车强国汽车制造业市场结构的现状即是中国汽车制造业未来发展的趋势，如果加入这个趋势后中国汽车制造业的"U"形变化特征就更明显。

表 13 – 1　　　　　　　　中国与汽车强国汽车制造业集中度比较

年份	法国	韩国	日本	德国	中国
2006	86. 27	72. 11	58. 88	70. 65	46. 25
2007	83. 34	69. 14	58. 43	72. 17	47. 07
2008	80. 42	78. 11	64. 53	73. 98	48. 95
2009	81. 42	78. 11	67. 38	74. 16	47. 99
2010	85. 64	73. 98	64. 92	76. 50	48. 95
2011	87. 89	74. 96	66. 04	80. 57	52. 02
2012	83. 69	76. 20	66. 68	79. 31	52. 25
2013	83. 06	69. 12	64. 72	82. 90	52. 39
2014	82. 51	79. 31	63. 73	82. 71	53. 10

注：法国是 CR_2，韩国是 CR_1，其余是 CR_3，中国计算的是所有汽车品牌。
资料来源：根据 OICA 自主品牌汽车产量数据计算而得。

　　按照 HHI 市场结构分类标准判断，1993 年以来，中国汽车制造业经历了竞争型向寡占型的演变过程，符合市场经济条件下，制造业由分散竞争逐渐发展为寡头垄断的演变规律。CR_4、CR_8 为指标的贝恩分类标准和 HHI 分类标准衡量的中国汽车制造业市场结构类型存在一定差异（见表 13 – 2）。1993 ~ 2000 年 CR_4 和 CR_8 判断的市场结构属于中下集中寡占型，HHI 值判断的市场结构属于竞争 I 型。2009 ~ 2014 年 CR_4 判断的市场结构是高集中寡占型，CR_8 判断的是中上集中寡占型，HHI 则是低寡占 II 型。

表 13 – 2　　　　　　　　中国汽车制造业市场结构的变化

CR_4	1956 ~ 1970 年	1971 ~ 1975 年	1976 年	1977 年	1978 年	1979 ~ 1980 年
	极高寡占	中上集中	高集中	中上集中	高集中	中上集中
	1981 ~ 1983 年	1984 年	1985 年	1986 年	1987 ~ 1989 年	1990 年
	高集中	中上集中	中下集中	中上集中	中下集中	中上集中
	1991 ~ 2001 年	2002 ~ 2008 年				2009 ~ 2014 年
	中下集中	中上集中				高集中
CR_4	1993 ~ 2001 年	2002 年	2003 年	2004 年	2005 ~ 2006 年	2007 ~ 2014 年
	中下集中	中上集中	中下集中	中上集中	中下集中	中上集中
HHI	1993 ~ 2003 年			2004 年	2005 ~ 2006 年	2007 ~ 2014 年
	竞争 I 型			低寡占 II 型	竞争 I 型	低寡占 II 型

资料来源：根据历年《中国汽车工业统计年鉴》数据的计算结果整理而得。

造成这种差异的原因在于中国汽车厂商数量较多，大型汽车厂商市场份额不高，第一大与第二大厂商市场份额没有拉开差距（见表 13 - 3）。世界汽车强国极高寡占型市场结构下的企业数目不多，大型汽车集团的市场份额比较高。如韩国现代集团的汽车产量占韩国汽车总产量的 80% 左右；法国汽车制造业主要有标致雪铁龙、雷诺两家汽车集团；德国的汽车制造业商主要是大众、戴姆勒、宝马三家汽车集团。

表 13 - 3   主要汽车生产国市场结构比较

地区	市场结构类型	集中度水平	第一大企业占比	第一大与第二大企业份额差距
德国	极高寡占型	70% ~ 80%	30% ~ 40%	较大差距（10 ~ 20 个百分点）
日本	极高寡占型	70% 左右	30% ~ 40%	较大差距（20 ~ 30 个百分点）
法国	极高寡占型	80% 以上	50% 以上	较大差距（15 ~ 30 个百分点）
韩国	极高寡占型	80% 左右	70% 以上	差距最大（50 个百分点）
中国	中上寡占型	60% 左右	20% 左右	差距不大（10 个百分点）

资料来源：根据历年《中国汽车工业统计年鉴》数据的计算结果整理而得。

13.3　中国汽车制造业集中度演变的影响因素分析

文献资料显示，制造业集中度演变会受到经济发展、政府政策、外资、技术进步、并购、市场规模等多种因素影响，这些因素交织在一起，共同推动集中度（市场结构）的演变，可以将影响因素归纳为政策性因素、市场环境因素、市场行为因素。

13.3.1　政策性因素

中国汽车制造业 CR_4 在 1992 年达到历史低点，按照贝恩市场结构分类（CR_4）标准判断，中国汽车制造业一直处于寡占型的市场结构（见表 13 -3），中国汽车制造业的"U"形变化与中国经济体制、政策的变化密切相关。

1956 ~ 1978 年中国实行高度集中的计划经济体制，以行政手段对汽车制造业进行资源配置，生产什么，如何生产，生产多少都由国家计划决定。这期间集中度变动幅度较大发生在 1958 ~ 1960 年的三年"大跃进"和 1966 ~ 1976 年的"文化大革命"。1978 年十一届三中全会后，中国开始计划经济体制向市场经济体制过渡，逐渐发挥市场资源配置的作用和提高汽车企业竞争意识。1993 年以来，中国全面向社会主义市场经济体制转变。为推动汽车产业发展，1994 年国务院颁布《汽车工业产业政策》,这是中国第一部行业政策性法规。2001年中国加入WTO,中国市场逐渐向国外汽车制造商开放,中国汽车制造业的合资合作进入全面发展阶段,2002年汽车制造业集中度出现明显的跳跃式提高。2009年国家出台《汽车产业调整和振兴规划》,同年中国汽车产量位居世界榜首,汽车制造业的 CR_4 从50%升至60%以上。2013年1月《关于加快推进重点行业企业兼并重组的指导意见》再次提出要大力推动自主品牌发展,培育企业核心竞争力,表明中国努力向汽车强国转变。这些政策的颁布、实施对汽车企业具有明确的指导意义,对汽车制造业市场结构的变化影响是显著的。可见,中国汽车制造业集中度变化一直受到政策性因素的影响。

特别是"市场换技术"的汽车产业发展战略对中国汽车制造业影响较大。1984年1月,北京汽车制造厂和美国汽车公司合资的北京吉普汽车有限公司成立,随后广州标致、一汽大众、江西五十铃等合资公司陆续成立。1981年中国汽车企业有50多个,1985年增加到114个;随着企业数量的大量增加,汽车制造业的 CR_4 从1981年的69%下降至1985年的50%。20世纪90年代末,中国部分汽车企业通过上市融资扩大企业规模。中国加入世贸组织后,丰田、通用、福特等跨国公司纷纷与国内排名前列的汽车企业建立合资企业(见表13-4)。合资后,中国汽车企业规模开始出现明显分化,外商直接投资提高了中国汽车制造业集中度。1998年汽车制造业中国有企业有66个,外资企业有14个;2014年国有企业数量减少到13个,外资企业数量增加到37个。中国形成了以合资企业为生产主体,外资品牌为主要销售品牌的状况。

表13-4　　　　　　　跨国汽车公司与中国国内汽车企业合资状况

系别及品牌	合资企业	外资汽车公司	中国汽车公司
日系(丰田、日产、本田、斯巴鲁、马自达、三菱、五十铃、铃木、大发)	一汽丰田	丰田公司	一汽集团
	广汽丰田		广汽集团
	东风日产	日产公司	东风集团
	广汽本田	本田公司	广汽集团
	东风本田		东风集团
	一汽马自达	马自达公司	一汽集团
	长安马自达		长安集团
	长安铃木	铃木公司	长安集团
德系(奔驰、宝马、奥迪、大众、保时捷)	一汽大众	大众公司	一汽集团
	上海大众		上汽集团
	华晨宝马	宝马集团	华晨集团
	北京奔驰	戴姆勒股份公司	北汽集团

续表

系别及品牌	合资企业	外资汽车公司	中国汽车公司
美系（别克、福特、克莱斯勒、林肯、雪佛兰、卡迪拉克、道奇）	上海通用	通用公司	上汽集团
	长安福特马自达	福特、马自达	长安集团
	一汽通用	通用公司	一汽集团
韩系（现代、起亚）	北京现代	现代集团	北汽集团
	东风悦达起亚	起亚集团	东风集团
法系（雷诺、标致、雪铁龙）	神龙汽车	雪铁龙公司	东风集团

注：2000 年韩国起亚公司和现代汽车公司成立现代起亚汽车集团；长安福特马自达合资公司是中、日、美三方。

资料来源：根据历年《中国汽车工业统计年鉴》数据的计算结果整理而得。

13.3.2　市场环境因素

2008 年国际金融危机后，中国汽车产销量出现了"爆发式"增长。2009 年以来中国成为最大汽车生产国，2015 年汽车产量世界占比达到 27%。中国经济的快速增长，使得中国居民购买能力不断提高，中国汽车保有量迅速增加，但中国人均汽车拥有量绝对数远低于美国、日本等发达国家，导致在中国生产的整车基本是内销，2014 年中国汽车出口销售量仅占汽车总销售量的 4%，汽车私人消费成为中国汽车制造业的主要推动力。

市场规模是影响市场集中度的重要变量。市场规模扩大时，在位大厂商会率先增加生产，提高份额，此时市场集中度会提高；如果市场规模增长幅度超过大企业扩张速度时，会有更多企业进入，此时市场集中度下降。图 13 - 3 显示 1956 年以来汽车生产企业数量变化，1993 年前汽车生产企业数量不断增加，汽车厂商净进入率基本都是正值，进入壁垒不高；1993 年后汽车生产企业数量相对比较稳定，1993 年后汽车厂商净进入率基本是零或负值，进入和退出壁垒都较高。

图 13 - 3　1956～2014 年中国汽车生产企业数量

资料来源：根据历年《中国汽车工业统计年鉴》数据的计算结果整理而得。

当汽车总产量迅速增长时，如果排名前列的在位汽车厂商无法实现产出的相应调整，集中度或市场结构就会出现波动性的变化特征。图 13-4 表示 1994 年以来汽车总产量增长率与四大厂商、八大厂商产量增长率的比较，当四大厂商、八大厂商产量增长率高于汽车总产量增长率时，则集中度会提高；反之集中度会下降；当增长率相近时，则集中度变化不大。2013 汽车总产量增长 14.76%，同期的前四、前八、前十产量增长分别是 13.67%、15.77%、14.79%，相应的 CR_4 出现下降，CR_8、CR_{10} 出现上升；2002 年、2009 年前四、前八、前十产量增幅明显高于汽车总产量增幅，所以 2002 年和 2009 年集中度出现大幅提高。

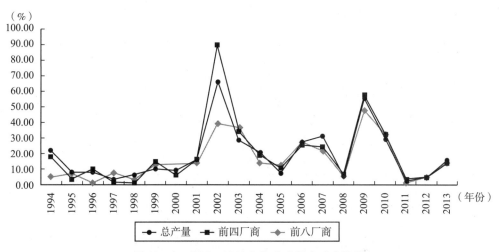

图 13-4 1994～2014 年汽车产量变动率比较

资料来源：根据历年《中国汽车工业统计年鉴》数据的计算结果整理而得。

13.3.3 市场行为因素

国家政策、制度的制定和实施会影响到企业的各种决策行为，如研发行为、投资行为等，企业实施的市场行为会直接影响市场结构的变化。

（1）技术创新行为。自主品牌汽车的发展决定了汽车制造业的发展状况，而汽车技术因素直接决定了汽车品牌的发展。发达国家汽车产业通过自主研发，形成拥有自主知识产权的民族汽车工业，属于自主开放性发展模型；发展中国家采用共同经营型发展模式和外资主导型发展模式，前者政府引进国外技术，但限制国外直接投资的股权比例，如韩国。中国"以市场换技术"属于外资主导型发展模式。

中国自主品牌汽车技术来源有三类模式：第一，逆向开发，以模仿起步的研发；第二，委托开发和联合开发，即委托或联合外国公司设计与自主开发相结合；第三，购买国外汽车技术，在此技术基础上改进创新。很多企业是多种研发模式并用的。中国购买的外国汽车技术主要来源于美国、德国、日本、法国等汽车强国的汽车企业。随着资源、能源短缺和环境污染问题日益严重，低成本、节能、绿色环保、智能化为汽车产业发展的主要方向，汽车制造业竞争已经演变为技术竞争。

（2）企业并购。国外汽车制造业集中度变化和大型汽车集团的形成都离不开并购。20 世纪 90 年代以来，中国政府更加鼓励汽车企业的兼并重组。2004 年的《汽车产业发展政策》、2007 年的《中国汽车工业"十一五"发展规划》、2009年的《汽车产业调整和振兴规划》、2012 年的《工业转型升级规划（2011~2015年)》、2013 年十二部委联合发布的《关于加快推进重点行业企业兼并重组的指导意见》，这些文件的陆续出台充分表明政府支持和鼓励汽车企业并购重组，培育具有国际竞争力的大型汽车集团已成为政策关注点。

表 13-5 显示，2001 年以来，中国汽车制造业产业内并购的战略意义主要是完善产品门类，扩大销售服务网点和生产规模、实现生产布局优化。2007 年 12月，上汽并购南汽，并购后上汽集团超过一汽集团成为中国规模最大的汽车集团。中国汽车企业并购很多是政府撮合推动形成的。中国存在众多的汽车企业，总体规模经济不高，产业内并购趋势未来会更加明显。

表 13 - 5　　　　　　2001 年以来中国汽车企业主要并购案例

时间	兼并重组对象	战略意义
2002 年 6 月	一汽重组天津汽车夏利公司	天津汽车作为一汽集团经济型乘用车的生产基地
2004 年 11 月	长安汽车股份有限公司和江铃汽车集团公司共同出资	实现中、中合作的国内首家汽车制造企业，组建江西江铃控股有限公司
2007 年 6 月	上汽和依维柯、重庆红岩联合	组建上汽依维柯红岩商用车有限公司
2007 年 12 月	上汽集团重组南汽集团所属的跃进集团签署合作协议	两企业合并后成为中国最大的汽车集团
2009 年 5 月	广汽重组湖南长丰汽车	实现产业整合
2009 年 11 月	长安整合昌河、哈飞	将中航下属昌河、哈飞等汽车项目并入长安汽车集团
2010 年 4 月	广汽收购吉奥汽车	成立广汽吉奥汽车有限公司
2010 年 8 月	北汽重组广州宝龙集团轻型汽车制造	全资子公司的形式建设华南基地
2010 年 8 月	重汽重组成都王牌汽车公司	是重汽集团在省外的第一家最具规模的整车生产企业
2012 年 7 月	江铃汽车收购太原长安重型汽车公司	成立江铃重型汽车有限公司
2012 年 11 月	广汽集团就和奇瑞集团建立战略联盟合作	中国首次的本土企业联手
2013 年 8 月	广汽集团全资子公司广汽乘用车公司重组中兴宜昌分公司	共同生产乘用车

资料来源：根据相关报道整理。

综上所述，中国汽车制造业集中度的变化是政策、并购、外资等因素共同作用的结果（见图13-5），特别是政策性因素的影响更加直接和明显，中国汽车制造业的每一步发展都与政策变化密不可分。汽车企业并购及外资企业的进入改变国内汽车企业的规模，从而影响集中度。随着中国居民收入、消费能力的不断提高，中国汽车消费需求也不断升级。随着国内外经济形势、自然环境、能源状况的改变，汽车企业更加重视对新技术研发。可见，对外部环境的适应和由此引起市场结构的演变是产业组织形态变化和调整的基本动因。

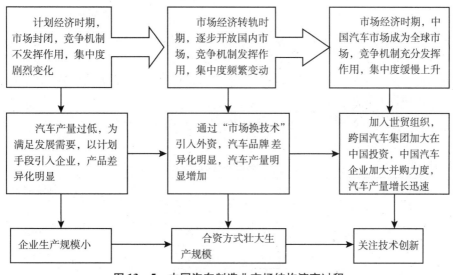

图13-5　中国汽车制造业市场结构演变过程

13.4　中国汽车制造业集中度演变的实证分析

13.4.1　数据来源及说明

中国整车生产企业共有25家上市公司，其中20家在上海或深圳上市，4家同时在上海和香港上市，1家在香港上市。数据选择原则：（1）企业主营业务是汽车整车生产；（2）具有2001~2013年公司年报。根据这两个原则，剔除松辽汽车、比亚迪、吉利、广汽、长城、中国重汽、海马汽车、力帆股份8家车企，共有17家公司，221个数据，对于年报中有调整的数据以最新年报数据为准。

13.4.2 变量选择及模型设定

根据文献资料，变量指标选择如表 13 – 6 所示。集中度指标以 CR_4 和 HHI 表示。政策性因素引入虚拟变量表示，2001 年 11 月中国加入世贸组织，2001 年（含 2001 年）前为 0，2001 年后为 1。市场规模以经济增长率表示。外商直接投资通过汽车制造业中外商投资企业工业总产值占比表示。进入退出壁垒以汽车厂商净进入率表示。技术创新因素一般以研发金额或研发投入占营业收入比重衡量，但中国上市汽车企业只在 2012 年、2013 年的年报中单独列出研发经费。研发经费有的计入现金流量表的"支付的其他与经营活动有关的现金"科目，有的计入管理费用中的"研究与开发费用"，数据无法准确获得，本章以技术研发人员占从业人员比重替代。企业规模用企业总资产表示，进行对数处理。根据所选变量，采用回归模型，则模型设定为：

$$CR4_{it}(HHI) = \alpha_1 FDI_t + \alpha_2 tech_{it} + \alpha_3 lnscale_{it} + \alpha_4 barr + \alpha_5 d + \alpha_6 gdp + \alpha_0 + \varepsilon$$

表 13 – 6 变量的说明

指标类别	指标名称	指标说明	指标代码
被解释变量	CR_n 指数	生产量指标衡量	CR_4
	赫芬达尔 – 赫希曼指数	生产量指标衡量	HHI
解释变量	政策性因素	虚拟变量	d
	市场规模	经济增长率	gdp
	外商直接投资	外资企业工业总产值占比	FDI
	进入退出壁垒	汽车厂商净进入率	barr
	技术创新因素	研发人员占从业人员比重	tech
	企业规模	企业总资产	Inscale

13.4.3 实证结果及建议

本章使用的是上市汽车企业的面板数据，该面板数据是短面板、平衡面板。通过 Stata10 进行运算，LSDV 法检验显示 CR_4、HHI 两个模型中大多数个体虚拟变量均很显著，认为存在个体效应；通过 LM 检验判断随机效应和混合效应，LM 检验结果显示存在个体随机效应；豪斯曼检验的 p 值为 0，所以 CR_4、HHI 两个模型确定使用固定效应模型。CR_4、HHI 组内 R2 分别是 0.96 和 0.92，具体回归结果如表 13 – 7 所示。政策性因素、FDI、企业规模对集中度是显著的正向影响，经济增长率对集中度是显著的负向影响。经济增长率越高，居民购买力越强，汽车市场规模越大，集中度会下降。汽车制造业是规模经济显著的产业，企业规模扩大有利于集中度提高，国内汽车企业与跨国汽车公司合资，进一步壮大企业规模。政策性因素对中国汽车制造业市场结构的影响一直贯穿始终。进入退出壁垒和技术创新因素对集中度的影响不显著。

表 13 - 7　　　　　　　　　　　　固定效应模型回归结果

CR$_4$	FDI	tech	lnscale	barr
Coef.	0.471 *** (0.035)	0.011 (0.01)	0.785 *** (0.170)	0.331 (0.091)
CR$_4$	d	gdp	Cons	
Coef.	17.978 *** (0.384)	-1.019 *** (0.052)	38.902 *** (0.687)	
HHI	FDI	tech	lnscale	Barr
Coef.	13.315 *** (1.449)	0.259 (0.415)	44.504 *** (6.969)	4.622 (3.71)
HHI	d	gdp	Cons	
Coef.	451.423 *** (15.737)	-38.554 *** (2.113)	554.086 *** (28.111)	

注：*** 表示显著性水平在1%水平上。

汽车制造业集中度不高，导致产业内资源配置不合理，规模经济不显著。因此，为加快实现向汽车强国的转变和有效应对经济新常态的变化，应充分发挥政策性因素，通过政府政策引导推动汽车企业加大产业内并购力度和速度，实现产业内资源整合；政府部门应进一步提高进入壁垒降低退出壁垒，实现集中度的快速提高。

经济新常态下的经济发展动力由要素驱动、投资驱动转向创新驱动，汽车制造业的竞争优势逐渐从低成本、质量转向效率、技术创新。中国汽车企业应加大研发力度，通过技术创新，发展自主品牌汽车，提高国际竞争力，通过产品升级，实现产业升级。企业规模因素对集中度影响显著，应充分发挥中国大型汽车集团的示范带动作用。

随着大城市的汽车限购政策、政府环境治理力度的加大、居民环保意识的提高，加上中国经济增长放缓，中国汽车市场会逐渐达到饱和，中国汽车国内销售为主的局面会逐步转为"走出去"的新常态。中国汽车生产企业应抓住"一带一路"发展契机，实施走出去的战略，积极开拓新的市场，实现中国汽车制造业的国际化经营。

参考文献

［1］William G. Shepherd. *The Economics of Industrial Organization*：*Analysis*，*Markets*，*Policies* ［M］. Prentice – Hall，1997.

［2］F. L. Pryor. New Trends in US Industrial Concentration ［J］. *Reviews of Industrial organization*，2001（18）：301 – 326.

［3］F. L. Pryor. News from the Monopoly Front：Changes in Industrial Concentration，1992 – 1997 ［J］. *Review of Industrial Organization*，2002（20）：183 – 185.

［4］杜传忠：《西方国家寡头垄断市场结构的发展及其机制》，载《产业经济评论》2002年第 11 期。

［5］余东华：《美国制造业集中趋势及作用机制》，载《世界经济研究》2004 年第 11 期。

［6］毛林根：《结构行为效果——中国工业产业组织研究》，人民出版社 1996 年版。

［7］魏后凯：《中国制造业状况及其国际比较》，载《中国工业经济》2002 年第 1 期。

［8］刘戒骄：《市场竞争、经济绩效与产业集中评价》，载《中国工业经济》2003 年第 9 期。

［9］江小涓：《跨国投资、市场结构与外商投资企业的竞争行为》，载《经济研究》2002年第 9 期。

［10］高国伟、彭秋莲：《对外贸易与中国制造业的市场结构》，载《中央财经大学学报》2009 年第 5 期。

［11］郭树龙、李启航：《中国制造业市场集中度动态变化及其影响因素研究》，载《经济学家》2014 年第 3 期。

［12］李晓钟、张小蒂：《中国汽车产业市场结构与市场绩效研究》，载《中国工业经济》2011 年第 3 期。

［13］吴定玉、张治觉：《外商直接投资与中国汽车行业市场集中度：实证研究》，载《世界经济研究》2004 年第 4 期。

［14］何维达、刘满凤：《入世后中国汽车工业安全度的 DEA 模型估算》，载《首都经济贸易大学学报》2005 年第 2 期。

［15］杜传忠：《市场集中与空间集聚：现代产业组织演进的两条基本路径》，载《中国工业经济》2009 年第 7 期。

［16］Scherer，F. M.，*Industrial Market Structure and Economic Performance* ［M］. Chicago：Rand – McNally，1970：3 – 7.

［17］Strickland A. D. Weiss，L. W.，Advertising，Competition，and Price – Cost Margin ［J］. *Journal of political Economy*，1976，84（5）：1109 – 1121.

［18］杜漪、樊文英：《我国广告费用与销售额关系的实证研究》，载《山西农业大学学报（社会科学版）》2009 年第 8 期。

［19］吴延兵：《市场结构、产权结构与 R&D——中国制造业的实证分析》，载《统计研究》2007 年第 5 期。

［20］刘小玄：《中国转轨经济中的产权结构与市场结构——产业绩效水平的决定因素》，载《经济研究》2003 年第 1 期。

［21］Cohen，W.，Levin R.，Empirical studies of innovation and market structure ［A］. Schmalensee and Robert D. Willig. Handbook of Industrial Organization ［C］. Amsterdam：North – Holland，1989（2）：1059 – 110.

［22］杨蕙馨、冯文娜、王军等：《产业组织与企业成长——国际金融危机后的考察》，经济科学出版社 2015 年版。

第 14 章

市场结构、技术创新与彩电企业竞争力：
从国内彩电价格战谈起[*]

对于彩电业来说，"价格战"早已不陌生。今天，"价格战"① 究竟在彩电业发展过程中充当何种角色，价格战是否属于恶性竞争、是否不可避免，彩电业的出路何在、怎样才能真正提高企业竞争力等问题成为人们关心讨论的热门话题。

14.1 中国彩电业价格战的历程

我国彩电业起步较晚，1971 年 9 月，天津无线电厂试制成功第一台彩色电视机。1981 年和 1982 年首批引进 3 条彩电装配生产线建成投产后，我国彩电业才真正起步。1980 年产量仅有 3.21 万台，1988 年突破 1000 万台大关，1999 年产量就高达 3528 万台，2000 年产量已超过 4000 万台，中国电视机产量从 1990 年起一直排名世界第一。

遗憾的是，我国在发展彩电业过程中由于体制和政策的失误，在企业规模、产业组织方面存在不少问题，为以后彩电业的正常发展埋下了隐患，并成为价格战频频爆发的一个主要原因。根据价格战爆发的不同原因及不同影响，将彩电业发生的价格战分为以下三个阶段。

14.1.1 刺激需求阶段（1989~1995 年）

20 世纪 90 年代之前，国家控制着彩电价格，企业基本上没有定价权。

---

* 本章作者为杨蕙馨、刘敬慧，发表在《南开经济研究》2002 年第 1 期（文章有改动）。

① 定价行为是企业重要的市场行为之一。在不同的市场结构下，企业的定价行为是不同的。企业定价行为一般包括如何定价、定价之后如何视竞争情况调高和降低价格。现实生活中人们常把价格战混同于降价战，本章按习惯用法，除非另有说明，一般把价格战等同于企业间的降价战。

1986 年以后，彩电供给严重短缺，彩电票在黑市上以几百元的价格流通，在正常渠道很少见到彩电销售。1988 年严重通货膨胀导致了一场抢购风，彩电的供需矛盾变得更加尖锐。但是到 1989 年，抢购风已逐渐降温，消费者持币观望气氛浓重，彩电销售量剧减，造成产品大量积压。为刺激需求，减少库存，1989 年 8 月长虹率先降价，随后其他企业跟随降价，第一次彩电价格战揭开了序幕。

这次降价对于今后彩电业的发展格局影响深远。首先它最终导致了凭票销售制度的废除，打破了政府对彩电产量和价格的控制，企业拥有了定价权。这也标志着价格放开后，降价促销成为企业在竞争中最常用的手段。其次，客观上激活了彩电业内的竞争，那些技术领先、管理完善、成本较低的优势企业脱颖而出，彩电业形成了向名牌产品集中的趋势，国产品牌在国内市场上的竞争优势初步形成。1986～1989 年，国内彩电品牌有 20 多个，到 1996 年，相当一部分品牌已退出市场或处于销售困难局面，而长虹、康佳、海信、创维、长城、牡丹、厦华等名牌彩电已具相当规模，进口彩电"一统江湖"的局面一去不复返。最后，这一时期消费者对彩电的需求弹性较大，市场即期需求扩大，率先降价者能在竞争对手跟随降价之前获得一定的市场份额，并有机会获得顾客的忠诚感，为后来的跟进者制造了进入壁垒。

14.1.2　争夺市场份额阶段（1996 年前后）

第一阶段的价格竞争使一些优势企业的规模扩大，但由于我国市场经济体制尚不健全，劣势企业难以被优势企业兼并或退出，市场集中度仍然偏低。面对此情此景，优势企业就具有极强的欲望通过降价争夺市场份额，达到增加利润和扩大品牌知名度的目的。与此同时，技术进步和管理水平的提高也为企业提供了降价空间。1996 年 3 月，长虹再次领先降价，不久其他品牌的彩电包括进口彩电都下调了价格，第二次价格战燃起。

第二阶段价格战的结果是：首先，国产品牌最终在国内市场上占据了明显优势。1996 年，国产品牌彩电市场占有率达到 72.5%，国外品牌在中国市场逐渐萎缩，1995 年进口电视机 116 万台，1996 年进口 42 万台，比上一年下降 63.8%。其次，市场集中度进一步提高，CR_8 达到 67%，最大 20 家电视机厂的赫芬达尔系数不断提高（见表 14-1）。再次，长虹、康佳和 TCL 等企业的市场领先地位最终确立，市场结构逐步由分散的竞争型市场向垄断竞争过渡。最后，竞争的压力使企业加大了成本控制和拓展国外市场的努力，加快了技术创新步伐，加大 R&D 投入，创新尤其是技术创新成为支撑价格战的一个强有力武器，价格战已渐渐演变成实质上的技术创新战。

表 14−1　　　　　　　电视机厂的集中度（赫芬达尔系数）

	1986 年	1989 年	1990 年	1991 年	1992 年	1993 年	1994 年	1995 年	1996 年
最大 20 家电视机厂	0.060	0.056	0.057	0.059	0.085	0.073	0.086	0.091	0.102

资料来源：江小涓等：《体制转轨中的增长、绩效与产业组织变化——对中国若干行业的实证研究》，上海三联书店、上海人民出版社 1999 年版。

14.1.3　"恶性"（过度）竞争阶段（1997 年至今）

前两轮价格战极大地提高了整个彩电业的竞争力，原有企业生产能力过剩、经营困难，但是依然有部分实力较强的家电企业如海尔又加入了本就激烈的彩电生产行列[1]，这种行为对新进入者而言是"理性投资"。既然企业都想占有更大的市场份额，那么再一轮的价格战就不可避免。

该阶段价格战的显著特点是市场换位频繁，竞争更加剧烈。如长虹的市场占有率从 1999 年第一季度的 32.7% 下降到 2000 年第一季度的 21.63%，与第 2 名、第 3 名之间的距离明显缩小，长虹在国内彩电业"第一"的地位已被动摇，长虹、康佳、TCL 三者难分上下。同时，市场集中度进一步提高，2000 年第一季度的 CR_8 从 1996 年的 67% 上升到 80.07%。[2]

几次降价起因各不相同，性质也较为复杂，对每个企业来说似乎都有降价的充分理由，但不可否认的是近几年彩电业激烈的竞争使得整个行业平均利润率大大降低。企业通过降价已难以提高市场份额，并且每增加一个百分点的市场占有率都要付出更大的代价，结果可能是市场份额小幅提高而利润大幅下降。现在整个彩电行业的利润率已低于 0.1%，令人担忧。

14.2　企业定价行为与企业利润率

产业组织理论认为，市场结构与企业行为和绩效之间存在着相互作用的复杂关系，如图 14−1 所示。本文讨论的重点是市场结构、技术创新与企业定价行为对企业竞争力的影响。企业定价行为的目标在短期要维持市场份额和稳定利润，在长期则要维持和扩大市场份额，控制供给，实现长期利润最大化。利润率主要度量企业静态绩效，而动态绩效则表现在技术创新（进步）的速度上。

---

[1]　这种新进入者获得的市场份额不是靠市场需求量的扩大，而是由于新进入者的进入行为使得在位者的市场份额减少，亦即"商业盗窃效应"（business stealing effect）的存在。

[2]　根据百家商场彩电前 10 个品牌市场份额调查数据计算。资料来源：http://ceiinet.gov.cn。

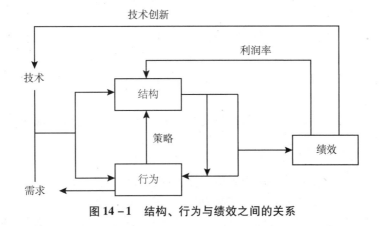

图 14 - 1　结构、行为与绩效之间的关系

　　企业市场竞争手段有多种，依据其可替代的速度区分为短期手段和长期手段。从理论上说，企业短期定价模型主要有古诺特模型、双需求曲线模型、折曲的需求曲线模型等，这些模型主要考虑的是现有竞争对手之间察觉得到或察觉不到相互依赖性的价格竞争策略①。而长期定价行为则不仅考虑现有竞争对手，还考虑潜在的和过去的竞争对手，即企业定价行为如何影响企业的"生"与"死"，也就是进入与退出，如阻止进入定价、价格歧视和驱除对手定价（即掠夺性定价）。图 14 - 2 粗略地概括了企业不同阶段的竞争可采用的手段。

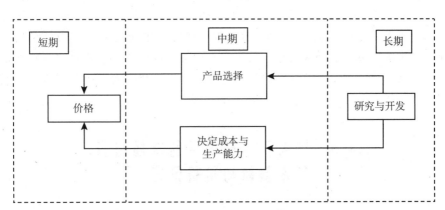

图 14 - 2　企业不同阶段竞争供选择的手段

---

　　① 此外，还有成本加成或完全成本定价等经验定价法。舆论似乎要让人感到企业降价是被"诅咒的"，原因在于会减少企业利润，使部分"弱势"企业亏损。笔者认为，在政府控制彩电定价权的年代，往往是以同行业中"最差"企业的"成本"或"完全成本"加上"既定"利润定价的。市场经济中，企业拥有定价权，除非企业拥有垄断势力，否则是不能依据自己的全成本加上既定利润来定价的，只能在考虑市场需求的前提下，参考其他竞争对手的价格来定价。在供大于求时，通过降价迫使那些"弱势"企业退出，是符合竞争规则的。

让我们来看彩电业的降价。1989年8月，长虹降价揭开了第一次彩电价格战的序幕。第一，长虹此次降价应属驱除对手的定价行为，这种价格行为不仅在短期要扩大自己的市场份额，更重要的是要长期有效地控制供给；第二，驱除对手定价行为往往是实力雄厚的大企业发起，长虹恰恰是行业中的"领导"企业。

1996年3月，长虹再次领先燃起第二次价格战的战火。应当说这是第一次价格战的直接延续。经济学理论指出，作为一种追求长期利润最大化的手段，驱除对手定价行为不外乎三种结果：一是价格战发起者凭借雄厚的实力，通过降价迫使对手宣布停产或被兼并，达到驱除或消灭现有对手的目的；二是给准备进入的潜在竞争者警告，使其不敢"轻举妄动"；三是教训不合作的竞争对手。由于当时体制方面的原因，统一市场没有形成以及家电企业试图通过多样化分散经营风险等，长虹再次降价只是部分实现了目标。另外，降价手段的局限性也限制了降价目标的实现。①

1997年至今绵延不断的价格战，无论对于挑起者还是对于应战者，目的大概不是一两句话能说清的。根据古诺特模型，市场价格和每个企业的利润随企业数量的增加而减少，而且由于市场价格随企业数量的增加而降低，行业总利润也随之减少。因为企业数量变得很大时，市场价格趋向于竞争性价格，即价格等于边际成本。

既然降价不但未使彩电业的大规模兼并浪潮展开，还有新进入者不断进入，那么，面对既定的市场容量和过剩的生产能力，在位者的首选策略必是降价促销。如果再考虑到中国加入WTO，放眼整个国际彩电市场需求与市场结构，供大于求和中国彩电企业规模过小，技术水平中等，这种竞争态势对中国彩电企业提出了严峻的挑战。鉴于此，今天的彩电企业降价，在国内市场的逐杀实际上是迎接国内市场开放和国外"大狼"进入的序曲。

14.3 供大于求格局下的市场结构、技术创新与价格策略

我国彩电业在20多年的发展中，市场结构发生了明显变化，具体体现在市场集中度提高上，长虹、康佳、TCL前三名的市场占有率总和已超过50%。不同的市场结构影响着企业定价行为及其绩效。1998年后，国内彩电市场已趋于饱和，需求弹性降低，在供大于求的形势下，企业通过降价争夺市场份额已难有作

---

① 降价手段的局限性表现在：降价最易模仿；率先降价企业易招致对手的报复；降价过度会对产品和企业形象产生负面影响；降价对需求的刺激是有限的，即期需求扩大后，会伴随远期需求的下降。这些都会使降价目标的实现受到阻碍，甚至会使企业间的力量对比发生逆转。

为，但又不得不为之，结果是价格战愈演愈烈没有停息的迹象。两企业博弈对此做出了分析。假设彩电业内只存在两个企业 A 和 B，且两企业势均力敌，其中某一企业对另一企业的降价有两种态度：降价和不降价。首先打算降价的企业也考虑两种情况：对方可能跟随降价，也可能不降价。假如 A 企业降价而 B 企业不降价，A 收益（比如市场占有率提高后利润的增加）为 5 个单位，B 损失（市场占有率下降后利润减少）4 个单位；同理若 B 企业降价而 A 企业不降价，则 B 收益 5 个单位，A 损失 4 个单位。当 A、B 同时降价时，都损失 1 个单位（市场占有率不变，但利润减少）；相反若双方都不降价，则各自维持 2 个单位的收益（见图 14 - 3）。很明显在这场博弈中，最优战略是都不降价，但是这种均衡是不稳定的。既然无法阻止对方降价，况且对方降价自己必须跟随，否则就会损失更大的市场份额，所以就有积极性率先降价，结果是双方只能获取较低利润。更糟的是，两企业可能会陷入无止境的再博弈的恶性循环中。

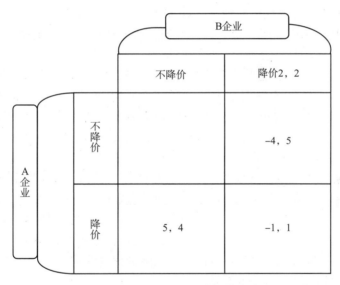

图 14 - 3　两企业的博弈矩阵

有什么办法可以阻止这一恶性竞争呢？理论上说，避免价格战必须具备 4 个条件：第一，企业都必须对各自的实力充分了解；第二，双方都本着合作共享的愿望，共同生存，维持现有"均衡"；第三，任一企业都能够将自己的意图准确及时地传达给对方；第四，任一企业都明白，若违反游戏规则，会立刻受到对方的报复。遗憾的是，同时满足四个条件是非常困难的。现实世界中只有在由少数厂商控制的市场上这种勾结策略才可能起作用。当企业数量远远超过 2 个并且各企业间差距较小时，每个企业都想把自己做大，而没有合作的愿望，尤其当有新进入者参与价格竞争时，即使某些企业不愿交战，也很难把意图准确地传达给其他企业，此时任一企业率先降价都会引起新一轮降价大战。另外，目前我国彩电业尚未有任何一个企业有足够的实力在某一企业降价时给予沉重打击，从而起到威慑作用。在这种情况下，企业往往会做出错误的定价决策。例如，1997 年高路华推出低价彩电时就没有对自己的实力进行正确评估，同样长虹也低估了竞争对手的实力，盲目收购彩管且于 1999 年再次降价。2000 年部分彩电企业尝试通过"中国彩电企业峰会"订立的"价格联盟"不攻自破，也使公众明白公开的串谋属违法行为。

经济学理论证明，供大于求的出现能驱使企业技术创新，通过技术创新，在产品差异和非价格竞争上有所作为，彩电企业才能真正找到生存之道，避免价格战带来的"全军覆没"。

从近几年彩电业发展历程看，价格战背后存在的一个重要促进因素就是技术创新。每一轮价格战都促使企业推出新产品，而新产品的推出又迫使企业再一轮降价（尤其是老产品降价），价格战与技术战交替进行，"你中有我，我中有你"，表面的价格战已经演变为实质上的技术创新战。技术创新之所以不能阻止价格战，原因在于：第一，技术创新速度加快，产品生命周期缩短，更新换代加快，新产品在获益之前就面临被淘汰的威胁；第二，排名前几位的企业势均力敌，产品开发能力和模仿能力处于伯仲之间，有的新产品技术含量不高，企业难以维持技术创新带来的竞争优势；第三，激烈的价格战使企业明白，竞争优势的树立不可能无限制地依赖于降价。在你死我活的降价中，企业只能毫无选择地把希望寄托于创新之上，创新同样陷入一种循环往复的博弈中。

上述原因似乎导致价格战与技术战交互进行，形成一种恶性循环：愈创新，价格战愈是不可避免；价格战愈激烈，企业就愈要创新。从表面看，低价格和技术创新使得社会福利由生产者向消费者转移，但是，价格战使得企业利润减少，而企业又无法从新产品中获益，最终会削弱企业技术创新的动力和持续发展能力。无论如何，有一点是必须明确的，彩电降价竞争促进了技术、产品和整个产业的创新，而不是削弱了创新激励。

14.4　问题与出路

价格战犹如一把"双刃剑"，既有其合理的一面，又有其不利的一面。引导企业走出价格战的误区，建立竞争有序的市场，必须首先明确以下问题。

14.4.1　市场结构、规模经济与合理的产业组织政策

在市场上反复相遇竞争时，企业决定降价与否不仅要考虑对短期利润和竞争

力提高的影响，还要考虑是否会招致价格战，以致长期亏损。早在 20 世纪 30 年代张伯伦就提出，在生产同类产品的寡头垄断中，企业会认识到相互之间的依赖性，能够不实行明显的勾结或串谋而维持价格，残酷的价格战的威胁足以阻挡降价的诱惑。因此，寡头垄断企业能够以一种纯粹非合作的方式进行"默契合谋"。

基于彩电业属规模经济较显著产业的事实，面对众多的厂商，通过优胜劣汰的市场选择机制，淘汰一批不具生命力的企业，最终促使彩电生产经营向少数几家具竞争优势的企业集中，形成三五家"巨型"企业，无序竞争才能转化为有序竞争。对此政府不能放任不管，产业组织政策的导向应是鼓励集中、获取规模效益、提升彩电业国际竞争力。为此，针对目前彩电业属高度竞争型的市场结构，产业组织政策重点应放在：一是形成一种企业进退自由的氛围，特别是要尽快出台降低企业退出（破产、被兼并）壁垒的具体措施；二是维护社会稳定是头等大事，但是，不能成为阻碍企业退出的"挡箭牌"，杜绝"该死的死不了，想活的活不好"现象继续下去；三是政府鼓励集中、降低退出壁垒等产业组织政策引导的方向与市场信号引导的企业利益一致，才能得到贯彻执行。一句话，政府产业组织政策的目的是促进整个产业的有序竞争和健康持续发展，并不是对产业中的某一企业给予特殊关照，这样我国彩电业才能真正在国际市场上拥有持久的竞争力。

14.4.2　技术创新与非价格竞争策略

是否技术创新无法遏制价格战，企业就应裹足不前，减少 R&D 投入？恰恰相反，在竞争如此激烈的条件下企业必须加强自身技术创新能力。毫无疑问，我国彩电企业国际竞争力之所以在短短几年内迅速提高，价格战和技术战是两个强有力的武器。价格战使得国产彩电的价格远远低于国外同类产品，技术创新战则缩短了国产品牌与发达国家品牌之间的差距。但是到目前为止，价格战对于国际竞争力的提高所发挥的作用不甚明显，因为当价格低于一定程度后，对于竞争力的贡献率就会降低。而技术创新则不然，它永远是企业推动竞争力提升的有效武器。

问题的关键在于企业如何进行技术创新。目前各企业都非常重视新技术开发，也不断推出新产品，但各企业的新产品和新技术缺乏真正的自主知识产权。企业将技术创新放在自身技术开发能力的提高上，才能充分利用技术壁垒避免竞争对手的"快速"模仿，从而避免企业陷入技术创新与降价循环交替的怪圈。换句话说，技术创新的重点是形成产品差异，如果再辅之以广告等手段巩固企业的产品差异，提高价格之外的竞争力，即成功实施非价格竞争策略，企业对市场才具有支配力。产品差异化是多维度的，既有纵向的、横向的、信息的，还有产品特性（质量、广告等）方面的。通过产品差异化，企业拥有了自己的固定客户，可缓和价格竞争。

14.4.3　彩电市场是否供大于求

许多企业把价格战归因于彩电市场业已进入买方市场，事实果真如此吗？众所周知，到目前为止占中国人口 70% 左右的农村家庭彩电拥有率还不到 40%，一方面企业生产能力严重闲置；另一方面如此巨大的潜在市场亟待开发。可见，当前的供大于求是暂时的、相对的，问题的实质是企业如何开拓新市场。

彩电企业必须认真分析研究市场状况，针对每一细分市场不同的要求采取不同的策略，以差异化的产品满足不同层次的需求。具体说中国彩电企业需面对三个市场：一是国外市场，又分为发达国家市场和发展中国家市场。中国彩电价廉物美，非常适合发展中国家的需要，企业一方面积极开拓新的营销渠道；另一方面应勇于抢占发达国家市场。二是国内城市市场，主要集中于部分家庭更新换代和新婚家庭，这部分消费群体的目标产品是性能更佳、功能更全、外观设计体现世界潮流的新型彩电。三是国内农村市场和部分较落后的城镇市场，对于这部分市场企业低价位的定价策略仍然极有作为。

参考文献

［1］杨蕙馨：《企业的进入退出与产业组织政策》，上海三联书店、上海人民出版社 2000 年版。

［2］J. E. 斯蒂格利茨：《经济学》，中国人民大学出版社 1997 年版。

［3］Martin，Stephen，*Industrial Economics*：*Economic Analysis and Public Policy*，*second edition* ［M］. Macmillan Publishing House，1994.

［4］Tirole，Jean，*The Theory of Industrial Organization* ［M］. The MIT Press，1988.

第 15 章

市场结构与中国汽车制造业市场绩效：
假说与检验[*]

2009 年以来中国汽车总产量、大型汽车集团规模均已达到甚至超过汽车强国的规模水平，中国已经成为名副其实的汽车生产大国。2008 年国际金融危机后，随着发达国家"再工业化"战略的实施，汽车制造业开始新一轮竞争优势的打造，即技术创新的竞争。中国能否从汽车生产大国转变为汽车强国，能否提高汽车制造业的国际竞争力，能否有效应对经济新常态的变化，就取决于汽车制造业技术创新竞争中能否获胜。汽车生产企业利润来自市场势力还是高效率的判断，直接影响到汽车生产企业如何提高市场绩效。只有汽车生产企业利润提高了，企业才有足够的资金从事研发。明确二者关系也有利于政府因势利导地采取合适的政策措施，提高汽车制造业的国际竞争力和产业整体绩效，实现汽车制造业升级。因此，研究中国汽车制造业市场结构与绩效关系，确定经济利润来源具有重要意义。

15.1 文 献 综 述

对于市场结构与市场绩效之间的关系，产业组织理论形成了两个基本假说：市场势力假说和效率结构假说，这两个假说分别从市场势力和效率角度解释利润的来源。市场势力假说认为较高的利润来源于企业操纵市场的力量，效率结构假说认为高集中度和超额利润来源于企业的高效率。市场势力假说又分为传统的SCP（structure-conduct-performance）假说和相对市场势力假说。传统的 SCP 假说认为市场占有率高的企业，具有操纵市场的力量，可以通过共谋达成协议，制定较高价格，获得垄断利润，这种假说也成"共谋假说"。相对市场势力假说认为具有较高市场份额和产品差异化较大的企业可以单方面利用市场势力提高价格获取高利润。效率结构假说又分为 X 效率结构假说和规模效率结构假说。X 效率结

---

* 本章作者为王继东、杨惠馨，发表在《经济与管理研究》2016 年第 4 期（文章有改动）。

构假说认为企业较高的利润和市场份额来源于先进的生产技术和管理水平；规模效率结构假说则认为较高利润来源于企业规模效率。

贝恩（Bain, 1951）首先提出"集中度、进入条件与利润率假说"，此后，很多学者对此问题进行了研究。20 世纪末国内学者开始这方面的研究。马建堂（1993）的研究表明，1990 年的工业集中度与资产利润率之间存在不确定的关系。殷醒民（1996）利用 1988～1990 年 28 个制造业数据资料，得出工业集中度与市场效益之间存在线性关系。白文扬、李雨（1994）得出 1992 年中国工业的集中度和利润率之间呈正相关性。戚聿东（1998）对 1993～1995 年工业数据分析，提出产业集中度与经济绩效在一定范围内存在正相关关系。杜传忠（2002）根据 1994 年、1996 年、1998 年数据资料，发现工业集中度与销售利润率之间存在正相关。魏后凯（2003）利用 1995 年第三次工业普查数据，分析得出中国制造业集中度与利润率指标之间呈现较好的正相关关系。干春晖等（2002）把行政性壁垒作为中国汽车产业集中度不高，利润率很高的原因。陈志广（2005）以 2003 年的 83 家汽车生产企业作为研究对象，通过回归方程，得出产业集中度对企业利润率有显著正效应，企业规模对利润率有显著负面影响。徐志霖和闫冰（2005）实证分析的结论是中国工业产业组织结构与绩效之间存在明显相关关系。霍春辉等（2009）以中国轿车制造企业作为研究对象，发现企业规模与绩效之间存在耦合关系不明显。李晓钟和张小蒂（2011）通过 1998～2008 年数据和生产函数，研究发现汽车产业市场集中度提高对市场绩效是具正效应的。

20 世纪末国内学者主要采用工业、制造业的跨产业层面数据，对盈利性和集中度指标进行描述性分析和分组分析。21 世纪后，国内学者更多采用公司层面数据，变量选择多元化，开始考虑效率对利润的影响。但这些研究并未严格界定汽车制造业。汽车产业按照小类可以划分为汽车整车制造业、改装汽车制造业、电车制造业等，真正反映一国汽车制造业水平和规模的是汽车整车制造业。另外，以往实证分析中并未细分市场势力和效率变量。中国汽车制造业是政府一手创建和扶持起来的，经历了计划经济体制时期和计划经济体制向市场经济体制的转轨时期，从而形成中国汽车制造业发展的特殊性。本章以狭义的更具针对性的汽车制造业（整车制造业）作为研究对象，考虑中国汽车制造业发展的特殊性，可以使研究结果更客观。

15.2 中国汽车制造业市场结构和市场绩效的分析

15.2.1 市场结构的分析

根据产业组织理论，市场结构是影响市场绩效的重要因素。本章从市场集中度、市场份额、规模经济等方面对中国汽车制造业市场结构进行分析。

1. 市场集中度

市场集中度是反映市场垄断竞争程度的最基本指标。本章采用卖方市场集中度（CR$_n$）指标和赫芬达尔－赫希曼指数（HHI）考察汽车制造业市场集中度变化。卖方市场集中度是产业内最大的 n 家企业的销售额（销售量、职工人数、资产总额等）市场份额之和。HHI 是一种测量产业集中度的综合指数，是某个特定产业内所有企业占产业总收入（总资产、总人数、产量等）市场份额的平方和。

表 15－1 显示，1993～2003 年、2005～2006 年 CR$_n$ 衡量的市场结构是寡占型，同期 HHI 衡量的市场结构是竞争型；2007～2013 年 CR$_n$ 衡量的市场结构是高集中寡占型、中上集中寡占型、中度寡占型、极高寡占型，HHI 衡量的市场结构是低寡占Ⅱ型。虽然市场结构分类标准有所不同，但 1993～2013 年 CR$_4$ 和 HHI 衡量的市场结构的变化趋势是相同的，市场结构经历了竞争型向寡占型，分散向集中的演变，特别是 2005 年以来市场结构优化趋势明显，前四位生产厂商集中程度速度要快于前八、前十厂商。HHI 综合反映了企业数目和相对规模，赋予了大企业更多的权重，HHI 衡量的市场结构变化表明中国汽车企业之间的规模差距逐渐在扩大（见表 15－1）。

表 15－1　　　　　　1993～2013 年中国汽车制造业市场结构类型的变化

贝恩市场结构分类					
CR$_4$	1993～2001 年	2002～2008 年			2009～2013 年
	中下集中寡占型	中上集中寡占型			高集中寡占型
CR$_8$	1993～2001 年	2002 年	2003 年	2004 年	2005～2006 年	2007～2013 年
	中下集中寡占型	中上集中寡占型	中下集中寡占型	中上集中寡占型	中下集中寡占型	中上集中寡占型
越后贺典市场结构分类					
CR$_{10}$	1993～2001 年	2002 年	2003 年	2004 年	2005～2006 年	2007～2013 年
	低中度寡占型	中度寡占型	低中度寡占型	中度寡占型	低中度寡占型	中度寡占型
植草益市场结构分类					
CR$_8$	1993～2001 年	2002～2012 年			
	高中寡占型	极高寡占型			
HHI 市场结构分类					
HHI	1993 年	2002 年	2003 年	2004 年	2005～2006 年	2007～2013 年
	竞争Ⅰ型			低寡占Ⅱ型	竞争Ⅰ型	低寡占Ⅱ型

注：根据汽车销售量计算。
资料来源：根据历年《中国汽车工业统计年鉴》计算而得。

2. 市场份额

市场集中度的变化取决于市场份额，特别是大企业的市场份额的变化。近年来，上汽、一汽、东风、长安、北汽、广汽一直稳居前六位，中国汽车制造业逐渐形成相对稳定的格局。集中度系数（CI_n）是某一产业前 N 位企业平均集中度的倍数。表 15 - 2 显示了 1993 ~ 2013 年 CR_4、CR_8、CR_{10} 计算的 CI 的变化，很明显 CI 值在 2002 有了大幅提高，CR_4 提高到 16.46，CR_8 提高到 11.02 倍，CR_{10} 提高到 9.43 倍，随后 CI 值开始小幅变化。2013 年 CI 值与 2002 年前 CI 数值相比有明显变化，但与 2002 年后相比数值变化不大，表明中国汽车企业规模差距没有完全拉开。

表 15 - 2　　　　　　　　1993 ~ 2013 年中国汽车制造业集中度系数变化

年度	CI_4	CI_8	CI_{10}
1993	12.14	8.17	7.21
1994	13.52	9.45	8.17
1995	13.10	9.50	8.40
1996	14.03	10.10	8.76
1997	12.96	9.49	8.35
1998	12.75	9.74	8.70
1999	12.77	9.61	8.68
2000	12.15	9.23	8.32
2001	11.86	9.08	8.13
2002	16.46	11.02	9.43
2003	16.13	10.30	8.81
2004	17.07	11.07	9.39
2005	16.56	10.40	8.93
2006	16.34	10.61	9.24
2007	16.59	11.38	9.72
2008	16.95	11.44	9.71
2009	17.74	11.85	10.03
2010	17.71	11.57	9.83
2011	18.08	11.73	10.00
2012	18.08	11.77	10.04
2013	17.62	11.66	9.87

注：CI 根据销售量计算的 CR 计算的。

资料来源：根据历年《中国汽车工业统计年鉴》计算而得。

3. 规模经济

1993 年以来中国汽车产量逐年增加，但产业内汽车厂商净进入率①基本都小于或等于零，只有 2002 年和 2004 年厂商净进入率为正。1993 ~ 2001 年汽车厂商数量稳定在 113 ~ 124 之间；2002 年以来汽车厂商数量在 115 ~ 117 之间，厂商数量更为稳定，2009 ~ 2012 年一直都是 115 个，2013 年减少到 113 个。目前，中国汽车制造业已形成了大型企业为主的格局，汽车企业集团化规模化趋势显著，2013 年产销超过 100 万辆的汽车集团有 6 个，入围 2013 年度世界 500 强的汽车企业有 6 个，与日本入围企业数相同，并列第一。可见，中国汽车制造业厂商数量众多，正处于分散到集中的缓慢进程中，产业内形成大型汽车企业集团与小型企业并存，处于前列的企业间规模差距并未拉开。

中国汽车制造业大而不强，产量虽高，但国际竞争力较低，2013 年汽车总产量占世界汽车总产量的 1/4，汽车出口不到 100 万辆，汽车出口量还不到汽车销售量的 5%。中国汽车产量屡创新高，自主品牌汽车的市场占有率却在逐年下降，以占中国汽车产量 80% 的乘用车为例，2005 年中国自主品牌乘用车的市场占有率是 44.6%，2011 年下降到 42.23%，2013 年又降至 40.4%，在中国乘用车市场形成了以外资品牌占主导的市场格局。

15.2.2　市场绩效的分析

市场绩效反映了在特定市场结构和市场行为条件下的市场运行的效果。本章主要通过资源配置效率、效率评价和技术创新等方面来分析中国汽车制造业市场绩效状况。

1. 资源配置效率

资源配置效率一般以利润率表示。图 15 - 1 显示，中国汽车制造业资产利润率、销售利润率、成本费用利润率整体水平在缓慢提高，2005 年、2008 年、2013 年出现明显下降。2005 ~ 2009 年汽车制造业成本费用利润率与全国工业、汽车工业相比略低，其余年份相比略高。2010 年达到高点后汽车制造业利润率出现明显回落，特别是 2013 年利润率下降幅度较大，资产利润率从 14% 降至 10%，下降了 4 个百分点；成本费用利润率从 9% 降至 7%，下降了 2 个百分点；销售利润率从 15% 下降到 14%，下降了 1 个百分点。

2. 效率评价

DEA 是效率评价中常用的一种方法，本章通过 DEA - Malmquist 模型计算汽车制造业的全要素生产率变化情况，全要素生产率变化取决于技术进步变化、纯技术效率、规模效率变化。根据现有文献，以总产值作为产出变量，以年末总资

---

① 厂商净进入率 = (本年汽车厂商数量/上一年汽车厂商数量 - 1) × 100%。

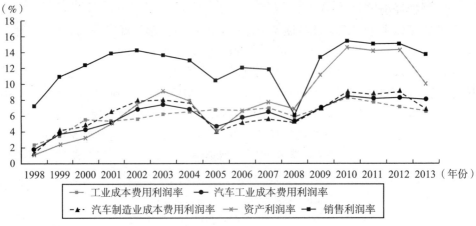

图 15 - 1　1998~2013 年中国汽车制造业利润率的变化

资料来源：根据历年《中国汽车工业统计年鉴》计算而得。

产和年末平均从业人数表示投入变量，选择 2001~2013 年的数据，数据来源于历年的《中国汽车工业统计年鉴》。表 15 - 3 显示，中国汽车工业全要素生产率、技术效率、技术进步的变化都呈现上升趋势。从均值上看，汽车工业全要素生产率增长率是 2.3%，技术效率对 TFP 的影响相对有限，技术进步对 TFP 的推动作用明显。汽车制造业的技术效率改善和规模效率优化程度是汽车工业各子行业中最高的，汽车制造业的技术效率变化比技术进步变化更明显，但全要素生产率变化指数低于 1，全要素生产率的提高更多依靠技术效率的推动，特别是来自规模效率的贡献。

表 15 - 3　2001~2013 年汽车工业及各子行业全要素生产率变化指数及其分解指数

		技术效率变化指数	技术进步指数	纯技术效率变化指数	规模效率变化指数	全要素生产率变化指数
年度	2002/2001	1.039	1.483	0.986	1.054	1.541
	2003/2002	0.856	1.051	1.004	0.853	0.9
	2004/2003	1.109	0.557	0.984	1.127	0.617
	2005/2004	1.099	1.102	1.012	1.085	1.211
	2006/2005	0.945	0.86	1.004	0.941	0.813
	2007/2006	0.965	1.525	0.95	1.016	1.471
	2008/2007	0.843	0.978	1.063	0.793	0.824
	2009/2008	1.14	0.744	0.981	1.162	0.848
	2010/2009	1.085	1.474	1.008	1.076	1.599

续表

		技术效率 变化指数	技术进步 指数	纯技术效率 变化指数	规模效率 变化指数	全要素生产率 变化指数
年度	2011/2010	0.793	1	0.882	0.899	0.793
	2012/2011	1.222	0.736	1.126	1.086	0.899
	2013/2012	1.069	1.243	1.011	1.057	1.328
汽车		1.023	0.928	1	1.023	0.949
改装汽车		1.011	0.973	1	1.011	0.984
摩托车		0.997	1.018	0.997	1	1.015
车用发动机		1.001	1.093	1	1.001	1.094
汽车摩托车配件		0.996	1.085	1	0.996	1.08
均值		1.005	1.017	0.999	1.006	1.023

注：全要素生产率变化指数=技术效率变化指数×技术进步指数=纯技术效率变化指数×规模效率变化指数×技术进步指数。

资料来源：根据 DEAP2.1 计算结果整理而得，均值为几何平均数。

3. 技术创新

汽车制造业技术创新能力和核心竞争力水平主要体现在发明专利的申请数量和授予数量。专利有发明、实用新型和外观设计三种类型。从专利公开数量看，2006～2013 年汽车产业专利数量增幅保持在 20% 以上（2012 年是 19.2%），2006 年专利总数是 1.72 万个，2012 年增加到 5.97 万个，2013 年又增加了 2.39 万个。从专利构成看，这三种类型的专利公开数量每年都在增加，但三种类型所占比例不断发生变化，2006 年以来，中国汽车制造业发明专利公开数量占比有所下降，由 2006 年的 48% 下降到 2013 年的 37%[①]。

可见，中国汽车制造业市场绩效总体是提高的，2010 年以来利润率开始出现下滑；专利公开数量不断增加，但发明专利占比有所下降；全要素生产率的变化更多是由规模效率推动的，技术进步对全要素生产率贡献不大。

15.3　中国汽车制造业市场结构与绩效关系的检验

近年来，中国汽车制造业卖方集中度、HHI 处于缓慢提高中，利润率水平总体也在提高，二者之间是否具有明显的同向变动关系呢？

---

① 根据 2014 年《中国汽车工业统计年鉴》数据计算而得。

15.3.1 变量与模型设计

20 世纪 80 年代模型检验中同时检验市场份额和市场集中度对市场绩效的影响，以市场份额替代效率检验市场势力假说和效率结构假说，但市场份额包含与效率无关的效应。艾伦·伯格（Allen N Berger，1995）把市场结构细分为集中度和市场份额，市场效率细分为 X 效率和规模效率，同时考虑控制变量，如市场需求情况、成本因素、进入障碍等，通过模型同时检验四种假说。

1. 指标选择

本文实证检验中的变量指标分为绩效指标、效率指标、市场结构指标和控制变量。根据以往文献指标选择和数据的可得性，绩效指标用资产收益率（ROA）表示；市场结构指标以市场份额（MS）、市场集中度（CR_4）、HHI 表示；效率指标分解为 X 效率（XEF）和规模效率（SEF）；控制变量以国内生产总额增长率（gdp）和国有股比重（PR）表示，国有股比重反映了公司治理结构及所有制的变化。数据来源于上市汽车企业年报和《中国统计年鉴》。根据数据可得性和连续性，本文采用 2001~2013 年 17 家整车上市汽车企业的面板数据。

2. 模型设定

以 ROA 作为被解释变量，市场结构分别以 CR_4 衡量的模型 1 和 HHI 衡量的模型 2。效率结构假说认为效率是市场绩效和市场结构的主要影响因素，高绩效企业的市场份额也较高，企业市场份额变化直接改变了产业集中度水平。为了准确衡量效率对绩效的影响，建立市场份额与效率指标间的模型 3 和集中度与效率指标间的模型 4。

$$\text{ROA}_{it} = \beta_1 \text{XEF}_{it} + \beta_2 \text{SEF}_{it} + \beta_3 \text{CR}_{4it} + \beta_4 \text{MS}_{it} + \beta_5 \text{PR}_{it} + \beta_6 \text{gdp} + \beta_0 + \varepsilon_{it} \quad (1)$$

$$\text{ROA}_{it} = \beta_1 \text{XEF}_{it} + \beta_2 \text{SEF}_{it} + \beta_3 \text{HHI}_{it} + \beta_4 \text{MS}_{it} + \beta_5 \text{PR}_{it} + \beta_6 \text{gdp} + \beta_0 + \varepsilon_{it} \quad (2)$$

$$\text{MS}_{it} = \alpha_1 \text{XEF}_{it} + \alpha_2 \text{SEF}_{it} + \alpha_3 \text{gdp} + \alpha_4 \text{PR}_{it} + \alpha_0 + \varepsilon_{it} \quad (3)$$

$$\text{CR}_{4it} = \lambda_1 \text{XEF}_{it} + \lambda_2 \text{SEF}_{it} + \lambda_3 \text{gdp} + \lambda_4 \text{PR}_{it} + \lambda_0 + \varepsilon_{it} \quad (4)$$

当 β_1、α_1、λ_1 都大于 0 且显著时，X 效率结构假说成立，表明汽车生产企业的利润来自较高的管理和技术水平。当 β_2、α_2、λ_2 都大于 0 且显著时，规模效率假说成立，表明汽车生产企业的利润是通过规模效率的提高实现的。当 β_3 大于 0 且显著时，表明传统 SCP 假说成立，说明汽车生产企业是通过合谋提高价格获得较高利润的，汽车生产企业要保持或进一步提高集中度来提高利润。当 β_4 大于 0 且显著时，表明相对市场势力假说成立，说明汽车生产企业是通过市场势力、产品差异化提高产品定价来获得较高利润的。

15.3.2 实证检验及结果分析

以面板数据做回归模型，要明确使用混合回归、固定效应还是随机效应。

首先，采用 LSDV 法考察是否存在个体效应，如果存在则不应采用混合回归。如果存在个体效应，效应仍然可以通过随机效应形式存在，然后通过 LM 检验判断选择随机效应还是混合回归模型。再通过豪斯曼检验确定使用固定效应还是随机效应模型。最后，考虑该模型时间效应，如果通过定义年度虚拟变量，检验所有年度虚拟变量的联合显著性，判断是否采用双向固定效应模型。如果效率结构假说成立，则还需要利用模型 3 和模型 4 检验市场份额、集中度与绩效指标之间的关系。本章使用软件 Stata10 进行运算，运算结果如表 15 – 4 所示。

表 15 – 4　　　　　　　　　　　　　回归结果

		XEF	SEF	CR$_4$	MS	PR	gdp
模型 1	ROA	XEF	SEF	CR$_4$	MS	PR	gdp
	Coef.	4. 069 **	6. 136 *	– 0. 025	– 0. 098 ***	4. 057	0. 252
	Std. Err.	1. 504	3. 103	0. 065	0. 033	3. 050	0. 358
	F（16，16）	12. 21 ***					
模型 2	ROA	XEF	SEF	HHI	MS	PR	gdp
	Coef.	4. 069 **	6. 136 *	– 0. 0002	– 0. 097 ***	4. 057	0. 226
	Std. Err.	1. 504	3. 103	0. 0005	0. 033	3. 05	0. 398
	F（16，16）	12. 21 ***					
模型 3	MS	XEF	SEF	gdp	PR		
	Coef.	7. 923 ***	2. 109	0. 031	13. 225 ***		
	Std. Err.	1. 921	2. 587	0. 227	3. 495		
	Wald chi2（4）	35. 66 ***					
模型 4	CR4	XEF	SEF	gdp	PR		
	Coef.	5. 669 *	3. 874	– 2. 174 ***	– 6. 1339 **		
	Std. Err.	3. 029	2. 968	0. 403	2. 980		
	AdjR-squared	0. 1318					

注：*** 表示显著性水平在 1% 水平上，** 表示显著性水平在 5% 水平上，* 表示显著性水平在 10% 水平上。

资料来源：上市汽车企业年报和《中国统计年鉴》。

15.4　研究结论及建议

根据回归结果可知：

15.4.1　效率变量对资产收益率影响显著

模型 1 和模型 2 中 XEF、SEF 对 ROA 影响为正且显著。这表明规模效率和 X 效率对经济绩效的影响显著，意味着中国汽车生产企业在管理水平和技术上的提高有利于市场绩效的提高。从系数上看 XEF 要小于 SEF，规模效率对市场绩效影响力更强，然而在 5% 的显著性水平下，SEF 是不显著的，表明中国汽车企业规模经济效应开始有初步的显现，但未充分发挥出来。

15.4.2　市场集中度对资产收益率影响不显著

模型 1 和模型 2 中 CR$_4$ 和 HHI 对市场绩效影响为负且不显著。这表明中国汽车制造业尚未形成明显的市场势力，汽车市场竞争激烈，很多企业势均力敌，并未形成企业合谋定价。

15.4.3　市场份额对资产收益率的影响显著

模型 1 和模型 2 中 MS 对市场绩效影响为负且显著。中国大型汽车企业多为国有企业，尽管进行了多年的国企改革，按照"平静生活"假说分析，市场份额越大的汽车生产企业更乐于安于现状，汽车制造业市场效率较低，也表明大型车企尚未具有明显的市场势力。

15.4.4　效率变量对市场份额和集中度具有不同影响

模型 3 和模型 4 中，XEF 对 CR$_4$、MS 的影响为正且显著，SEF 对 CR$_4$、MS 的影响为正且不显著，表明中国汽车企业 X 效率的影响比规模效率影响要大，规模效率对市场集中度和市场份额显著影响尚未发挥出来。

15.4.5　国有股比重对市场集中度和市场份额影响显著

模型 3 和模型 4 中，PR 对 MS 的影响为正且显著，中国大型汽车企业多为国有企业，市场份额相对较高，但随着中国汽车市场不断扩大，汽车生产企业规模扩张速度低于市场需求扩张的速度，所以，PR 对 CR$_4$ 的影响为负。

根据回归结果的分析，可知中国汽车制造业符合 X 效率结构假说，意味着中国汽车制造业技术和管理水平的提高对市场绩效影响显著，表明中国汽车企业股份制改革、产权明晰、现代企业制度的建立、市场化改革是卓有成效的，也表明在中国汽车生产尚未形成明显的市场势力。

结合实证分析结论，中国汽车制造业市场绩效提高应从规模效率和 X 效率入手，特别是发挥规模效率的作用。中国大型汽车企业的生产规模、资金实力等是中小型汽车企业难以匹敌的，因此有效措施最终落脚点还是要充分发挥中国大型汽车企业的作用，汽车产业需进一步深化国有企业改革，通过大型汽车企业的资金、技术、生产、销售优势，发挥这些汽车企业在研发、国际化生产、自主品牌建设等方面的示范和引导作用，从而整体提高中国汽车产业的国际竞争力，实现汽车产业的升级。

参考文献

［1］Bain J. S., Relation of Profit Rate to Industry Concentration：AmericanManufacturing，1936 – 1940［J］. *Quarterly Journal of Economics*，1951，65（3）：293 – 324.

［2］Demsetz H., Industry Structure, Market Rivalry and Public Policy［J］. *Journal of Law and Economics*，1973，16（1）：1 – 9.

［3］Peltzman S., The Gains and Losses from Industrial Concentration［J］. *Journal of Law and Economics*，1977，20（2）：229 – 264.

［4］Lambson V. E., Is the Concentration – Profit Correlation Partly an Artifact of Lumpy Technology?［J］. *American Economic Review*，1987，77（4）：731 – 733.

［5］马建堂：《中国行业集中度与行业绩效》，载《管理世界》1993 年第 1 期。

［6］殷醒民：《论中国制造业的产业集中和资源配置效益》，载《经济研究》1996 年第 1 期。

［7］白文扬、李雨：《我国工业产业集中度实证研究》，载《中国工业经济研究》1994 年第 11 期。

［8］戚聿东：《中国产业集中度与经济绩效关系的实证分析》，载《管理世界》1998 年第 4 期。

［9］杜传忠：《中国工业集中度与利润率的相关性分析》，载《经济纵横》2002 年第 10 期。

［10］魏后凯：《中国制造业集中与利润率的关系》，载《财经问题研究》2003 年第 6 期。

［11］干春辉、戴榕、李素荣：《我国轿车工业的产业组织分析》，载《中国工业经济》2002 年第 8 期。

［12］陈志广：《利润率与市场结构：基于中国汽车产业的实证分析》，载《产业经济研究》2005 年第 6 期。

［13］霍春辉、刘力钢、魏永德：《中国汽车制造企业规模与绩效关系的实证研究》，载《社会科学辑刊》2009 年第 1 期。

［14］李晓钟、张小蒂：《中国汽车产业市场结构与市场绩效研究》，载《中国工业经济》2011 年第 3 期。

［15］徐志霖、闫冰：《中国工业产业结构与绩效——基于对应分析方法的研究》，载《当代经济科学》2005 年第 3 期。

［16］Berger A. N. , The Profit – Structure Relationship in Banking Test of Market Power and Efficient – Structure Hypothesis ［J］. *Journal of Money, Credit, and Banking*, 1995, 27 （2）: 404 – 431.

第 16 章

合作性竞争对市场结构的影响：
基于全球汽车产业的经验研究*

16.1 引 言

长期以来对企业竞争态势的争论一直存在竞争与合作两种不同的范式。竞争范式的支持者认为，竞争是最有效率的一种范式，竞争可以从三方面产生经济效率，即竞争可以使企业合理的分配稀缺资源，竞争可以推动企业不断创新，竞争可以减少合作产生的交易费用。但是，合作范式的支持者却认为在越来越复杂、越来越动荡的市场环境中，合作可以带来风险规避，合作同时也可以带来更高的生存机会。

希尔（Hill，1995）在考察了众多企业后指出，企业要想在市场上获得成功就必须同时实施竞争与合作两种行为，一方面企业为实现竞争力提升而与其他企业合作；另一方面企业又要为了保持独立而与合作伙伴不断竞争。奥古斯丁（Augustine，1997）通过寻租行为①分析了企业如何获得经济租以及如何从合作性竞争中获得长久的高绩效。奥古斯丁依据企业的竞争倾向与合作倾向两个维度给出了企业竞争态势的描述性模型，如图 16-1 所示。该模型表明企业可供选择的竞争态势共四种，分别是合作、竞争、垄断以及合作性竞争。

合作倾向	高	合作性寻租行为	混合型寻租行为
	低	垄断性寻租行为	竞争性寻租行为

图 16-1 寻租行为的混合模型

资料来源：AugustineA. ，Lado. Competition，Cooperation，and the Search for Economic Rents：A Syncretic Model Behavioral ［J］. *Academy of Management Review*，1997，22（1）.

---

* 本章作者为杨蕙馨、冯文娜，发表在《中国工业经济》2010 年第 6 期（文章有改动）。

① 寻租就是指寻找能够给企业产生价值增值从而带来高价值回报的资源与能力的过程。

　　合作性竞争是有别于竞争、合作与垄断的一种博弈关系，奥古斯丁认为，合作性竞争行为（混合性寻租行为）比单纯的竞争或合作更有利于知识创新、技术进步以及经济与市场的增长。并且，与其他三种寻租行为相比，合作性竞争行为更有利于企业取得高绩效、实现重组以及避免冲突，更能使企业在关系、市场等资源的投资上达到平衡。但是，奥古斯丁同时也指出，当维持合作性竞争所花费的成本超出企业能够从合作性竞争中获得的收益时，合作性竞争对企业竞争地位的改变就成为空谈。此外，当联盟中的企业目标与预期不一致，或一方从联盟中获取知识的速度显著低于另一方，或一方有意识的实施保守秘密、阻止信息流动的行为时，合作性竞争就难以产生经济租，合作性竞争可能就会宣告失败。

　　合作性竞争与传统竞争相比，不仅要学会容忍竞争对手的存在，更要认识到竞争对手存在的价值，并能够加以有效利用。经济全球化步伐的加快以及科学技术的蓬勃发展，使得合作性竞争成为企业必须遵循的竞争规则。越来越多的企业意识到同竞争者合作能给自己带来战略利益，从而同竞争者采取一种合作的姿态。以全球汽车产业为例，2007 年全球最大的 22 家整车制造商发生及持续的同业企业间合作性竞争关系共计 169 起①。企业可以通过与竞争者进行合作性竞争整合组织资源、促进企业发展，并使竞争在更高的层次上展开。

　　合作性竞争强调为了竞争而学会必要的妥协与合作，建立互利互惠的合作竞争关系，在竞争中寻找一切合作机会，进而起到在合作过程中强化竞争的作用。合作性竞争最主要的组织形式是战略联盟。迪索热等（Dussauge et al.，2000）根据企业对联盟的贡献将同业企业间的战略联盟划分为规模联盟（Scale Alliance）和关联联盟（Link Alliance）。规模联盟中的成员企业为联盟提供了相同的资源，并在联盟中从事同一价值链环节的活动。规模联盟可以使单个企业获得规模经济，压缩过剩生产能力，实现竞争者之间的成本分摊。研发合作、联合生产组装、下包等都属于规模联盟的范畴。沃尔沃、雷诺与标致为了共同研发 V6 型发动机在 1971 年成立的 PRV 联盟、1991 年空中客车与 4 家欧洲飞机制造商联合开发适用于欧洲市场的商用客机属于规模联盟的范畴。与规模联盟不同，关联联盟中的成员企业为联盟提供了异质化互补性的资源和能力，且成员企业在联盟中分别从事价值链的不同环节。关联联盟实现了竞争者之间的资源、技能共享。如一个企业为另一个企业新开发的产品提供市场准入。通用汽车与五十铃汽车在20 世纪七八十年代结成的联盟以及通用与丰田在 1983 年构建的 NUMMI 合资企业都属于关联联盟的范畴。

　　按照产业组织理论的 SCP 范式，合作性竞争行为的发生势必对市场结构产生

---

① 资料来源：根据汽车新闻网（http://www.autonews.com）相关数据整理得到。

影响。本章以全球汽车产业的 76 个汽车整车制造商之间战略联盟为研究对象，考察企业合作性竞争行为对市场结构产生的影响。本章研究的汽车整车制造商主要是生产汽车（motor vehicle）的，包括乘用车（俗称轿车）和商用车辆，并不严格区分这些整车制造商具体生产什么型号、什么档次的汽车①。因为无论什么型号、什么档次的汽车之间都具有替代关系，发生在提供替代性产品厂商之间的合作自然是合作性竞争行为。本章从市场势力、市场范围和产品差异化程度三方面探讨企业合作性竞争行为的实施给市场结构带来的影响。

16.2　研　究　假　设

16.2.1　合作性竞争对市场势力的影响

一般来说，合作性竞争会使联盟双方同时受益。如麦康奈尔和南特尔（McConnell，Nantell，1985）认为组建合资企业可以同时提高合资双方的股票价值；米切尔和辛格（Mitchell，Singh，1996）证明联盟会增加企业的存活概率；辛格和米切尔（Singh，Mitchell，1996）分析联盟解体对企业造成的影响，发现当联盟停止运行或更换新成员时联盟双方的死亡率会大幅提升，联盟不稳定会使双方同时受损。合作性竞争同时有益于联盟双方是因为，合作性竞争的基础是双方拥有互补的资源，联盟中的企业可以利用从合作者那里得来的资源去改变自己的竞争地位，尤其是在市场集中度比较高的产业更为明显，故企业可以通过合作提高自己的市场势力（Stuart，2000）。

但是，戴姆勒与克莱斯勒的分手让前人研究结论的合理性受到了质疑，与此同时，新近一些经验分析也发现合作性竞争与"双赢"收益之间的对等关系并不一定成立。卡拉尼南（Kalaignanam，2006）发现联盟中较大企业和较小企业在收益上存在显著差别，虽然从短期看大企业和小企业都获得了一定收益，但是这种收益并不是对称的，企业从合作性竞争中获得的收益与联盟特性、企业特性以及合作伙伴特性三方面因素有关。他发现在新产品开发联盟中，合作伙伴间的关

①　按照 2002 年 3 月 1 日正式实施的中华人民共和国汽车分类的两个新国标 GB/T3730.1—2001 和 GB/T15089–2001 规定，汽车的分类是：（1）汽车（motor vehicle）包括乘用车（俗称轿车）、商用车辆；（2）挂车（trailer）包括牵引杆挂车、半挂车、中置轴挂车；（3）汽车列车（combination vehicles）包括乘用车列车、客车列车、货车列车、牵引杆挂车列车、铰接列车、双挂列车、双半挂列车、平板列车（GB/T15089—2001 主要用于型式认证，是型式认证各技术法规适用范围的依据；GB/T3730.1—2001 是通用性分类，适用于一般概念、统计、牌照、保险、政府政策和管理的依据。两个新国标在按用途划分的基础上，建立了乘用车和商用车概念，尤其是在轿车的划分上改革较大，解决了管理和分类的矛盾，是和国际接轨的标准。可参见 http：//www.chinazyqc.com/html/jis/203.html）。

系并不一定是"双赢"的，事实上，多数情况下合作伙伴间的关系是"Win -
Lose"，即一方得益一方损失。鲍威尔（Powell，1996）认为大企业更能从合作性
竞争中获得高收益，因为大企业拥有领先的技术资源，合作性竞争能够提升大企
业的市场份额，并帮助大企业进入新的市场领域。但是，也有研究表明合作性竞
争对小企业更有利。尤（You，1995）发现同业企业之间的合作是决定小企业竞
争和发展最重要的因素，这种合作性竞争既可以发生在小企业之间，也可以发生
在小企业与大企业之间。斯图亚特（Stuart，2000）更是证明，企业市场销售额
的增长主要取决于联盟伙伴的规模和创新性，故小企业更能从与大企业的合作中
获益。

本章认为企业能否通过合作性竞争改变自己的市场竞争地位，进而影响市
场结构，与合作性竞争的组织形式有关。如前所述，战略联盟是合作性竞争的
主要组织形式。根据联盟构建的基础，可分为规模联盟和关联联盟。当企业以
不同联盟形式实现合作性竞争时，将对企业市场竞争地位的变化产生不同的影
响。规模联盟的两个企业提供相同的资源，在联盟中实施相同的行为，因此构
建规模联盟的两个企业不用通过干中学就可以使企业在联盟中获得对称的收
益。但是，关联联盟的组成是基于双方所提供的不同资源，这就为彼此进入新
商业领域提供了机会，哪个企业更能够通过经验积累、相互学习使自身竞争力
获得提升，更有效地利用这个进入机会，哪个企业就将从联盟获得更多收益，
这就产生了不对称的私人收益。同时，考虑到从行为发生到结果生成必然存在
一定时滞，即合作性竞争行为对企业市场势力的影响存在一定滞后性。根据以
上分析，提出假设1：以关联联盟形式进行的合作性竞争比以规模联盟形式进
行的合作性竞争更能导致企业相对市场势力的改变，并且这种趋势从长期来看
更显著。

16.2.2　合作性竞争对市场范围的影响

迪索热等（Dussauge et al.，2004）认为，与规模联盟相比，关联联盟为企
业进入新商业领域、进入新市场提供了契机，更能实现企业市场范围的扩张。在
进入中国市场时，三洋笔记本电脑选择了与海信计算机公司组成战略联盟，三洋
看重的是海信完善的销售网络和其产品在中国市场的巨大影响力，海信计算机公
司主要看好三洋的技术，三洋笔记本的设计超薄超小，科技含量高，市场前景
好。毫无疑问，三洋与海信的关联联盟有利于三洋笔记本市场范围的扩张，海信
也确实可以从合作中获得新技术。

规模联盟是一个成本分摊的过程，根据规模经济理论，规模联盟将使产品
更具成本优势，成本领先战略的实施将使企业更容易抢占市场，尤其是低廉的
产品价格将使企业在进入市场时更具竞争力。库尔盼（Culpan，1993）发现，

合作性竞争比企业单独实施合作或竞争战略更能实现市场扩张，美国、日本和法国在商用飞机上的合作恰恰验证了这一点。希尔（Hill，1995）也发现丰田汽车通过与一系列汽车厂商的合作，改变了丰田在全球汽车产业中的市场地位，同时也使丰田汽车市场范围得以扩大，逐渐成为全球最具影响力的汽车厂商之一。

可见，合作性竞争确实会影响到企业的市场范围，尤其是在厂商进入新市场时。合作性竞争帮助企业克服市场进入壁垒的阻碍，更快地完成市场进入，从而扩大其市场范围。在进入新市场过程中，关联联盟可以显著改变新进入厂商的市场范围，而对在位厂商的市场范围影响较小。同时，市场进入者也可以通过组建合资企业、联合生产等规模联盟的方式进入新市场，但是，并不是所有的规模联盟都能改变联盟双方的市场范围。从相对市场范围看，关联联盟产生的不对称影响更显著。同样考虑到时滞的作用，提出假设 2：以关联联盟形式进行的合作性竞争比以规模联盟形式进行的合作性竞争更有利于市场进入，更能导致企业相对市场范围的改变，并且这种趋势从长期来看更显著。

16.2.3　合作性竞争对产品差异的影响

产品差异化是市场结构的主要要素，除了完全竞争市场（产品同质）和寡头垄断市场（产品单一）以外，通常产品差异是普遍存在的。产品差异化程度越高市场越趋近于垄断，反之，产品差异化程度越低市场越趋近于完全竞争。产品差异化构筑了市场进入壁垒，不仅迫使外部进入者耗费巨资去"克服"现有客户的忠诚性，而且又在同一市场上使本企业与其他企业区别开来，帮助企业争夺市场竞争的有利地位。

关联联盟有利于企业吸收新的知识与技能，为企业创造立足新市场、进入新商业领域的机会，因此，关联联盟可以为产品差异化程度的加深及品牌市场价值的增加提供有利条件。但是，经济全球化条件下的合作性竞争更多地表现为标准竞争，而为了使市场接受标准，企业往往构建规模联盟，标准形成后，企业就会围绕标准开发出差异化的产品。也就是说，通过规模联盟形式进行的合作性竞争也会使产品差异化程度加深。众所周知，为统一家庭网络系统标准和平台，实现3C 信息资源的共享和互联互通，由海尔集团、清华同方等 7 家公司发起组建家庭网络标准产业联盟。目前由该联盟创建的闪联标准对产品差异化的贡献已初见成效，2005 年各种闪联终端（PC、笔记本、手机、电视、投影机等）的销量接近 100 万台。

可见，规模联盟对产品差异化的影响高于关联联盟，尤其是在标准竞争中。鉴于合作性竞争行为对产品差异影响的滞后性，提出假设 3：以规模联盟形式进行的合作性竞争比以关联联盟形式进行的合作性竞争更能导致企业产品差异化程度的加深，并且这种趋势从长期来看更显著。

16.3 数据来源、变量测量与模型选择

16.3.1 数据来源

以全球汽车产业76个战略联盟为研究对象，所有数据均来自现有的二手文献资源，主要包括129产业报告、企业年报以及从汽车新闻网①数据中心下载的全球汽车产业主要厂商合作伙伴的相关数据，全部数据截至2008年。为了验证联盟的类型，通过查阅大量相关网页收集有关联盟组建目的、联盟双方资源投入类型的信息。

另外需要说明的是，研究考察的是合作性竞争行为发生后在行为发生地该行为对当地市场结构产生的影响，所以使用的数据均为地区性数据，而不是全球数据，尽管这些汽车制造商均是跨国经营的全球性厂商。换言之，本章认为厂商的一次合作性竞争行为直接改变了该行为发生地的市场结构，对全球市场结构的影响是间接的，直接与间接影响的方向与程度并不一定等同。如2005年丰田与福特在美国就混合动力车以及环保型燃料电池领域进行了合作，研究需要分析的就是该联盟存续期内丰田与福特在美国市场的各项经营数据的改变，而不是两个公司全球经营数据的变化。

16.3.2 变量选择与测量

被解释变量：联盟存续期内联盟企业相对市场势力、相对市场范围以及相对产品差异化的改变是研究需要进行说明的被解释变量。因为合作性竞争行为从发生到对市场结构产生影响，其间必定经过一个过程，所以，研究分别测量联盟存续3年（短期）及7年（长期）时，合作性竞争引起的市场结构变化，并以此为依据验证企业间合作性竞争行为对市场结构产生的动态影响。

公式 $dRMP_t = |RMP_t - RMP_0|/RMP_0 (t = 3, 7)$，用以计算企业在联盟存续期内相对市场势力的变化。$RMP_0$ = 较小企业初期销售毛利率/较大企业初期销售毛利率，即用销售毛利率的比值衡量联盟建立初期企业市场势力的差异；RMP_t = 较小企业 t 期销售毛利率/较大企业 t 期销售毛利率。RMP 越接近1，说明两个联盟的同业企业竞争地位越接近，反之越接近0，则说明两个企业竞争地位差异越

---

① 汽车新闻网是介绍全球汽车产业相关新闻的官方网站，网址为：http://www.autonews.com。

显著。$dRMP_t$ 值等于零，说明存续期内联盟企业的相对市场势力没有发生任何改变，合作性竞争对于市场结构没有任何影响，合作前后相比，两个企业没有从合作中获得任何市场影响能力的改变。$dRMP_t$ 的值越大，存续期内联盟企业相对市场势力改变越显著，竞合结果背离"双赢"越远，说明联盟初期与联盟后比较，企业之间的差距不是缩小了而是增加了，即一个企业对市场的影响能力越来越大，另一个企业对市场的影响能力却在降低。为便于数据分析，将被解释变量定义为二分类变量，计算全部样本 $dRMP_t$ 的平均值，单个样本 $dRMP_t$ 值大于平均值说明存续期内联盟企业的相对市场势力改变显著，计为 1，小于平均值说明存续期内联盟企业的相对市场势力改变不显著，计为 0。

公式 $dRMP_t = |RMS_t - RMS_0|$（$t = 3，7$），用以计算企业在联盟存续期内相对市场范围的变化。$RMP_0 =$ 较小企业初期本地市场销售收入/较大企业初期本地市场的销售收入，即以本地市场销售收入的比值衡量联盟建立初期企业相对市场范围的差异。RMS_0 等于或接近 0 说明较小企业是本地市场的新进入者，较大企业是本地市场的在位企业，否则认为较小企业与较大企业都是本地市场的在位企业；$RMS_t =$ 较小企业 t 期本地销售收入/较大企业 t 期本地销售收入。$dRMP_t$ 值越大且 RMS_0 等于或接近 0，说明存续期内联盟企业的相对市场范围改变显著，计为 1，合作性竞争行为成功地帮助企业实现了新市场的进入，其余情况计为 0，说明合作性竞争没有引起市场范围大的改变。

公式 $dRPD_t = |RPD_t - RPD_0|/RPD_0 \, dRPD_t = RPD_t - RPD_0/RPD_0$（$t = 3，7$），用以计算企业在联盟存续期内相对产品差异的变化。$RPD_0 =$ 较小企业初期广告投入/较大企业初期的广告投入，即用广告投入的比值衡量联盟建立初期企业间的相对产品差异。

$PRD_t =$ 较小企业 t 期广告投入/较大企业 t 期广告投入。RPD 越接近 1，说明两个同业企业的相对产品差异不显著，反之越接近 0，则说明两企业相对产品差异越显著。$dRPD_t$ 的值越大，说明存续期内联盟企业相对产品差异改变得越显著。计算全部样本 $dRPD_t$ 的平均值，单个样本 $dRPD_t$ 值大于平均值说明存续期内联盟企业的相对产品差异改变显著，计为 1，小于平均值说明存续期内联盟企业的相对产品差异改变不显著，计为 0。

解释变量：企业合作性竞争行为的类型即联盟的形式，根据规模联盟与关联联盟的区分将合作性竞争行为以 0，1 进行赋值。

控制变量：研究选择的控制变量包括：（1）联盟企业间的股权参与，即联盟是以契约还是合资企业的形式构建，以契约形式构建的联盟赋值为 1，以合资企业形式构建的联盟赋值为 0；（2）联盟发生地，即合作性竞争行为发生在较小企业的本地市场，还是较大企业的本地市场，发生在较小企业本地市场赋值为 1，反之赋值为 0；（3）企业联盟初期相对市场势力、相对市场范围以及相对产品差异的值。

16.3.3　模型选择

根据被解释变量、解释变量以及控制变量的性质，选择二分类 Logistic 回归模型分析合作性竞争的类型对市场结构产生的影响。Logistic 回归模型可以直接观测测量相对于某一事件的发生概率，模型为 $\log P/(1-P) = b_0 + b_1 x_1 + b_2 x_2 + \cdots + b_n x_n$，其中，$b_0$ 为常数项，b_1，b_2，$\cdots$，b_n 为回归系数，x_1，x_2，$\cdots$，x_n 分别是自变量联盟的类型以及各控制变量，自变量与控制变量可以是连续变量也可以是分类变量。数据处理采用统计分析软件 SPSS13.0 完成。

16.4　数据分析结果

16.4.1　合作性竞争对市场势力影响的分析结果

为区分合作性竞争对市场势力产生的短期与长期影响，对样本进行了遴选，截至 2008 年联盟存续时间大于等于 7 年的样本共计 47 个，存续时间超过3 年的样本共计 76 个，即共有 76 个符合条件的样本进入短期影响的模型分析，47 个样本进入长期影响的模型分析。分别采用强制进入法进行二分类逻辑回归，短期影响模型的总预测准确率达到 72.4%，卡方值为 61.104，显著性水平为 0.000，Nagelkerke R^2 为 0.798；长期影响模型的总预测准确率达到57.4%，卡方值为 41.699，显著性水平为 0.000，Nagelkerke R^2 为 0.790。表明两个模型的拟合优度较好，模型的解释力良好。模型分析结果如表 16 - 1 和表 16 - 2 所示。

表 16 - 1　　　　　　短期相对市场势力变化的强制进入逻辑回归结果

解释变量	模型结果		
	β_i 回归系数	OR 值的 95.0% 的置信区间	
		下限	上限
合作性竞争类型	1.930 * (1.129)	0.753	62.979
股权参与	-0.587	0.078	3.947
本地市场	-1.445	0.030	1.881
初始相对市场势力	5.297 *** (1.434)	12.013	3317.759

续表

解释变量	模型结果		
	β_i 回归系数	OR 值的95.0%的置信区间	
		下限	上限
预测准确率	72.4%		
常数项	3.741*** (1.296)		
拟合优度	$\chi^{2***}=61.104$，似然比值（-2 Log likelihood）$=28.491$，伪决定系数（Nagelkerke R^2）$=0.798$		
样本	$n=76$ $t=3$		

注：***、**、*分别表示在0.01、0.05和0.1水平上显著，括号内是标准误（S. E.）。
资料来源：129产业报告、企业年报以及从汽车新闻网数据中心下载的全球汽车产业主要厂商合作伙伴的相关数据。

表 16-2 　　　　　　　长期相对市场势力变化的强制进入逻辑回归结果

解释变量	模型结果		
	β_i 回归系数	OR 值的95.0%的置信区间	
		下限	上限
合作性竞争类型	2.371* (1.424)	0.657	174.562
股权参与	−0.798 (1.119)	0.050	4.035
本地市场	−0.283 (1.263)	0.063	8.955
初始相对市场势力	5.891*** (1.599)	5.799	3056.105
预测准确率	57.4%		
常数项	0.860*** (1.372)		
拟合优度	$\chi^{2***}=41.699$，似然比值（-2 Log likelihood）$=22.410$，伪决定系数（Nagelkerke R^2）$=0.790$		
样本	$n=47$ $t=7$		

注：***、**、*分别表示在0.01、0.05和0.1水平上显著，括号内是标准误（S. E.）。
资料来源：129产业报告、企业年报以及从汽车新闻网数据中心下载的全球汽车产业主要厂商合作伙伴的相关数据。

比较两个模型的结果发现，关联性合作竞争、企业初始相对市场势力与企业相对市场势力变化显著正相关，股权参与以及联盟是否发生在较小企业的本地市场对企业相对市场势力的改变没有影响。根据回归系数判断，关联性合作竞争对企业相对市场势力的长期影响更显著，这意味着以关联联盟形式进行的合作性竞争比以规模联盟进行的合作性竞争更能导致企业相对市场势力的改变，并且这种趋势从长期来看更显著。假设 1 获得支持。

关联联盟较规模联盟更能导致企业相对市场势力改变的可能原因是，关联联盟为单个企业创造了更多争夺异质化知识、信息以及资源的机会，企业能够从关联联盟中获得改变现有市场势力的要素，因此，较之以获得规模经济、追求成本分摊为目的的规模联盟，关联联盟更能产生改变企业相对市场势力的结果。如丰田与福特在美国市场就混合动力车领域达成关联联盟，丰田向福特提供混合动力和燃料电池技术，福特则通过与丰田建立伙伴关系帮助丰田缓解与美国汽车业的摩擦。销售数据显示，2007 年美国市场丰田销量达到 262.08 万辆，同比增长3.1%，主要原因是新车型如 Tundra 皮卡以及混合动力车销量大涨，2007 年丰田在美国共销售了 27.78 万辆混合动力汽车，同比增长 44%（中国汽车技术研究中心，2008）。2010 年 3 月丰田即使受到召回门事件的影响，丰田汽车依然是美国混合动力车销量冠军，主打车型普锐斯在美国销量上涨了 32.1%，而福特 Es-cape 和 Mariner 混合动力车型美国销量下跌了 6.3%[①]。事实上，2007 年福特在美国市场上的优势地位被丰田所取代，丰田已成为美国市场上仅次于通用的第二大汽车厂商，结束了福特公司连续 76 年占据这一位置的历史。

此外，值得注意的是，控制变量企业初始相对市场势力通过验证，证明以联盟形式实施合作性竞争行为会促使企业间原本不均等的市场势力更加失衡。而当联盟企业势均力敌时，合作性竞争将使联盟双方呈现一荣俱荣、一损俱损的竞争格局。换言之，市场势力差异显著的大企业与小企业通过组建关联联盟进行合作性竞争，不仅不会使大企业与小企业同时受益，反而会增大彼此间市场势力的差异。因为企业在资源争夺博弈中既可能获得成长机会也可能失去现有优势地位，所以，究竟是大企业还是小企业的市场势力获得增强具有不确定性。一种可能是大企业越来越大，小企业越来越小，合作性竞争产生更有利于大企业的结果；另一种可能是小企业在合作性竞争中反超大企业，随着联盟存续时间的增加这种反超愈加显著，终使企业相对市场势力显著改变，联盟初期较小的企业在联盟存续一段时间后反而成为对当地市场具有显著影响力的大厂商，合作性竞争产生了更有利于小企业的结果。

16.4.2　合作性竞争对市场范围影响的分析结果

同样采用强制进入法就合作性竞争对相对市场范围变化的短期与长期影响进行

---

① 资料来源：盖世汽车网，2010 年 4 月，http：//auto. cnfol. com/100407/169，1691，7489491，00. shtml。

二分类逻辑回归。短期影响模型的总预测准确率达到 69.7%，卡方值为 56.033，显著性水平为 0.000，Nagelkerke R^2 为 0.738；长期影响模型的总预测准确率达到 53.2%，卡方值为 36.999，显著性水平为 0.000，Nagelkerke R^2 为 0.728。表明两个模型的拟合优度较好，模型解释力良好。模型分析结果如表 16 - 3 和表 16 - 4 所示。

表 16 - 3　　　　　　　　　短期相对市场范围的强制进入逻辑回归结果

解释变量	模型结果		
	β_i 回归系数	OR 值的 95.0% 的置信区间	
		下限	上限
合作性竞争类型	1.028 (0.974)	0.414	18.879
股权参与	-0.506 (0.916)	0.100	3.630
本地市场	-1.665*	0.028	1.268
初始相对市场势力	3.436*** (0.884)	5.489	175.720
预测准确率	69.7%		
常数项	3.015*** (1.064)		
拟合优度	χ^{2**} = 56.033，似然比值（-2 Log likelihood）= 37.155，伪决定系数（Nagelkerke R^2）= 0.7388		
样本	n = 76　　t = 3		

注：***、**、* 分别表示在 0.01、0.05 和 0.1 水平上显著，括号内是标准误（S.E.）。
资料来源：129 产业报告、企业年报以及从汽车新闻网数据中心下载的全球汽车产业主要厂商合作伙伴的相关数据。

表 16 - 4　　　　　　　　　长期相对市场范围的强制进入逻辑回归结果

解释变量	模型结果		
	β_i 回归系数	OR 值的 95.0% 的置信区间	
		下限	上限
合作性竞争类型	0.212 (1.163)	0.126	12.079
股权参与	-0.183 (1.158)	0.086	8.052
本地市场	-1.570 (1.131)	0.023	1.911

续表

解释变量	模型结果		
	β_i 回归系数	OR 值的 95.0% 的置信区间	
		下限	上限
初始相对市场势力	2.518 *** (0.775)	2.715	56.686
预测准确率	53.2%		
常数项	2.103 *** (1.175)		
拟合优度	$\chi^{2**} = 36.999$，似然比值（−2 Log likelihood）= 27.965，伪决定系数（Nagelkerke R^2）= 0.728		
样本	n = 47　　t = 7		

注：***、**、* 分别表示在 0.01、0.05 和 0.1 水平上显著，括号内是标准误（S. E.）。
资料来源：129 产业报告、企业年报以及从汽车新闻网数据中心下载的全球汽车产业主要厂商合作伙伴的相关数据。

　　比较两个模型的结果发现，不论是长期影响模型还是短期影响模型同时通过检验的只有企业初始相对市场范围一个变量。联盟类型与企业相对市场范围变化之间不存在相关关系。同时，控制变量股权参与对企业相对市场范围的改变也没有影响，但是从短期看，联盟是否发生在较小企业的本地市场却与相对市场范围的变化显著负相关。这意味着关联联盟与规模联盟在影响企业相对市场范围方面不存在显著差异，合作性竞争不论采取哪种形式都可能产生企业相对市场范围改变的结果，且这种改变在企业进入新市场时尤为显著。经验验证没有发现支持关联联盟比规模联盟更能扩张企业市场范围的证据。假设 2 未获得支持。

　　企业初始相对市场范围通过检验意味着，当企业进入新市场时，合作性竞争行为能够有效帮助企业克服进入壁垒的阻碍，在不同程度上打破或削弱地方保护及非关税壁垒对企业的影响，成功实现市场进入，甚至有助于企业的产品以多种属性的身份进入某一市场，变外来产品为自产产品，变防范对象为受保护的对象。在这一过程中，企业选择组建规模联盟还是关联联盟不存在显著差异。以丰田与一汽的合作为例，2002 年一汽与丰田汽车公司签署了战略合作协议，一汽看重的是丰田家用小型车的生产能力，而丰田则看重一汽广布的销售渠道，自一汽丰田的合作平台构筑起来后，一汽先后引进了丰田的霸道、陆地巡洋舰、花冠、威驰等多个车型，从 SUV 到家用轿车，产品逐一进入市场，丰田完成了对中国市场的全面进入。同样是组建关联联盟，2007 年菲亚特与克莱斯勒就出租克莱斯勒美国生产线及分享在美市场零售分销渠道达成了协议，这一行为致使自

20 世纪 80 年代退出美国市场的菲亚特重返美国。而通用汽车通过组建规模联盟同样实现了市场进入。2002 年通用汽车公司通过与俄罗斯最大的汽车制造商阿夫托瓦兹汽车制造厂组建合资企业，使通用汽车在俄销量激增了 75%，实现了通用向俄罗斯市场的大举进入。

16.4.3　合作性竞争对产品差异影响的分析结果

同样采用强制进入法就合作性竞争对产品差异的短期与长期影响进行二分类逻辑回归。短期影响模型的总预测准确率达到 64.5%，卡方值为 41.296，显著性水平为 0.000，Nagelkerke R^2 为 0.576；长期影响模型的总预测准确率达到 63.8%，卡方值为 24.450，显著性水平为 0.000，Nagelkerke R^2 为 0.556。表明两个模型的拟合优度在可接受的范围内，模型具有一定的解释力。模型分析结果如表 16 - 5 和表 16 - 6 所示。

表 16 - 5　　　　　　　　短期相对产品差异的强制进入逻辑回归结果

解释变量	模型结果		
	β_i 回归系数	OR 值的 95.0% 的置信区间	
		下限	上限
合作性竞争类型	-3.667*** (0.853)	0.005	0.136
股权参与	-1.429** (0.694)	0.061	0.933
本地市场	-0.614 (0.702)	0.137	2.143
初始相对市场势力	3.436 (0.884)	0.008	1.731
预测准确率	64.5%		
常数项	2.851*** (0.993)		
拟合优度	χ^{2**} =41.296，似然比值（ -2 Log likelihood ）=57.602，伪决定系数（ Nagelkerke R^2 ）=0.576		
样本	n =76　　t =3		

注：***、**、*分别表示在 0.01、0.05 和 0.1 水平上显著，括号内是标准误（S. E.）。
资料来源：129 产业报告、企业年报以及从汽车新闻网数据中心下载的全球汽车产业主要厂商合作伙伴的相关数据。

表 16 - 6   长期相对产品差异的强制进入逻辑回归结果

解释变量	模型结果		
	β_i 回归系数	OR 值的 95.0% 的置信区间	
		下限	上限
合作性竞争类型	- 4.084 *** (1.233)	0.002	0.189
股权参与	- 0.852 (0.891)	0.074	2.444
本地市场	- 0.243 (0.869)	0.143	4.308
初始相对市场势力	- 3.062 * (1.786)	0.001	1.549
预测准确率	63.8%		
常数项	3.042 ** (1.353)		
拟合优度	χ^{2**} =24.450，似然比值（ -2 Log likelihood ）=37.063，伪决定系数（ Nagelkerke R^2 ）=0.556		
样本	n =14 t =7		

注：*** 、** 、* 分别表示在 0.01、0.05 和 0.1 水平上显著，括号内是标准误（S. E.）。

资料来源：129 产业报告、企业年报以及从汽车新闻网数据中心下载的全球汽车产业主要厂商合作伙伴的相关数据。

　　比较两个模型的结果发现，从短期影响看，联盟类型、股权参与与产品差异化显著负相关，即以规模联盟形式进行的合作性竞争比以关联联盟进行的合作性竞争更能导致产品差异化程度的加深，并且存在股权参与的联盟比没有股权参与的联盟更利于企业创造差异化的产品。而从长期影响看，联盟类型、初始相对产品差异与产品差异化显著负相关，即随着合作性竞争的深入，规模联盟较之关联联盟更有利于产品差异化，但是股权参与的优势已荡然无存，取而代之的是联盟初期的相对产品差异。这表明规模联盟比关联联盟更有利于产品差异化程度的加深，并且根据回归系数判断，这种趋势从长期看更显著。假设 3 获得支持。

　　规模联盟较之关联联盟更利于产品差异化的原因可能是，规模联盟参与双方从事相同或类似的活动，这种活动同时发生在生产与开发两个领域，技术上的合作研发为企业实施产品差异化创造了平台，生产上的业务合作为新产品的规模化提供了条件。一项新技术的开发可以应用到不同产品系列中，在全球汽车产业中混合动力系统与发动机技术的合作研发普遍存在，新技术的开发使产品差异化更易实现。如 2002 年宝马汽车公司协同标致—雪铁龙公司共同开发和生产新一代汽油发动机，以安装在标致、雪铁龙和 Mini 等车型上，目前宝马已开发出面对不同客户群体的三种系列产品。

需要进一步说明的是，存在股权参与的联盟在短期内更有利于产品差异化，因为股权约束有效保障了联合生产或联合研发的资源投入，股权参与成为取信对方的重要手段。故在联盟存续初期具有股权参与的合作性竞争更具短期效率，对产品差异造成的影响也更突出。随着合作时间的延续，信任的来源转变为对长期合作关系的信赖，故股权参与的长期效率不再显著，合作契约同样可以实现对机会主义行为的约束，致使股权参与对产品差异的长期影响削弱。

16.5 结论与启示

上述分析显示，假设 1 和假设 3 获得支持，假设 2 没有通过检验。这说明合作性竞争的组织形式不同对市场结构产生的影响也是不同的，合作性竞争并不必然导致垄断程度的提高。竞争双方出于对"双赢"收益的追求而展开的合作性竞争行为并不一定能够带来"双赢"的结果。由此得到以下三点结论：（1）从市场势力看，以关联联盟形式进行的合作性竞争比以规模联盟进行的合作性竞争更能导致企业相对市场势力的改变，且这种趋势从长期看更显著。合作性竞争既可能产生更有利于大企业的结果，也可能产生更有利于小企业的结果，甚至致使联盟双方呈现一荣俱荣、一损俱损的竞争结局。（2）合作性竞争能够帮助企业克服进入壁垒的阻碍，成功实现市场进入，但是，合作性竞争的组织形式与相对市场范围的改变没有相关关系，即在进入新市场时两种联盟形式的合作性竞争不存在显著差异。（3）从产品差异看，关联联盟在提供差异化产品方面不具优势，规模联盟较之关联联盟更有利于产品差异化，特别是当联盟双方具有股权参与时，合作性竞争在短期内就可对产品差异化程度的加深产生显著影响。

经济全球化条件下，中国企业如何理性选择合作性竞争行为及实施策略以参与国际竞争成为亟待解决的问题。通过本章的分析得到以下几点启示：

第一，国内企业与跨国公司进行合作必须谨慎为之。合作性竞争并不完美，并不必然产生双赢结果，特别是在合作双方实力悬殊的情况下，关联联盟形式的合作竞争的风险尤为突出，小企业很可能成为合作性竞争的"受害者"。如不能掌握核心技术、提升自主创新能力，一旦跨国公司终止合作关系，国内企业就会丧失竞争能力，"以市场换技术"战略的失败是对国内企业尤其是小企业参与国际竞争的警示。中国汽车业的发展充分体现了这一点。虽然中国汽车企业凭借渠道优势，在与跨国公司合作中迅速崛起，但在高端技术和核心专利方面却不得不长期"仰人鼻息"，使得中国汽车业的许多企业沦为专利拥有者的"高级打工者"。对国内企业而言，只有当自身具备了与跨国公司旗鼓相当的竞争力时，合作才是稳定的，合作性竞争的风险才会降低。所以，国内企业与跨国公司进行合作不能仅贪图短期利益，更要考虑合作性竞争的长期影响，双赢只是竞合双方的良好愿望，并不是所有的良好愿望都能成真。

第二，组建合作研发等规模联盟更有利于中国企业实现产品创新、生产差异化产品、提升品牌的市场价值。自主创新并不意味着闭门造车，事实上，全球化为科学技术知识的全球流动创造了非常有利的条件，以规模联盟形式进行的合作性竞争为企业充分利用全球知识储备、做到为我所用创造了条件。实践证明，跨国公司不会轻易将主流的核心技术转让给中国企业，企业不掌握核心技术，革命性创新也很难，如此中国企业在与跨国公司的合作中很容易形成技术依赖。中国企业不妨另辟蹊径，与市场上掌握替代性技术的弱势企业构建规模联盟，这类企业拥有只能通过规模化生产才能显现效益的技术专利。这种合作一旦形成新的技术标准，更加丰富、更加深化的产品创新及产品差异化就成为可能。

第三，当企业实施市场进入战略，特别是当中国企业进入国际市场时，无论是规模联盟还是关联联盟形式的合作性竞争均不失为企业的最优策略选择。全球化虽然降低了传统贸易壁垒，却在不同程度上提高了经济性壁垒，通过组建合资企业或是通过关联联盟换取市场渠道都能帮助企业有效克服进入壁垒的阻碍，为中国企业打开国际市场大门、提高国际影响力奠定成功的基础。虽然合作性竞争有助于中国企业进入国际市场，但是，企业市场范围的扩张并不意味着企业国际竞争力的提升。中国企业要成为"著名"的跨国公司不仅表现为市场范围的扩张，更表现为市场势力和市场竞争力的改变。所以，从长远来看，只有产生市场势力提升的市场进入才更具意义。

参考文献

［1］Augustine A. Lado. , Competition, Cooperation, and the Search for Economic Rents: A Syncretic Model Behavioral ［J］. *Academy of Management Review*, 1997, 22 （1）: 110 – 141.

［2］Culpan, Refik, *Multinational Business Alliance* ［M］. Binghamton: International Business Press, 1993.

［3］Dussauge Pierre, Bernard Garrette, Will Mitchell. Learning from Competing Partners: Outcomes and Durationsof Scale and Link Alliances in Europe, North America and Asia ［J］. *Strategic Management Journal*, 2000, 21 （2）: 99 – 126.

［4］Dussauge Pierre, Bernard Garrette, Will Mitchell. Asymmetric Performance: The Market Share Impact of Scaleand Link Alliances in the Global Auto Industry ［J］. *Strategic Management Journal*, 2004, 25 （7）: 701 – 711.

［5］HillC. W. L. , The Toyota Corporation in 1994 ［A］. C. W. L. Hill & G. R. Jones. Strategic Management: AnIntegrated Approach ［C］. Boston: Houghton Mifflin, 1995.

［6］Kalaignanam, Kartik, Venkatesh Shankar, Rajan P. Varadarajan. Asymmetric New Product Development Alliance: Win – Win or Win – Lose Partnership ［R］. Working Paper, The Pennsylvania State University, 2006.

[7] McConnell J. J. , T. J. Nantell. , Corporate Combinations and Common Stock Returns：The Case of Joint Ventures [J]. *Journal of Finance*, 1985, 40 (2)：516 – 539.

[8] Mitchell W. , K. Singh. , Survival of Businesses Using Collaborative Relationships to Commercialize Complex Goods [J]. *Strategic Management Journal*, 1996, 17 (3)：169 – 195.

[9] Powell W. W. , K. W. Koput, L. Smith – Doerr. , Interorganizational Collaboration and the Locus of Innovation：Networks of Learning in Biotechnology [J]. *Administrative Science Quarterly*, 1996, 41 (1)：116 – 145.

[10] Singh K. , W. Mitchell. , Precarious Collaboration：Business Survival after Partners Shut Down or form New Partnerships [J]. *Strategic Management Journal*, 1996 (17)：99 – 115.

[11] Stuart Toby E. , Interorganizational Alliances and the Performance of Firms：A Study of Growth and Innovation Rates in a High – Technology Industry [J]. *Strategic Management Journal*, 2000, 21 (8)：791 – 811.

[12] You, Jung – Ⅱ. , Small Firms in Economic Theory [J]. *Cambridge Journal of Economics*, 1995, 19 (3)：441 – 462.

[13] 中国汽车技术研究中心：《世界汽车工业发展年度报告2008》，中国汽车工业协会，2008 年。

第 17 章

合作性竞争行为与合作性竞争 绩效的关系：联盟结构的 中介效应分析[*]

17.1 问 题 提 出

经济全球化步伐的加快以及现代科学技术的蓬勃发展，使得越来越多的企业意识到竞争对手存在的价值，并开始加以有效利用，企业不是想尽办法消灭竞争，而是利用彼此间的差异通过合作创造共生共存的竞争格局，而战略联盟则是合作性竞争的主要组织形式（Dussauge et al. , 2000）。以全球汽车产业为例[①]，2007 年全球最大的 22 家整车制造商之间以战略联盟开展的合作性竞争共计 169起，合作性竞争广泛存在于合作研发、合作生产以及市场销售等多个领域。然而，与蓬勃发展的联盟趋势相对立的是现实中联盟的高失败率（Park and Ungson, 2001）。在与大型跨国公司的联盟中，我国企业也屡屡受挫，有些企业甚至陷入了既丢了品牌又失了市场的恶性循环中。到底是什么因素导致企业联盟热情高涨与联盟结果不甚理想这种主观愿望与客观现实的背离？为什么关系契约理论（Hoang and Rothaermal, 2005）、交易成本理论（Parkhe, 1993）、资源基础观（Simonin, 1997）等不同理论从不同视角对合作性竞争产生非对称绩效的内在原因进行阐述，但是却没有得出一致的结论？现实和理论中存在的问题，使我们不得不去探究其原因。产业组织理论为我们提供了一些线索，即绩效与行为和结构有关。具体来说，企业为追求更大利润和更高的市场占有率而与竞争者构建合作性竞争关系，这一行为的确可以形成企业的先动竞争优势，但是由于联盟各参与方竞争地位的不对等、技术能力的不对称等结构性问题，往往造成合作性竞争各参与方不同的心理预期，这就使得某些联盟更容易使企

---

　*　本章作者为冯文娜、杨蕙馨，发表在《中国工业经济》2011 年第 12 期（文章有改动）。
　①　资料来源：根据汽车新闻网相关数据整理得到，http：//www. autonews. com。

业获得欺骗对方的机会（Alvarez et al., 2001），进而扩大了原有结构性差异，最终导致联盟以失败告终。行为性差异与结构性差异使得合作性竞争成为高风险的不确定性活动。

企业如何解决行为性与结构性差异问题，如何提高合作性竞争的成功率，如何改善合作性竞争绩效就成为一个值得探究的话题。然而，目前理论界和实践界有关这一话题的探讨仍在少数。虽然，近年来的一些研究已经认识到行为因素与结构因素影响合作性竞争的绩效水平（Steven and Jeffrey, 2009；Bernhard, 2011），但是并未对两种因素的具体作用进行区分。本章通过全球汽车产业的相关数据验证回答"合作性竞争绩效与合作性竞争行为及联盟结构有关"的理论预期，希望能丰富和弥补该领域研究的不足，为企业合理运用合作性竞争战略提供新思路。

17.2　研　究　假　设

相互间是竞争对手的企业之所以进行合作，是因为双方或多方在某些方面具有共同的利害关系，因此，合作性竞争成败的关键是寻求受益与竞争之间的平衡。一旦这种平衡被打破，"双赢"的预期目标就无法实现，而平衡关系的维持则取决于合作性竞争面临的行为与结构约束。以下将从理论上就行为与结构因素如何作用于这一平衡关系予以分析。

17.2.1　合作性竞争行为与合作性竞争绩效

行为是绩效产生的直接原因，产业组织理论的 SCP 范式认为，企业行为决定着产业效果的质量。竞争性企业在生产、研发、营销等方面的合作性行为，直接影响着合作参与企业及其联盟的绩效水平。一般认为，合作性竞争行为会产生"双赢"的绩效结果，但是事实并非如此，有些类型的合作性竞争行为更容易导致合作性竞争的失败（Steven and Jeffrey, 2009）。例如，卡拉尼南（Kalaignanam, 2006）就发现在高新技术产业中基于研发的合作性竞争行为产生了"Win – Lose"的结果。通过文献梳理研究发现，行为性因素从三个构面对合作性竞争的绩效水平产生影响，即合作性竞争行为的资源特性、契约特性以及范围特性。

合作性竞争行为的资源特性反映了合作性竞争参与各方的资源投入情况。江旭（Xu Jiang et al., 2008）发现，合作中涉的资源类型是引起合作性竞争行为产生不同绩效结果的主要原因。在合作中，竞争性企业投入同质化资源构成规模联盟（Scale Alliance）①，而投入异质化资源则构成关联联盟（Link Alliance）（Dussauge et al.，2000）。投入资源的异质性决定了合作任务的复杂性，合作任务的复杂性决定了机会主义等破坏性策略行为发生的可能性，而破坏性策略行为一旦发生，原有的受益与竞争之间的平衡关系就被打破，对抗性绩效结果随之产生。在规模联盟中，企业为联盟提供相同的资源，共同从事同一价值链环节的活动，合作任务的复杂性程度较低，因此，合作较容易开展。而在关联联盟中，企业提供的是异质性资源并分别从事价值链不同环节的活动，合作任务的复杂性程度较高，联盟内部容易出现混乱与冲突，容易导致合作的非效率（Fryxell et al.，2002）。

合作性竞争行为的契约特性反映了企业与竞争对手构建合作关系的组织方式。合作双方依靠达成的各项契约来进行合作就构成了契约型联盟，而合作双方通过持有对方股权或者共同拥有合资企业的股权来进行合作则构成股权型联盟。股权可以使竞争性企业变得更加利益相关，更可以作为一种可置信的承诺，增强各参与方的信赖感（Janet and Masaaki，2005）。因此，股权型联盟更容易将参与方彼此的利益捆绑到一起，更好地规避盟友背叛的风险。而契约型联盟则相对松散，加之信息的不完备性及人的有限理性使得契约型联盟缺乏稳定性和长远利益，组织效率较低。

合作性竞争行为的范围特性反映了合作跨越地区、国家疆域的情况。联盟企业来自不同国家构成跨国联盟，而来自同一国家企业组建的联盟则为本土联盟。跨国联盟由于巨大的文化与组织差异增加了联盟控制和协调上的困难，而国家间法律、政策、规则的差异也给跨国联盟企业带来了更大的市场不确定性，因而合作关系更容易中断（Yan and Zeng，1999）。本土联盟则不存在以上困扰，因而其协调与控制难度相对较低，联盟更容易实现预期绩效。基于以上分析，提出研究假设1.1、假设1.2和假设1.3。

H1.1：合作性竞争行为表现为关联联盟而非规模联盟更容易导致非对称的合作性竞争绩效。

H1.2：合作性竞争行为表现为契约型联盟而非股权型联盟更容易导致非对称的合作性竞争绩效。

H1.3：合作性竞争行为表现为跨国联盟而非本土联盟更容易导致非对称的合作性竞争绩效。

---

① 规模联盟实现了竞争者之间的成本分摊，可使单个企业获得规模经济，研发合作、联合生产组装、下承包等都属于规模联盟的范畴。沃尔沃、雷诺与标致为了共同研发 V6 型发动机而在 1971 成立的 PRV 联盟就属于规模联盟，1991 年空中客车与 4 家欧洲飞机制造商联合开发适用于欧洲市场的商用客机也属于规模联盟的范畴。关联联盟实现了竞争者之间的资源、技能共享。例如一个企业为另一个企业新开发的产品提供市场准入。通用汽车与五十铃汽车在 20 世纪七八十年代结成的联盟以及通用与丰田在 1983 年构建的 NUMMI 合资企业都属于关联联盟的例子。

17.2.2　合作性竞争行为与联盟结构

联盟结构反映了联盟参与企业在市场地位以及技术能力等方面的差异（Kalaignanam，2006；Bernhard，2011）。本章从相对竞争地位（Dussauge et al.，2004）和相对产品差异两个维度来衡量联盟的结构性差异。相对竞争地位反映的是联盟参与企业在联盟影响力、控制力上的差异，相对产品差异反映的则是联盟参与企业技术能力的异质性程度。不同于 Lee（2007）直接使用技术能力差异指标，本章使用产品差异指标间接的反映企业在技术能力上的差异。这是因为，无论从研发投入还是从专利拥有量去衡量技术能力都不能全面反映企业间的技术距离，而产品作为技术的最终表现形式能够很好地反映企业在技术水平上的差距，技术能力越接近企业间产品的差异性越小，产品越趋于同质。

在贝恩以后的产业组织理论研究中，结构、行为、绩效之间顺序的单向关系被证明是可以逆向或多向的。从联盟层面上看，竞争性企业间的合作行为会引起联盟结构一定程度的改变，这是因为，合作能为企业带来新的知识与信息，这正是联盟结构性差异发生改变的物质基础。但是，并非所有类型的合作性竞争行为都能为企业提供等同机会获取有关的知识、信息。比较而言，那些基于异质性资源投入、跨域不同国家、具有股权约束的合作性竞争行为更能为企业获取异质性知识、信息提供可能，而那些基于同质性资源投入、本土企业之间的契约型合作性竞争行为在这方面则稍逊一筹。这就是说，如果联盟的结构性差异可以通过异质性知识予以消除，那么能够带来大量异质性知识的合作性竞争行为就更具结构改变效应，相反，如果联盟的结构性差异需要通过获取新的同质化知识予以消除，那么能够产生大量同质性知识的合作性竞争行为就更具潜在优势。所以，合作性竞争行为对联盟结构的改变作用取决于行为特征差异与联盟结构性差异之间的对应性。异质性知识更有益于企业相对竞争地位的改变，为企业创造更多地进入新商业领域的机会，而同质性知识则更有益于改变企业间的相对产品差异。这是因为，异质性知识会扩大联盟企业间的技术距离，而同质性知识则可以直接应用于差异化产品的创造上。基于以上分析，提出假设2.1、假设2.2 和假设2.3。

H2.1：合作性竞争行为表现为关联联盟而非规模联盟更容易改变导致企业相对竞争地位的改变，而不利于企业相对产品差异的改变。

H2.2：合作性竞争行为表现为契约型联盟而非股权型联盟更容易改变导致企业相对竞争地位的改变，而不利于企业相对产品差异的改变。

H2.3：合作性竞争行为表现为跨国联盟而非本土联盟更容易改变导致企业相对竞争地位的改变，而不利于企业相对产品差异的改变。

17.2.3 联盟结构的中介效应

合作性竞争行为引发了联盟结构性差异的变化，其效应要么是扩大或缩小了原有结构性差异，要么是保持了原有的结构性差异。只有在结构性差异维持不变的情况下，原有的受益与竞争之间的平衡关系才不会发生改变，否则，不论是对结构性差异的扩大还是缩小都有可能导致受益与竞争关系的失衡。这就是说，在行为、结构、绩效之间存在这样一种逻辑，即行为的发生引起结构的变化，变化了的结构致使绩效水平发生改变。而结构变化引致绩效改变的关键因素在于企业的心理预期，当结构性差异发生改变时，企业对于合作性竞争行为未来绩效结果的心理预期将发生改变，进而实施相应的应对策略，最终使预期转化为现实结果。因此，在整个过程中，联盟结构性差异的改变成为决定联盟成败的关键拐点，当然在这一过程中，同样存在着行为差异的影响。

具体而言，相对竞争地位的改变与合作性竞争绩效结果之间存在着一定的先后发生次序，理性行为者总是在观察到相对竞争地位的变化后，才会做出终止或继续合作的决定。当合作性竞争引发相对竞争地位提升时，企业才有意愿将合作继续下去，反之，如果合作性竞争行为引发了企业竞争地位的下降，理性行为者就会选择终止这种不能带来自身利益提升的行为，那么合作就会出现非正常终止。所以，合作性竞争行为得以持续的前提条件是合作性竞争引发了有意义的竞争地位改变，竞争地位不同程度的改变带来了合作性竞争绩效水平的不同变化。而从产品差异维度上看，当合作性竞争引发相对产品差异增大时，企业越具有提供差异化产品的技术能力，反之，如果合作性竞争行为引发了相对产品差异的减弱，企业间的同质性、竞争性越强，合作越不稳定。这是因为，竞争理论表明，产品差异越小企业间的竞争性越显著，企业为争夺市场而展开的竞争就越激烈；相反，当企业提供的产品具有较大差异化水平时，则容易产生共存的结果，企业间的竞争性、对抗性也会随着产品差异化程度的加深而减弱。这就意味着，合作性竞争行为如果引发了合作双方产品的趋同，合作的稳定性反而会降低，过强的竞争性致使企业为了获得商业机会而易实施机会主义行为，从而破坏了合作的稳定性。基于以上分析，提出研究假设3.1和假设3.2。

H3.1：合作性竞争行为通过改变企业间的相对竞争地位而对合作性竞争的绩效水平产生影响，企业相对竞争地位在这一过程中起到中介作用。

H3.2：合作性竞争行为通过改变企业间的相对产品差异而对合作性竞争的绩效水平产生影响，企业相对产品差异在这一过程中起到中介作用。

17.3　数据来源、变量测量与模型选择

17.3.1　数据来源

研究使用的数据来自全球汽车产业 89 个战略联盟，其中，13 个联盟已经宣告终结，76 个联盟仍处于存续期。所有数据均来自现有的二手文献资源，主要包括产业报告、企业年报以及汽车新闻网（http：//www. autonews. com）数据中心提供的全球汽车产业主要厂商合作伙伴的相关数据，全部数据截至 2008 年。通过查阅大量相关网页来收集有关联盟组建目的、联盟双方资源投入类型、联盟的组建形式、联盟企业的国别等信息来确定合作性竞争的行为特征。对于合作性竞争绩效的确定也来自相关网页关于联盟存续状态的介绍。

17.3.2　变量选择与测量

被解释变量为合作性竞争的绩效水平。一般地，可以使用两类指标对合作性竞争的绩效水平进行衡量。一类是财务指标，如利润率、成本和投资回报率等（Luo，2002；Jennings et al. ，2000）；另一类则是非财务的目标指标（Objective Index），如联盟的存活情况（McCutchen，2008）、持续时间（Beamish and Delios，1997）以及稳定性（Xu Jiang et al. ，2008）等。本研究选择非财务的目标指标来衡量合作性竞争的绩效水平，以联盟的存续状态作为划分合作性竞争绩效水平的依据。该变量有两个取值，即合作性竞争的非正常终止与正常延续。合作性竞争的非正常终止是指包括经由法律程序宣告终止、由某个联盟企业单方面宣布合作终止以及联盟双方共同宣告合作中断在内的三种联盟存在状态（McCutchen，2008）。合作性竞争的正常延续则将合作进展缓慢、修正合作计划发生联盟改组、合作按预期持续、合作圆满结束等联盟存在状态纳入其范畴。被解释变量"合作性竞争绩效水平"为二分类变量，非正常终止赋值为 1，正常延续赋值为 0。

解释变量为合作性竞争行为的资源特性、契约特性以及范围特性，三个解释变量均为二分类变量。其中，合作性竞争行为的资源特性根据联盟参与企业投入资源的异质性情况进行赋值，基于同质性资源的合作性竞争行为（规模联盟）赋值为 0，基于异质性资源的合作性竞争行为（关联联盟）赋值为 1。合作性竞争行为的资源特性根据联盟参与企业的股权参与情况进行赋值，不涉及股权关系的合作性竞争行为（契约型联盟）赋值为 0，具有股权参与的合作性竞争行为（股权型联盟）赋值为 1。合作性竞争行为的范围特性根据企业所属地域的情况进行

赋值，参与企业来自同一国家的合作性竞争行为（本土联盟）赋值为 0，参与企业来自不同国家的合作性竞争行为（跨国联盟）赋值为 1。

中介变量为联盟企业相对竞争地位的改变量及联盟企业相对产品差异的改变量。值得说明的是，在全部数据中有 13 个联盟 2008 年前就已处于非正常终止状态，因此，数据截止点以联盟终止日为准，即取联盟终止时联盟企业相对竞争地位及相对产品差异的改变量。公式（17－1）用以计算企业在联盟存续期内相对竞争地位的变化；公式（17－2）用以计算企业在联盟存续期内相对产品差异的变化。为了便于数据分析，将中介变量定义为二分类变。

$$dRCP_t = |RCP_t - RCP_0|/RCP_0 \qquad (17-1)$$

其中，RCP_0 = 较小企业初期销售毛利率/较大企业初期销售毛利率，即用销售毛利率的比值衡量联盟建立初期企业竞争地位的差异；RCP_t = 较小企业 t 期销售毛利率/较大企业 t 期销售毛利率。式中，联盟组建初期销售毛利率较低一方为较小企业，销售毛利率较高的一方则为较大企业，RCP_t 反映了联盟企业在联盟初期销售毛利率上的差异。在计算第 t 期联盟企业相对竞争地位时，代入公式的数值为联盟组建初期较小及较大企业在第 t 期时的销售毛利率。计算全部样本 $dRCP_t$ 的平均值 $\overline{dRCP_t}$，单个样本值大于平均值说明存续期内联盟企业的相对竞争地位改变显著，计为 1，小于平均值说明存续期内联盟企业的相对竞争地位改变不显著，计为 0[1]。

$$dRPD_t = |RPD_t - RPD_0|/RPD_0 \qquad (17-2)$$

其中，RPD_0 = 较小企业初期广告投入/较大企业初期的广告投入，即用广告投入的比值衡量联盟建立初期企业间的相对产品差异[2]。RPD_t = 较小企业 t 期广告投入/较大企业 t 期广告投入。公式中，联盟组建初期广告投入较小的一方视为较小企业，广告投入较多的一方则为较大企业。在第 t 期相对产品差异计算公式中，分子为初期较小企业在第 t 期的广告投入，分母为初期较大企业在第 t 期的广告投入，公式反映了合作性竞争行为对初始相对产品差异的改变。计算全部样本 $dRPD_t$ 的平均值，单个样本 $dRPD_t$ 值大于平均值说明存续期内联盟企业的相对产品差异改变显著，小于平均值说明存续期内联盟企业的相对产品差异改变不显著，计为 0[3]。

---

[1] 计算公式（17－1）由皮埃尔·迪索热（Pierre Dussauge）提出，用以计算联盟企业相对竞争地位的变化，代入公式的数值分别为较小与较大企业的销售收入。本章认为销售毛利率之销售收入更能反映联盟企业在联盟控制能力、价格影响能力上的差异，因此代入公式的数值为较小与较大企业的销售毛利率，因此代入公式的数值为较小与较大企业的销售毛利率（Dussauge et al.，2004）。

[2] 威廉·G. 谢波德（2009）在《产业组织经济学》一书中指出，广告会促进市场分割，增加价格歧视的范围，增强产品差异化，因此在经验研究中通常使用广告投入作为衡量产品差异的指标。

[3] 在样本联盟中存在三方或多方联盟的情况，因此，在计算相对竞争地位以及相对产品差异时，是以联盟中差异最大的两个企业的销售毛利率及广告投入计算，即以相对竞争地位及相对产品差异的最大值来描述联盟结构的状态。

控制变量包括：（1）联盟组建初始阶段企业间的相对竞争地位及相对产品差异，简称初始相对竞争地位与初始相对产品差异。二者均为连续变量，初始相对竞争地位由联盟创立初期较小与较大企业销售毛利率的比值来衡量，而初始相对产品差异由联盟创立初期较小与较大企业广告投入的比值来衡量。选择联盟初始结构作为控制变量的原因在于，结构对于行为同样具有约束作用，不同的结构性差异状态可能引起不同的合作性竞争行为选择，换言之，合作性竞争行为需满足结构性匹配条件。（2）合作性竞争持续时间。该变量为连续变量，反映的是样本联盟的存续时间，因为全部数据采集截至 2008 年，所以变量衡量的是联盟从组建之初到 2008 年的存续状态。选择联盟存续时间作为控制变量的原因在于，联盟的存续时间与良好合作经验的积累有关，良好的合作经验会增强企业对合作性竞争未来绩效的良好心理预期，因此，合作性竞争容易走向良性循环。

17.3.3 模型选择

根据被解释变量、解释变量、中介变量以及控制变量的性质，研究选择二分类逻辑回归模型来完成数据分析任务，分析合作性竞争行为、联盟结构与合作性竞争绩效的关系。Logistic 回归模型为 $\text{Log} P/(1-P) = b_0 + b_1 x_1 + b_2 x_2 + \cdots + b_n x_n$，其中，$b_0$ 为常数项，b_1，b_2，…，b_n 为回归系数，x_1，x_2，…，x_n 分别是自变量、中介变量以及各控制变量。数据处理采用统计分析软件 SPSS 13.0 完成。

17.4 数据分析结果

为验证理论假设，研究对样本数据进行了层级式逻辑回归分析，共包括 6 个模型（数据见表 17 - 1），所有模型均采用强制进入法进行回归检验。模型 1 - 2 是合作性竞争的行为特征与合作性竞争绩效的统计分析，结果显示合作性竞争行为的资源特性（β = 3.161，P < 0.01）对合作性竞争绩效影响显著。数据结果表明，基于异质性资源的合作性竞争行为（关联联盟）比基于同质性资源的合作性竞争行为（规模联盟）更容易引起合作性竞争的非正常终止。假设 H1.1 获得支持。但是，合作性竞争行为的契约特性以及范围特性则与合作性竞争的绩效水平无关，这说明在全球汽车产业中厂商是否以股权形式完成合作，是否进行跨国联盟对合作绩效没有显著影响。假设 H1.2、假设 H1.3 未获得支持。可能的解释是，在全球汽车产业中，处于合作性竞争关系的厂商之间一般承受的是软约束，各成员所拥有的关系性资本是一种独特的稀缺资源，其作用往往是任何实体资产都无法替代的，而且会在相当长的时间里发挥效用，因而，这种合作性竞争行为在本质就是构建一种关系性契约，即使没有股权关系的硬性承诺，合作契约也是

可以置信的。所以，是否采用合资企业等股权式合作方式对合作性竞争的绩效结果并不产生实质性影响。另外，全球汽车产业的全球化水平较高，企业间的竞争战略和资源配置方式已经超越了一个国家甚至区域的地理界限，企业价值链的所有活动不是在一个国家的框架内实现，而是基于全球平台在全球范围内配置资源，因而，跨国公司往往将研发、生产、采购和销售等各个功能的活动分配给全球最适宜发展的地区。所以，跨国联盟的风险性、脆弱性并没有预想的高。

表 17－1　　　　　　　　　　　　层级式逻辑回归结果

变量	合作性竞争绩效水平		相对竞争地位改变	相对产品差异改变	合作性竞争绩效水平	
	模型 1－1	模型 1－2	模型 1－3	模型 1－4	模型 1－5	模型 1－6
合作性竞争行为的资源特性		3.161 ***	2.454 ***	－3.608 ***		－2.191
合作性竞争行为的契约特性		－0.987	0.650	1.127		－4.747
合作性竞争行为的范围特性		1.315	1.504 **	－0.575 *		0.059
相对产品差异改变					1.362 *	2.484
相对竞争地位改变					4.616 ***	9.585 **
初始相对竞争地位	1.176 **	－0.938 *	－0.572	0.461	－0.578	－0.545
初始相对产品差异	0.633	－0.871	－0.026	0.741 **	－1.219	－2.444
合作性竞争持续时间	1.776 **	－2.903 **	0.039	－0.232	－2.429 *	－5.111 *
截距	3.281 ***	－6.275 ***	－3.420 ***	1.823 **	4.477 ***	－9.675 **
预测准确率（％）	88.8	93.3	83.1	83.1	95.5	96.6
伪决定系数（Nagelkerke R^2）	0.523	0.672	0.383	0.572	0.802	0.863
卡方（Chi-square）	32.235 ***	44.053 ***	27.874	48.829	55.894 ***	61.927 ***
似然比值（－2 Log likelihood）	45.225	33.407	79.647	70.464	21.567	15.533
N（样本量）	89	89	89	89	89	89

　　注：表中所示的是 β 值；*** 、** 、* 分别表示在 0.01，0.05 和 0.1 水平上显著。
　　资料来源：根据产业报告、企业年报及汽车新闻网相关数据（http://www.autonews.com）整理得到。

　　模型 1－3、模型 1－4 是合作性竞争的行为特征与相对竞争地位改变及相对产品差异改变的统计分析，模型验证了理论分析中的部分观点。结果显示，关联联盟和跨国联盟能够提供更多的异质性知识，而这些异质性知识使企业间的相对竞争地位差异发生了有效改变（β＝2.454，P＜0.01；β＝1.504，P＜0.05），而规模联盟和本土联盟则在提供同质性知识方面具有优势（β＝－3.608，P＜0.01；β＝－0.575，P＜0.01），因而规模联盟和本土联盟使联盟企业间的产品差异发生显著改变。H2.1、H2.3 获得支持。但是，合作性竞争行为的契约特性则与联盟企业相对竞争地位及相对产品差异的改变无关。H2.2 未通过显著性检验。这说明，合作性竞争行为是否具有硬约束与知识的溢出效应无关，也不影响知识运用和创造的相对效率，合作性竞争行为的关系性契约本质决定了它主要用于那些语境依赖性强、意会性高的知识的获取和创造过程，这种意会性知识既可能是同质的也可能是异质性的，因此不存在股权型联盟对联盟结构性差异的显著影响。

模型 1 - 5 是联盟结构与合作性竞争绩效水平的回归分析，结果显示联盟结构性差异的改变对合作性竞争的最终绩效水平具有直接影响（β = 4.616，P < 0.01；β = 1.362，P < 0.1）。模型 1 - 6 则表明，在加入联盟结构后，整个模型的解释度由 93.3%（模型 1 - 2）提高到 96.6%，但是，合作性竞争行为的资源特性对合作性竞争绩效水平的影响作用不再显著（β = - 2.191，P < 0.01），这表明联盟结构对合作性竞争行为的资源特性产生某种替代效应。控制变量"合作性竞争持续时间"通过了显著性检验（β = - 5.111，P < 0.1），说明信任是一种预期概念，这种预期可以通过长期交往予以积累，因此，双方交易的期限越长久越有可能建立相互间的信任，信任使未来一系列交互变为可能，从而是合作性竞争参与各方获得更加长远的收益。为进一步剖析联盟结构对合作性竞争行为产生的替代作用，分别以相对竞争地位和相对产品差异为中介变量进行多阶段层级式回归，数据分析结果如表 17 - 2、表 17 - 3 所示。

表 17 - 2　　　　　　　　　以相对竞争地位为中介变量的模型检验结果

变量	合作性竞争绩效水平	相对竞争地位改变	合作性竞争绩效水平
	模型 2 - 1	模型 2 - 2	模型 2 - 3
合作性竞争行为的资源特性	2.951 *** (1.089)	2.452 *** (0.683)	0.443 (2.056)
合作性竞争行为的契约特性	- 0.925 (0.943)	0.652 (0.584)	- 2.735 (1.713)
合作性竞争行为的范围特性	1.681 (1.087)	1.516 (0.711)	0.967 (1.317)
相对竞争地位改变			6.290 ** (2.679)
初始相对竞争地位	1.159 ** (0.513)	- 0.582 * (0.349)	- 1.348 (0.919)
合作性竞争持续时间	- 2.896 ** (1.211)	0.044 (0.365)	- 3.933 ** (1.645)
截距	- 6.392 *** (1.855)	- 3.427 *** (0.846)	- 7.663 *** (2.413)

续表

变量	合作性竞争绩效水平	相对竞争地位改变	合作性竞争绩效水平
	模型 2 - 1	模型 2 - 2	模型 2 - 3
预测准确率（%）	92.1	83.1	97.8
伪决定系数（Nagelkerke R^2）	0.647	0.383	0.813
卡方（Chi-square）	41.952 ***	27.868 ***	56.973 ***
似然比值（- 2 Log likelihood）	35.509	79.653	20.488
N（样本量）	89	89	89

注：表中所示的是 β 值；*** 、** 、* 分别表示在 0.01、0.05 和 0.1 水平上显著，括号内是标准误差（S. E.）。

资料来源：根据产业报告、企业年报及汽车新闻网相关数据（http：//www. autonews. com）整理得到。

表 17 - 3 　　　　　 以相对产品差异为中介变量的模型检验结果

变量	合作性竞争绩效水平	相对产品差异改变	合作性竞争绩效水平
	模型 3 - 1	模型 3 - 2	模型 3 - 3
合作性竞争行为的资源特性	3.571 *** (1.138)	3.723 *** (0.812)	2.593 * (1.343)
合作性竞争行为的契约特性	- 0.977 (0.882)	- 1.232 (0.634)	- 0.903 (0.932)
合作性竞争行为的范围特性	1.524 (1.138)	0.504 (0.804)	1.528 (1.154)
相对产品差异改变			1.745 (1.336)
初始相对产品差异	- 1.269 * (0.650)	- 0.881 *** (0.339)	- 0.958 (0.704)
合作性竞争持续时间	- 3.335 *** (1.159)	0.014 (0.277)	- 2.887 ** (1.140)
截距	- 6.541 *** (1.923)	- 1.776 ** (0.814)	- 6.818 *** (1.986)
预测准确率（%）	91	84.3	89.9
伪决定系数（Nagelkerke R^2）	0.630	0.559	0.654
卡方（Chi-square）	40.566 ***	47.315 ***	42.558 ***
似然比值（- 2 Log likelihood）	36.894	71.978	34.902
N（样本量）	89	89	89

注：表中所示的是 β 值；*** 、** 、* 分别表示在 0.01、0.05 和 0.1 水平上显著，括号内是标准误差（S. E.）。

资料来源：根据产业报告、企业年报及汽车新闻网相关数据（http：//www. autonews. com）整理得到。

　　模型 2 - 1、模型 2 - 2、模型 2 - 3 验证了相对竞争地位的中介效应[①]。模型 2 - 1、模型 2 - 2 分别是合作性竞争的行为特征与合作性竞争绩效水平以及相对竞争地位改变的回归分析，结果显示，合作性竞争行为的资源特性对合作性竞争绩效水平影响显著（$\beta = 2.951$，$P < 0.01$），同时对企业相对竞争地位改变具有显著影响（$\beta = 2.452$，$P < 0.01$）。模型 2 - 3 是在模型 2 - 1、模型 2 - 2 的基础上，对合作性竞争的行为特征、相对竞争地位改变与合作性竞争绩效水平进行回归分析，结果显示，当加入相对竞争地位的改变后，整个模型的解释度提高到 97.8%。其中，资源特性维度对合作性竞争绩效水平的影响作用不再显著（$\beta = 0.443$，$P > 0.1$），而企业相对竞争地位改变却显著影响着合作性竞争的绩效水平（$\beta = 6.290$，$P < 0.05$），这说明企业相对竞争地位改变在合作性竞争行为的资源特性与合作性竞争绩效水平之间起到显著的完全中介效应，但是研究并未发现其对合作性竞争行为的契约特性与范围特性具有中介作用。假设 H3.1 获得部分支持。

　　模型 3 - 1、模型 3 - 2、模型 3 - 3 验证了相对产品差异的中介效应。模型 3 - 1、模型 3 - 2 显示，合作性竞争行为的资源特性对合作性竞争绩效水平影响显著（$\beta = 3.571$，$P < 0.01$），同时对相对产品差异的改变影响显著（$\beta = 3.723$，$P < 0.01$）。模型 3 - 3 显示，联盟企业相对产品差异的改变与合作性竞争绩效的回归系数为 $\beta = 1.745$（$P > 0.1$），该系数不显著，合作性竞争行为的资源特性从（$\beta = 3.571$，$P < 0.01$）降低为（$\beta = 2.593$，$P < 0.1$），$\Delta\beta = 0.978$，显著性呈现部分降低。通过 Soble 检验计算得出 Z 值为 1.7，大于临界值 0.90（$P < 0.05$），说明企业相对产品差异改变对合作性竞争行为的资源特性与合作性竞争绩效的部分中介效应显著[②]，中介效应占总效应的比值为 0.182。模型并未发现相对产品差异改变对合作性竞争行为的契约特性与范围特性的中介作用。H3.2 被拒绝。相对产品差异的传导作用显著弱于相对竞争地位的原因在于，短期内联盟所面对

---

　　①　按照温忠麟等（2004）对检验中介变量的统计方法的建议，中介效应的检验步骤是：首先，检验自变量与因变量回归系数的显著性。根据回归方程 $Y = cX + e$，检验回归系数 c 的显著性，如果 c 显著则继续中介效应验证，如果 c 不显著则检验终止。然后，检验自变量与中介变量、中介变量与因变量回归系数的显著性。根据方程 $m = ax + e$ 及 $Y = c'X + bm + e$，分别检验回归系数 a 和 b 的显著性，如果系数 a 和 b 均显著，则进入检验程序的最后一步，即对加入中介变量后的自变量与因变量回归系数的显著性进行检验，即根据方程 $Y = c'X + bm + e$，检验回归系数 c' 的显著性，通过 c' 的显著性来判断中介变量的中介效应。若自变量与因变量回归系数 c' 不显著，则中介变量具有显著的完全中介效应；若自变量与因变量的回归系数 c' 显著，则只能说明中介变量具有显著的部分中介效应。如果系数 a 和 b 至少有一个不显著，那么则需要进行 sable 检验，并以此判断中介变量的中介效应。

　　②　由于 SPSS 统计软件中没有直接给出 Soble 检验值，因此需要根据公式进行计算。Soble 根据一阶 Taylor 展示得到公式 $S_{ab} = \sqrt{a^2 s_b^2 + b^2 s_a^2}$ 其中 s_a 和 s_b 是回归系数 a 和 b 的标准误差。检验统计量为 $Z = \dfrac{ab}{S_{ab}}$。因为，此时总体分布为非正态，因此这个检验公式的 Z 值和正态分布下的 Z 值检验是不同的，临界概率也不能采用正态分布概率曲线来判断。

的市场需求、市场规模趋于稳定，在相对稳定的市场环境下，联盟对相对产品差异的变化并不敏感。但是，随着时间的推移，市场环境发生改变，联盟就会对相对产品差异的变化做出反应，进而使合作性竞争的绩效水平发生改变。

17.5　结论与启示

本章分析了行为因素与结构因素对合作性竞争绩效发生作用的过程和机理，并结合全球汽车产业 89 个战略联盟样本数据，对上述理论进行了实证研究，主要得出以下几点结论：

（1）行为性因素对合作性竞争绩效水平的制约作用，主要表现在行为的资源特性上。一般认为获得互补资源是企业进行合作性竞争的主要原因，或者说，资源的相互依赖性是合作性竞争行为产生的条件，但是研究却发现，较高的资源异质性并不有益于合作的延续。虽然将分散于不同企业的资源进行整合，可以保证成员以较低成本实现资源的优化配置，但是从长期来看，较高的资源异质性增大了合作瓦解的潜在风险。企业之间的竞争性使得一方有可能利用"合作"形式来发展自有的相对优势，给对方企业造成风险和损失。另外，在全球汽车产业中，处于合作性竞争关系的厂商之间一般承受的是软约束，合作性竞争行为在本质就是构建一种关系性契约。没有证据表明具有股权关系的合作性竞争行为比契约性合作性竞争行为更能保证合作的顺利进行。这就意味着，在全球化程度较高的产业，企业不必过多寻求产权关系的保护，产权关系并不比关系性契约关系更可靠。研究同时发现，在全球汽车产业中，企业间的合作已经超越了一个国家或地区的地理界限。可以推断在全球化、标准化程度较高的产业中，由文化、地域差异引起的联盟内冲突相对较少，因而，本土联盟并不比跨国联盟更稳定、更有利于合作性竞争的成功。

（2）行为对结构的改变作用取决于行为特征差异与联盟结构性差异之间的对应性。研究发现，企业间相对竞争地位改变的基础是合作中异质性知识的溢出，而企业间相对产品差异的改变则是大量同质性知识积累的结果。关联联盟与跨国联盟在异质性知识的提供上显著优于规模联盟与本土联盟，因而基于异质性资源的跨国合作往往产生扩大联盟企业原有相对竞争地位差异的结果，而规模联盟和本土联盟则容易引发联盟结构在相对产品差异上的改变。但是，研究并未发现合作性竞争行为的契约特性与联盟企业相对竞争地位及相对产品差异改变有关的证据。

（3）结构性因素对合作性竞争的绩效水平不仅具有直接影响，而且在合作性竞争行为产生合作性竞争绩效的过程中，联盟结构承担了关键的传导作用。研究发现，结构性因素的中介作用具有复杂性，在相对竞争地位维度上，联盟结构在合作性竞争行为与合作性竞争绩效水平之间具有完全中介效应。但是，在相对产品差异维度上，联盟结构的中介效应却不是完全的。任何形式的合作都是不完全的，都存在一方当事人利用合作中存在的缺陷侵占另一方利益的可能性。而影响合作性竞争未来走向的决定性因素不是事前所制定的条款，而是由当事人相对竞争地位决定的讨价还价能力。所以，合作性竞争走向失败或成功的关键拐点在于合作性竞争行为引起的相对竞争地位的变化。

经济全球化条件下，我国企业如何理性选择合作性竞争行为及实施策略以参与国际竞争成为亟待解决的问题。通过本章的分析得到以下几点启示：

（1）尽量避免以市场资源为代价的合作性竞争。在与大型跨国公司进行合作的过程中，我国企业经历过一段"以市场换技术"的中外合资模式，最终的结果是失去了市场却并未换来真正的技术。在这类合作中，市场资源常常作为发展中国家企业与跨国公司进行合作的筹码，其结果往往是先进工业国企业通过向发展中国家企业提供技术及营销能力等，达到了进入和占领发展中国家市场的目的。实力较强的先进工业国企业在保护自己竞争优势的同时侵蚀了对方的竞争优势，实力弱小的发展中国家企业很有可能成为这种基于异质性资源的合作性竞争的牺牲品。因而，要尽量避免以获取市场份额为目的的合作性竞争行为。经济全球化时代，基于同质性资源的合作性竞争成功概率较高，因而，技术交流协议、共同研发、生产营销协议等应成为企业参与合作性竞争的首选。

（2）在合作性竞争中增加关系性资本投资。关系性资本构成了合作性竞争的软约束，关系性资本的风险防范作用是任何实体资产都无法替代的，尤其是在任务复杂性程度较高的情况下，关系性资本这一独特的稀缺资源可以帮助交易双方克服风险性心理障碍、赢得合作。任何契约都是不完备的、有风险的，但是，当契约嵌入于具体的、行动者当前的关系体系中时，关系性资本就可以起到弥补契约不完全性、提升合作预期、保障合作稳定的作用。全球汽车产业的经验表明具有强制约束力的股权关系仅起到增加威慑力的作用，并不显著改变合作性竞争的绩效水平，现实中的合作往往依赖习惯、诚信、声誉等软约束来完成，关系性资本的投入与积累使得看似危机重重的合作性竞争行为具有更强的稳定性。因而，经济全球化条件下，我国企业在与跨国公司进行合作性竞争时，应更多关注关系性资本的投资，而不是产权关系的构建。

（3）发展实力对等企业间的合作性竞争。事实证明，合作性竞争并不完美，并不必然产生双赢的结果。特别是在合作双方实力悬殊的情况下，由于合作双方的竞争地位不对等，知识多为单向流动，弱势企业只是技术、资金的吸纳者，往往处于被动和配角地位，分享的收益十分有限。为了避免失败，企业应尽可能地选择相对竞争地位及相对技术能力较为接近的企业作为合作伙伴，从而避免较高的合作风险。但是，我国企业与跨国公司的合作多数还停留在强弱联合的阶段，这使得我国企业在与跨国公司进行合作的过程中缺乏话语权，弱势企业要摆脱成为合作性竞争"受害者"的命运，提高企业自身竞争力势在必行。在我国企业尚未真正强大起来的今天，与其与大型跨国公司进行实力悬殊的合作与背叛博弈，不如在全球市场找寻实力相似或对等的企业进行合作，如此，既可以保障合作性竞争的绩效水平，又可以达到联合对抗强势企业的目的。

（4）注重合作性竞争的过程控制。一些企业在与跨国公司联盟时，认为只要与跨国公司建立了联盟，就可以解决问题，并不重视联盟的过程，结果任由联盟朝侵害自身利益的方向上发展。适时注意合作性竞争行为对联盟结构性差异的改变，可以起到防微杜渐的作用。因此，在管理战略联盟时，要关注合作性竞争行为对联盟结构的改变，尤其是联盟在相对竞争地位上的结构变化，力争将联盟结构的改变控制在不引起绩效下滑的范围内。这就要求企业具备更强的联盟管理与协调能力，在整个合作性竞争过程中，对合作伙伴进行良性监督与管制，将联盟伙伴的机会主义行为控制到最低限度，从而使联盟朝既有利于单个企业绝对利益提升，又不损害联盟企业相对竞争地位的方向上发展。

参考文献

［1］Alvarez, S. A. , Barney, J. B. How Entrepreneurial Firms Can Benefit from Alliances with Large Partners? ［J］. *Academy of Management Executive*, 2001, 15 (1): 139 – 148.

［2］Beamish, P. W. , Delios, A. , Improving Joint Venture Performance through Congruent Measures of Success ［A］. In P. W. Beamish, & J. P. Killing (Eds.), Cooperative Strategies: European Perspectives ［C］. San Francisco: New Lexington Press, 1997: 103 – 127.

［3］Bernhard Swoboda, Markus Meierer, Thomas Foscht, Dirk Morschett. International SME Alliances: The Impact of Alliance Building and Configurational Fit on Success ［J］. *Long Range Planning*, 2011, 44 (4): 271 – 288.

［4］Dussauge, P. , Garrette, B. , Mitchell, W. , Learning from Competing Partners: Outcomes and Durations of Scale and Link Alliances in Europe, North America and Asia ［J］. *Strategic Management Journal*, 2000, 21 (2): 99 – 126.

［5］Dussauge, P. , Garrette, B. and Mitchell, W. , Asymmetric Performance: The Market Share Impact of Scale and Link Alliances in The Global Auto Industry ［J］. *Strategic Management Journal*, 2004, 25 (7): 701 – 711.

［6］David P. MacKinnon, Chondra M. Lockwood, Jeanne M. Hoffman, Stephen G. West, and Virgil Sheets. , A comparison of methods to test mediation and other intervening variable effects ［J］. *Psychological Methods*, 2002, 7 (1): 83 – 104.

［7］Fryxell, G. E. , Dooley, R. S. , Vryza, M. , After the Ink Dries: The Interaction of Trust and Control in US-based International Joint Ventures ［J］. *Journal of Management Studies*, 2002, 39 (6): 865 – 886.

［8］Hoang, H. , Rothaermal, F. J. , The Effect of General and Partner Specific Alliance Experience on Joint R&D Project Performance ［J］. *Academy of Management Journal*, 2005, 48 (2):

332 – 345.

［9］ Janet Y. Murray, Masaaki Kotabe. , Performance Implications of Strategic Fit between Alliance Attributes and Alliance Forms ［J］. *Journal of Business Research*, 2005, 58 (11): 1525 – 1533.

［10］ JenningsD. F. , Artz, K. , GillinL. M. , and Christodouloy C. , Determinants of Trust in Global Strategic Alliances: AMRAD and theAustralian Biomedical Industry ［J］. *Competitiveness Review*, 2000, 10 (1): 25 – 44.

［11］ Kalaignanam, Kartik, Venkatesh Shankar, Rajan P. Varadarajan. , Asymmetric New Product Development Alliance: Win – Win or Win – Lose Partnership ［R］. Working Paper, The Pennsylvania State University, 2006.

［12］ Lee, Cheng – Wen. , Strategic Alliances Influence on Small and Medium Firm Performance ［J］. *Journal of Business Research*, 2007, 60 (7): 731 – 741.

［13］ Luo, Y. , Contract, Cooperation, and Performance in International Joint Ventures ［J］. *Strategic Management Journal*, 2002, 23 (10): 903 – 919.

［14］ McCutchen Jr. , William W. , Swamidass, Paul M. , Teng, Bing – Sheng. Strategic Alliance Termination and Performance: The Role of Task Complexity, Nationality, and Experience ［J］. *Journal of High Technology Management Research*, 2008, 18 (2): 191 – 202.

［15］ Park, S. H. , Ungson, G. R. , Inter-firm Rivalry and Managerial Complexity: A Conceptual Framework of Alliance Failure ［J］. *Organization Science*, 2001, 12 (1): 37 – 53.

［16］ Parkhe, A. , Partner Nationality and the Structure – Performance Relationship in Strategic Alliances ［J］. *Organization Science*, 1993, 4 (2): 301 – 324.

［17］ Simonin, B. L. , The Importance of Collaborative Know-how: An Empirical Test of the Learning Organization ［J］. *Academy of Management Journal*, 1997, 40 (5): 1150 – 1174.

［18］ Steven Globerman, Bo Bernhard Nielsen, Equity versus Non-equity International Strategic Alliances Involving Danish Firms: An Empirical Investigation of the Relative Importance of Partner and Host Country Determinants ［J］. *Journal of International Management*, 2007, 13 (4): 449 – 471.

［19］ Steven R. Holmberg, Jeffrey L. Cummings. , Building Successful Strategic Alliances: Strategic Process and Analytical Tool for Selecting Partner Industries and Firms ［J］. *Long Range Planning*, 2009, 42 (2): 164 – 193.

［20］ Xu Jiang, Yuan Li, Shanxing Gao. , The Stability of Strategic alliances: Characteristics, Factors and Stages ［J］. *Journal of International Management*, 2008, 14 (2): 173 – 189.

［21］ Yan, A. and Zeng, M. , International Joint Venture Stability: A Critique of Previous Research, a Re-conceptualization, and Directions for Future Research ［J］. *Journal of International Business Studies*, 1999, 30 (2): 397 – 414.

［22］［美］威廉·G. 谢泼德等，张志奇等译：《产业组织经济学》，中国人民大学出版社 2009 年版。

［23］温忠麟、张雷、侯杰泰、刘红云：《中介效应检验程序及其应用》，载《心理学报》2004 年第 5 期。

第4篇
企业组织研究

第 18 章

技术进步与组织变迁[*]

    技术革命使得我们周围的一切事物都在发生变化，变化也已成为企业组织生存环境的基本特征。20 世纪 80 年代以来，企业组织新形态纷纷涌现，如团队组织、学习型组织、网络型组织和虚拟组织等。我们看到连机械化生产水平尚未达到的企业也在谈论建立学习型组织，机械制造企业和网络公司几乎也在宣传一样的企业文化。盲目跟随最新经营潮流将给公司带来麻烦，不幸的是许多公司都沉溺于其中。援引《华尔街日报》的话说："许多公司都在努力跟踪时尚，但其结果是都被抛在潮流的后面。"

    管理者不应该因为自己的组织不合时尚就加以改变，那么组织变革应依据什么原则才不至于误入歧途而增加企业价值呢？寻找这个原则是本章的动因。既然制造技术与服务技术的特点迥异，那么制造企业与服务企业在组织结构上就会不同。本章仅以制造企业为例，探讨技术变迁与企业组织演进的关系。同时仅以单体企业为例，研究单体企业的内部组织形式，即以层级制、矩阵制、团队组织，这些企业内部组织形式为研究对象，考察其劳动分工体系、报告关系和协调机制，不考虑企业股权结构、母子公司制、集团化、横向一体化、纵向一体化等问题。这样做的目的是集中探讨技术对企业内部组织的影响，因为非单体企业的组织结构更多地受到产权结构、市场和政府政策等因素的影响，技术的重要作用就无法凸现了。技术是企业组织结构中最为关键的要素，它决定着企业组织的存在，并把不同的企业组织区分开来。从人类历史进程看，每一次企业组织形态的演变都是由于技术巨变引起的，因此从技术角度考察企业内部组织的演进，揭示组织演进的内在规律，为企业组织再造提供有效的理论工具就是本章的目的。

18.1　规模制造技术与层级组织

    规模制造技术以高固定成本、大批量生产为特点，为提高效率往往采用高价

---

[*]　本章作者为杨蕙馨、刘明宇，发表在《外国经济与管理》2002 年第 10 期（文章有改动）。

的专用设备。由于规模制造技术所用的设备通用性差，所以转换品种、产品改进都比较困难。就管理而言，生产计划的调整、工艺标准的重新制订也要花费不少成本。相对而言，规模技术的产品品种比较单一，产量必须达到经济批量，否则高额固定成本降不下来，产品价格就比较高，从而缺乏竞争力。

由于产品比较单一，组织不需要对环境变化做出灵活反应，相反充分发挥规模经济、降低产品成本是组织的首要任务。机械式的层级制组织结构是最佳选择，其特点是高层负责决策、计划、监督，基层只是执行机构、无自主权，权力高度集中。层级制包括直线制、职能制和直线—职能制（又称为 U 型结构）及 M 型结构。

规模制造技术对工人的技术要求比较简单（专业化水平不高），但对计划的制订、执行要求严格。因为一旦各工序之间衔接不上，造成停工待料，就会造成人力、物力的浪费，因此对整个生产过程严格控制就非常必要。这种严格控制是降低内部交易成本的需要。随着工厂规模的扩大，分工逐渐深化，许多职能不断细化并逐渐从原来的综合部门中分离出来。最初的工厂主可能身兼采购、销售、生产计划制订者几个角色，但规模的扩大使这一切不论从数量上，还是复杂程度上都超出了一个人和一个部门所能负担的程度。分工的深化给企业带来了专业化经济，但部门之间的冲突又造成组织内交易费用的增加。直线职能制无疑是企业追求规模经济、分工经济和低交易费用的组织方式，但较低的交易费用是建立在环境不变的假设之上的。如果生产技术变化较快，外部环境不稳定，那么直线职能制横向协调差、适应性差的缺点就会被显露出来，组织内交易费用就会大幅上升，抵消专业化的收益。

M 型结构又称事业部制，是为解决企业规模扩大和多样化经营对组织结构的制约而提出的一种组织设计。事业部是一个利润责任中心，各事业部实行分权化管理。事业部不是按职能，而是按产品、地区或顾客等来划分部门，成立专业化的生产经营单位。在 M 型结构是 U 型结构的组织中，一个事业部就类似一个 U 型结构的企业。各事业部都需要设置一套齐备的职能机构，无疑将降低规模经济与分工经济。如果技术稳定、市场变化不大、产品品种单一，那么这种组织设计无疑是低效率的。相反，该组织结构则可以大幅度降低内部交易成本，且交易成本的降幅超过规模收益、专业化收益下降造成的损失。每个事业部都有自己的产品与市场，能够规划其未来发展，也能灵活自主地对市场出现的新情况迅速做出反应。所以，这种组织结构既有高度稳定性又有良好的适应性。

18.2　柔性制造技术与矩阵结构

产品种类较多的大型企业可采用事业部制，前提是所面临的市场环境相对稳定。在技术和产品品种变化较快时，就需要各部门通力合作。这时多品种、小批量的柔性制造技术就能以较低的转换成本迅速在各品种型号之间转产，以满足不断变化的市场需求。柔性制造技术要组织具有很强的横向沟通能力，矩阵制组织可以较好地完成这一任务。在矩阵制企业组织中，横向和纵向的职权得到同等的认同，是一种双重职权结构，员工向两者报告。在实践中，根据两者之间的权力结构确定谁占据支配地位，细分为职能式矩阵和项目式矩阵。职能式矩阵中的职能主管拥有主要权力，项目或产品经理仅仅协调生产活动；项目矩阵中的项目主管拥有主要权力，职能经理仅仅为项目安排技术人员并在需要时提供专业技术咨询。

环境的不确定性对组织提出了专业化和灵活性的双重要求，组织就有了追求合作经济的外部压力。矩阵是一种有机的组织结构，二元职能结构便于职能经理和项目（产品）经理之间进行合作，资源可以在不同项目或产品间灵活分配，同时组织能够适应不断变化的外界要求，在不确定的环境中进行复杂的决策和经常性变革，获得规模收益和专业化收益。这些变革在机械式组织结构中由于交易成本太高而不可能发生。矩阵制的劣势在于双重领导要求员工具有出色的人际交往和解决冲突的技能，与职能制相比降低了专业化收益。另外，矩阵式对交易费用的节约是有条件的，在中等规模和有若干种产品的组织中矩阵式效果显著。当只有单一产品线时，矩阵结构就会比职能制造产生更多的交易费用。如果产品种类繁多，则纵横两个方向的协调也会变得非常困难。

18.3　信息技术与网络组织

信息技术降低了信息传播、存贮和处理的费用，减少了组织内部的交易费用。层级制的中间层主要是控制基层活动，由于受管理幅度的限制，当企业规模扩大时，组织的层数随之增加，组织的内部交易费用也增加，从而部分抵消了企业分工经济、规模经济。当企业自己生产还不如外购经济时，企业的边界就确定了。信息技术在很大程度上取代了中间管理层，使企业组织由以前的"金字塔"式变成扁平式。如 Microsoft 和 Andersen 咨询公司，一线员工可以通过 Email 直接与高层管理者沟通。信息技术提供了部门间横向联系的手段，协作不再受空间距离的束缚，促使企业向横向组织形式变迁，计算机技术可以把地理上分散的团队成员连接起来，形成一个"虚拟团队"。如 Whirlpool 公司的全无氟冰箱开发是由美国、巴西、意大利雇员组成的虚拟团队完成的。

网络使组织内与组织间的电脑连接起来，使一个组织内甚至不同企业间可以共享信息，这进一步促使组织结构演进为网络组织。在网络组织中，关键的活动由总部负责，其他功能则外包给个人或其他独立的公司，通过网络保持及时沟通。信息技术提供了一种便利的低成本的沟通手段，使网络组织形式成为公司低成本扩张的工具。组织网络化（organizational networking）描述的就是这种新型企业间的组织关系。组织网络化是以某一企业为核心，由相关企业联合而成的一种企业组织网络，网络中的其他企业可看作是核心企业组织边界的扩展。世界最大零售商沃尔玛就是组织网络化的典型代表。沃尔玛通过卫星系统把 3800 家供应商和分散在全世界各地的连锁店连成网络，使各连锁店每天的销售信息直接反馈给供应商，以便立即调整生产及供货。这种信息网络使沃尔玛实现了"零库存"管理，经营成本得以大幅压缩。

组织间和组织内各部分相互沟通、协调的方式是组织结构的重要内容，信息技术通过提供低成本的控制手段降低了交易成本，促使传统的企业组织向网络型企业组织转化。

组织网络化所建立的合作关系相对稳定，成员之间有着长期的"共同愿景"。组织网络化的进一步发展是组织的虚拟化。组织虚拟化后成员间的合作关系比较短暂，往往是一个项目完成后关系即告解除，成员则根据自身的资源禀赋和市场机会重新组合，采用这种组织形式的企业往往被称为"虚拟企业"。企业的虚拟化是通过组织内、组织间的高度网络化来形成的，网络使企业把雇员与雇员、雇员与客户直接联系在一起，减少了传统企业通过上下级构成的纵向联系环节和部门间的横向联系环节，使企业组织本身成为"空壳型组织"。

18.4　知识经济与团队组织

按照经合组织的定义，知识经济是指对知识进行生产、传输和使用的经济。知识经济不代表一种技术，而代表一种新技术时代。人类社会原来所用的能源和材料都是非再生能源和材料，如石油、煤、天然气、铁和铜等。随着人口的增加和生活质量的改善，人类消耗的能源和材料越来越多，人类必须寻找一条可持续发展之路。技术革命的第三次浪潮给我们带来了希望，为我们提供了用再生能源代替非再生能源、非稀缺资源代替稀缺资源的手段，同时也把人类社会带入知识经济社会。知识经济社会的主要特征在于知识成为经济发展的主要动力、创新成为经济增长的源泉，因而创新是企业获得竞争力的基本策略。企业在创新过程中需要雇员与雇员间的合作，需要组织间的合作，发挥合作经济的优势。

知识的生产过程需要知识的综合，需要形成一个团队。团队合作的好处在于：第一，从事创新工作的团队需要有互补的知识或技能；第二，团队成员有共同的目标，他们的目标不是以具体的任务而是以获得特定的结果为导向，成员之间需要紧密合作；第三，由于创新是非重复性活动，团队组织的领导者角色由监督者转换为指导者，对员工的管理不是依靠规章制度和岗位说明书，而是依靠专业规范和成员之间的相互信任，同时不是由上级对员工业绩进行评价，而是团队成员相互评价，员工获得的奖励与团队获得的成果相联系。

组织要获取合作经济的好处，就需要把以前基于分工经济的职能型组织转变成团队型组织。以职能为主的组织主要是纵向管理，团队组织则以横向管理为主，是一种新型的企业组织形式。

对创新要有一个全面的认识，创新不仅是一种新发明的产品，也可能是一种新的观念或解决问题的新方法。我们处在一个高度不确定的环境中，顾客的需求、生产技术和竞争者的情况都在迅速发生变化。以前企业是通过组织来控制环境，把种种不确定性变为确定性，员工是在一个变化较少的环境中工作，可以通过职能部门严格分工和层级组织进行控制。现在企业员工则要直接面对变化的环境，需要得到组织的充分授权，当一个员工的知识不能应付时，就要组织一个团队来解决问题。Whirlpool 公司开发全无氟冰箱是靠团队组织完成的，而在德克萨斯 Lubbock 的 Frito Lay 工厂，团队成员们处理着从土豆加工到机器维修的每一件事情。在环境不断变化时，创新不仅是产品设计人员的事，也是与顾客打交道的基层员工的日常工作，公司要想以高品质快捷的服务让顾客满意，除了鼓励雇员之间协作之外别无选择。

18.5 企业组织结构的自然选择

企业组织结构受战略、组织规模与生命周期、技术等因素的影响，技术对企业组织的影响并不为人们所关注，尤其信息技术以一种直接的方式改造了企业的信息系统。人们往往认为，技术对企业组织的影响仅局限于组织对技术的直接应用。

纵观企业组织变革的历史，可以发现，在信息技术应用于企业管理初期，很多企业只是把它当作一种便捷的信息传递工具，用于加强对基层的控制，除了改革企业的信息管理系统，增加一个信息管理部门外，未对传统的层级结构进行重新设计。这些企业很快就发现，他们只是新增了一个信息传递的渠道，企业效率不但没有提高反而下降了，因为信息系统增加了额外的费用支出。比较而言，那些对组织进行扁平化改造的企业则充分利用了信息技术的优势，降低了运营成本，提高了企业竞争力。示范效应使得组织扁平化成为一种潮流。潮流的影响力又使人们忽略了技术与组织之间的内在联系，不管是家庭作坊式小制造企业，还是 IT 企业，都在追求组织扁平化，这又进入了另一误区。

自然选择模型（natural selection model）又叫群体生态模型（population ecology model），可用来解释技术对企业组织的影响机制。韩楠（M. T. Hanna）和弗里曼（J. H. Freeman）在 1977 年发表的论文《组织的群体生态》中提出，组织在环境中生存与否和生物的适者生存规律一样，环境依据组织结构的特点及其与环境相适应来选择或淘汰一些组织。技术并不仅仅与生产相联系，技术是为满足人类的多样化需要而产生并发展的。多品种经济批量生产技术（柔性制造技术）取代了品种单一的大规模制造技术，企业组织结构随之也发生了变化，矩阵制和它的变种取代了直线制、职能制，"环境因素选择组织特性，使组织与其环境能最佳地匹配"（Aldrich and Preffe，1976）。环境因素决定组织形式，而技术无疑是传递环境变化压力的重要渠道。自然选择模型关注在某种特定环境中的组织群体，而不是单个组织。它把组织的生存看成是衡量组织效益的唯一标准，能生存下来的组织肯定是有效率的。企业间为了有限的市场容量而展开激烈竞争，在竞争中一些组织被环境选择生存下来，而另一些则被淘汰。被环境所选择的生存者，总是那些能最好地协调其内部资源以适应竞争环境的组织。

前面指出，组织所以存在，是因为组织存在规模经济、分工经济、合作经济及交易费。不同的技术对人与人之间的关系有着不同的影响，因而也影响着组织内成本与收益的发生格局。技术对组织的这种影响力是通过自然选择实现的。例如，信息技术提供了节约交易费用的手段（更确切地说是可能性），如果企业不进行组织扁平化改造，就无法节约交易费用。同样，规模经济、分工经济、合作经济分别对应着不同的有利于实现它们的组织模式——层级组织、矩阵组织、团队组织，这些组织又分别有它们的技术基础。

需要强调的是，所谓的"对应"不是说企业组织只能获得一种收益，不论是什么组织模式都会不同程度地获取规模经济、分工经济、合作经济和节约交易费用。但是，与其他组织模式相比，某种组织模式在获得某种收益方面会更有效率。如团队组织在获得合作收益方面比较有效率，而层级制的严格控制有利于发挥规模制造技术的优势。不同的组织模式在获取收益或节约交易费用方面具有不同的优势，这些优势又有各自不同的技术基础。经过竞争选择，与技术相匹配的组织得以生存，不匹配的则被淘汰。生存下来的组织形式被"保存、复制"，成为其他组织效法的榜样。从结果上看，是技术对组织的选择，而实质则是环境对组织的选择，技术只是中间媒介。

18.6　企业组织变革

企业组织变革是适应内外条件变化，以改善和提高组织效能为目标的活动。企业环境的改变、战略的改变、采用新的技术组织生产过程、企业自身发展到一个新的阶段等都会产生对组织变革的要求。变革有两类：一是主动变革，即洞察变化趋势，主动引导组织变革以适应环境变化；二是被动变革，即直到组织低效率的症结非常明显、业绩下降、员工士气低落时才进行组织变革。

组织变革包括正式组织变革与非正式组织变革。正式组织变革是运用组织设计原理，根据变化的环境、战略、规模重新设计纵向和横向的信息联系，构建层级与部门，重新考虑集权与分权的设计。非正式组织变革则要困难得多，因为它不见之于有形的制度与部门，但变革又非常重要，否则会带来冲突，抵消正式组织变革的效果。对非正式组织变革引导的一个重要渠道是，通过企业文化的变革影响非正式组织的价值取向、行为模式。

正确的目标未必就能促成成功的变革，正确的变革策略很重要。组织变革不能孤立地进行，必须由多方配套、系统地进行。组织变革应是包括任务、人员、技术和组织结构四个方面的系统模式。

有机的组织能够较好地适应变化的环境，能够产生关于变革的构思，但却不利于应用这些构思。机械的组织结构强调规章制度，遏制了创新，但往往却是最有效率的执行机构。有效的策略是把两者结合起来，当环境产生新构思时，组织便以有机模式行动，执行时以一种机械的方式行动。利于产生变革创意的结构不见得是执行变革的最好结构，意识到这一点对于组织成功变革是很重要的。经常可以看到，组织的变革在强有力的领导下获得成功，如通用公司在韦尔奇上任后进行的组织变革，克莱斯勒在艾柯卡上任后进行的组织变革。如果变革只是有限的几次，那么变革就可在卓越领导人的洞察力指引下，在其强有力的领导下完成。现实是企业的环境在飞快地变化着，变革是一个持续不断的过程。而且更多的创新是自下而上，并非是自上而下的，创新是持续的，新构思的实施也是持续的。所以，许多公司在内部同时创造有机和机械组织结构，通过建立独立的创造性部门、风险团队等方式推动持续不断的创新。双管齐下的策略其关键作用不在于促进一次成功的变革，而是持续的变革。

参考文献

［1］Becker M C. , Managing Dispersed Knowledge：Organizational Problems, Managerial Strategies, and Their Effectiveness ［J］. *Journal of Management Studies*, 2001, 38 (7)：1037 - 1051.

［2］Bill Ahls. , Organizational Behavior：A Model for Cultural Change ［J］. *Industrial Management*, 2001, (7/8).

［3］杨蕙馨、刘明宇：《技术对企业文化的选择》，载《中国工业经济》2001 年第 5 期。

第 19 章

2002 ~ 2009 年中国百强企业分析[*]

　　世界各国的经济发展历程显示，大企业在很大程度上代表了一个国家的竞争力。自 2002 年起，为贯彻落实国家关于"发展具有较强国际竞争力的大公司大企业集团"的战略部署，推动企业做大做强，中国企业联合会、中国企业家协会在全国各地方、行业企联、企业家协会以及大企业的支持下，每年向社会发布中国企业 500 强名单。在企业自愿申报基础上，名单依照国际惯例按销售收入进行排序。中国企业 500 强，特别是百强企业作为国民经济的骨干力量，支配着众多的资源，市场影响力巨大，其发展折射出了中国经济的发展历程。百强企业的研究对于分析大企业发展中存在的问题，引导企业明确自身优势，推动企业做大做强具有极其重要的意义。本章主要采用中企联合网公布的百强企业的数据①，从产业分布、经济效益、成长态势等多角度对 2002 ~ 2009 年百强企业的发展趋势进行分析，从百强企业发展变化中发现存在的问题，提出相应的政策建议。

19.1　百强企业的产业分布

19.1.1　三次产业构成：集中在第二产业，且营业收入增长快，第三产业销售净利率高

　　以三次产业分类为基础，对中国百强企业进行分类，2002 ~ 2009 年三大产业入围百强的企业数如表 19 – 1 所示。

　　* 本章作者为杨蕙馨、金家宇，发表在《山东社会科学》2010 年第 10 期（文章有改动）。
　　① 中国企业联合会、中国企业家协会、中企联合网，http：//www.cec-ceda.org.cn/c500/chinese。

表19-1　　　　2002～2009年三大产业入围百强的企业数及营业收入情况　　　单位：家，%

年份	第一产业	第二产业			第三产业		
	企业数	企业数	营业收入	销售净利率	企业数	营业收入	销售净利率
2002	1	62	56.97	5.98	35	41.85	6.17
2003	1	57	54.30	6.81	41	44.75	3.88
2004	0	64	63.03	3.46	36	36.97	3.30
2005	0	65	63.77	4.80	35	36.23	6.63
2006	1	62	64.93	5.57	37	34.68	7.45
2007	1	57	62.66	4.82	42	36.98	6.40
2008	1	60	63.64	5.92	39	36.03	10.62
2009	1	59	61.90	2.81	40	37.76	9.49

资料来源：中国企业联合会、中国企业家协会、中企联合网，http://www.cec-ceda.org.cn/c500/chinese。

从三次产业构成看，由于我国处于工业化中期阶段，第二产业仍然占主导地位，其营业收入指标一直保持在60%左右；但是，第三产业的增速不容小觑，入围百强的企业数目总体呈上升趋势，虽营业收入所占百分比并无相应增加，但第三产业的销售净利率明显高于第二产业，显示出良好的成长性。

19.1.2　产业门类构成：制造业占据主导地位，各类生产性服务业①发展迅速

1. 制造业仍是国民经济主导力量，内部以黑色冶金、交通运输设备制造等产业为主

从产业门类看，百强企业集中分布在以制造业为主的六大产业，而房地产业以及住宿和餐饮业等产业门类没有企业入选（见表19-2）。作为我国国民经济的主导力量，制造业入围企业数目一直比较稳定。其中，黑色金属冶炼及压延加工业比例最大，发展较快。专用设备制造，交通运输设备制造，通信设备、计算机及其他电子设备制造业比例次之，交通运输设备制造业入围企业数有减少趋势。而医药、食品、纺织、烟草制造等产业每年只有1～2家企业入围，比例较小（见表19-3）。

---

① 目前，国际上对生产性服务业的界定并没有统一的规范标准，只是理论上与实践中倾向于将金融业、商务服务业、交通运输和仓储业、批发和零售业、信息服务业、教育培训业和房地产业归类于生产性服务业。

表 19 - 2　　　　　　　　2002～2009 年百强企业的产业分布　　　　　　　单位：家

产业	2002 年	2003 年	2004 年	2005 年	2006 年	2007 年	2008 年	2009 年
农林牧渔业	1	1	0	0	1	1	1	1
采矿业	4	4	3	3	4	4	4	7
制造业	45	42	45	45	43	42	44	39
电力燃气及水的生产和供应业	4	4	7	9	8	6	6	7
建筑业	9	7	9	8	7	5	6	6
交通运输仓储和邮政业	10	15	12	10	9	9	8	8
信息传输、计算机服务和软件业	5	6	4	3	4	4	3	3
批发和零售业	8	11	12	12	17	18	18	16
金融业	10	8	8	10	7	11	10	13
租赁和商务服务业	2	1	—	—	—	—	—	—

资料来源：中国企业联合会、中国企业家协会、中企联合网，http：//www.cec-ceda.org.cn/c500/chinese。

表 19 - 3　　　　　　2002～2009 年制造业各产业入围百强的企业数目　　　　　　单位：家

产业	2002 年	2003 年	2004 年	2005 年	2006 年	2007 年	2008 年	2009 年
黑色金属冶炼及压延加工业	9	7	11	15	14	11	13	12
专用设备制造	5	5	2	4	6	5	4	4
交通运输设备制造	9	9	12	6	7	6	6	7
电气机械及器材制造	4	5	5	4	3	5	3	2
通信设备、计算机及其他电子设备制造	9	7	6	6	6	7	7	4

资料来源：中国企业联合会、中国企业家协会、中企联合网，http：//www.cec-ceda.org.cn/c500/chinese。

　　制造业迅速发展的主要原因是我国尚处于工业化中期，且处于重化工业为主导的阶段。同时，在经济全球化背景下，中国强大的制造业生产能力与低成本的劳动力相得益彰，得以在国际产业转移中异军突起，并赢得"世界工厂"的美誉，国际产业转移为我国制造业的飞速发展提供了良好的机遇。随着我国经济的持续发展，市场经济体制的日趋完善及国际市场对于我国政治经济形势的坚定信心，国际产业向中国转移的趋势仍将持续，加上工业化进程的推进，制造业仍有进一步发展的空间，产业结构的升级不可避免，入围百强的钢铁、机械、石化等资本以及技术密集型企业的增多也体现了这一特征[①]。

---

　　① 胡迟：《从 2008 年中国制造业企业 500 强看我国制造业存在的差距与成长路径》，载《经济研究参考》2008 年第 69 期。

2. 现代服务业活力显现，生产性服务业迅猛发展

随着大力发展现代服务业规划的实施，现代服务业（大体相当于第三产业，在此包含交通运输、仓储和邮政业，信息传输、计算机服务和软件业，批发和零售业，金融业，租赁和商务服务业 5 个产业）的活力开始显现，入围比重与制造业的比重差距正逐步缩小，日益成为国民经济的重要支柱。从表 19 - 2 看，入围企业大部分为生产性服务业，其内部分布特征也有较大变化，最为引人注目的是批发和零售业的迅猛发展，入围百强的企业数目由 2002 年的 8 家增至 2009 年的 16 家，在百强中的营业收入百分比由 2002 年的 8.43% 上升至 2009 年的 11.92%。而交通运输、仓储和邮政业以及信息传输、计算机服务和软件业（其中入围百强企业的一般是电信及其他信息传输企业）所占比例有所下降。

制造业是生产性服务业发展的前提及基础，生产性服务业是制造业水平提升和高端化的有机补充。伴随制造业的快速发展，其对生产性服务业的需求必将迅速增加，依托我国向先进制造业转型的契机，将极大地拓展生产性服务业的发展空间。

19.2　百强企业的所有制分布与集中度

19.2.1　国有及国有控股企业比重下降，但仍处控制地位

从所有制看，国有及国有控股企业入围数目虽有所下降，但企业总数依然较多且规模较大（见表 19 - 4）。以 2009 年为例，百强企业中国有及国有控股企业共有 74 家，年末资产总计 532831.8 亿元，占百强企业资产总值的 89.36%；实现营业收入总额 145185.9 亿元，占百强企业营业收入总额的 85.8%；实现利润总额为 7567.5 亿元，占百强企业利润总额的 87.1%；从业人数 15760474 人，占百强企业全部从业人数的 86.4%。可见，国有经济无可争辩的在百强中保持着控制地位，且其资产、营业收入、利润、从业人数的比重均超过企业数目在百强中所占的比重。

表 19 - 4　　　　　　　　国有及国有控股企业入围百强企业数目　　　　　　　　单位：家

	2002 年	2003 年	2004 年	2005 年	2006 年	2007 年	2008 年	2009 年
企业数	75	78	80	80	79	79	76	74

资料来源：中国企业联合会、中国企业家协会、中企联合网，http://www.cec-ceda.org.cn/c500/chinese。

19.2.2　非国有投资主体和海外投资主体的企业逐步成长

2002～2009 年非国有企业入围百强企业的数目较少，但其中的股份制企业数目有所增加。以 2009 年为例，股份制企业入围 12 家，营业收入比重占 6.34%，仅次于国有企业，而外资企业每年只有 1～2 家入围。可见，在国有企业保持控制地位的条件下，非国有投资主体和海外投资主体的企业还没有发展到相当的规模，其成长需要一个过程。

19.2.3　百强企业的规模与集中度

集中度主要反映企业的数量及其相对规模的分布结构，以下采用百强企业中前 10 名的各项经济指标占百强企业各项经济指标的比率来分析其集中度。如表 19－5 所示，百强企业中前 10 名的营业收入、利润等指标的集中度有所下降，显示排名在 11～100 名的企业正展现出良性追赶态势。

表 19－5　2002～2009 年前 10 位企业占百强企业全部营业收入、资产及利润的比例

单位：%

年份	营业收入	资产	利润
2002	45.88	62.75	62.44
2003	39.74	61.08	53.50
2004	40.84	69.67	46.83
2005	39.21	52.59	53.05
2006	39.48	62.20	60.94
2007	37.04	43.68	49.59
2008	38.50	69.33	51.98
2009	38.98	63.86	60.86

资料来源：中国企业联合会、中国企业家协会、中企联合网，http://www.cec-ceda.org.cn/c500/chinese。

19.3　百强企业的地区分布

19.3.1　东部地区入围数微降仍具绝对优势，中部地区比重上升

凭借完善的产业体系、良好的投资环境、丰裕的人力资源以及政策等优势，

东部地区的企业无可争议地在百强中占据绝对优势。伴随中部崛起和西部开发战略，中部与西部地区入围百强的企业数目明显增加。由于体制性和结构性矛盾日趋凸显，东北老工业基地企业竞争力下降，经济发展步伐与沿海发达地区的差距扩大，但随着振兴东北老工业基地战略的深入实施，其入围百强的大企业数目也有所增加（见表 19-6）。

表 19-6　　　　　　　　　　2002～2009 年百强企业的地区分布　　　　　　　　单位：家

地区	2002 年	2003 年	2004 年	2005 年	2006 年	2007 年	2008 年	2009 年
东部地区	89	88	86	87	85	88	85	82
中部地区	3	3	5	7	7	4	6	9
西部地区	2	2	3	2	3	3	1	4
东北地区	6	7	6	3	4	4	6	5

注：本章在国家统计局划分的东中西部基础上，将东北地区从东部地区单独列出，故东部地区包括北京、天津、河北、海南、上海、江苏、浙江、福建、山东、广东；中部地区包括山西、安徽、江西、河南、湖北；东北地区包括辽宁、吉林、黑龙江；西部地区包括重庆、四川、贵州、云南、西藏、陕西、甘肃、青海、宁夏、新疆、广西、内蒙古。

资料来源：中国企业联合会、中国企业家协会、中企联合网，http：//www.cec-ceda.org.cn/c500/chinese。

19.3.2　百强多分布在京津冀地区，向长三角和珠三角区域聚集趋势放缓

作为我国北方核心经济区的重要组成部分，环渤海地区经济基础良好，自然资源和人力资源的组合优势相对突出，加上中字头的大型垄断企业在北京的聚集，百强企业的地区分布上，京津冀地区仍居首位，2007 年我国将环渤海地区的发展列为国家总体发展战略后，其发展势头更是突出。长江三角洲和珠江三角洲地区也较为活跃，但百强向两大区域聚集的趋势有所放缓（见表 19-7）。

表 19-7　　　　　　　　2002～2009 年四大区域入围百强的企业数目　　　　　　单位：家

地区	2002 年	2003 年	2004 年	2005 年	2006 年	2007 年	2008 年	2009 年
京津冀	52	50	48	51	57	60	57	57
长江三角洲	20	23	23	22	15	14	14	15
珠江三角洲	13	12	12	9	8	9	9	7
东北老工业基地	6	7	6	3	4	4	6	5

资料来源：中国企业联合会、中国企业家协会、中企联合网，http：//www.cec-ceda.org.cn/c500/chinese。

从三次产业构成看（见表 19 - 8），京津冀、长三角、珠三角三大经济区的三次产业结构相差无几，不同的是，凭借强大的创新能力和地缘优势，京津冀地区的金融业以及信息传输、计算机服务和软件业入围百强的企业明显较多，服务业相对发达。对比以上三大经济区，东北老工业基地产业构成相对单一，主要以制造业为主，得天独厚的自然禀赋使得东北地区的农林牧渔业发展较为突出。

表 19 - 8　　　　　　　2009 年四大区域百强企业的产业分布　　　　　单位：家

产业	京津冀	长江三角洲	珠江三角洲	东北老工业基地
农林牧渔业	—	—	—	1
采矿业	3	—	—	—
制造业	17	7	3	3
电力燃气及水的生产和供应业	6	—	1	—
建筑业	5	1	—	—
交通运输仓储和邮政业	4	2	1	1
信息传输、计算机服务和软件业	4	—	—	—
批发和零售业	10	3	—	1
金融业	8	2	2	—

资料来源：中国企业联合会、中国企业家协会、中企联合网，http：//www.cec-ceda.org.cn/c500/chinese。

19.4　百强企业的成长性

19.4.1　营业收入情况

1. 百强企业总营业收入显著增长

百强企业在 2002 年营业收入超过 1000 亿元的有 10 家，2009 年这一数目达到 57 家，总营业收入也由 2002 年的 43610.6105 亿元跃升至 2009 年的 169193.2646 亿元，2007 年、2008 年、2009 年增长尤为令人关注（见图 19 - 1）。

2. 制造业、建筑业营业收入增长较为迅速

从营业收入增长来看（见表 19 - 9①），制造业增长较快且比较稳定，这与我国工业化进程的推进、国际产业转移密切相关。2004 年铁矿石、石油等价格开始

---

① 为了避免由于各产业每年入围百强的企业不同及其入围家数变化对该产业总体营业收入的影响，表 19 - 9 的营业收入增长率是指各产业平均营业收入（某一产业总营业收入/该产业入围百强的企业数）的增长率，表 19 - 11 的利润增长率亦如此。

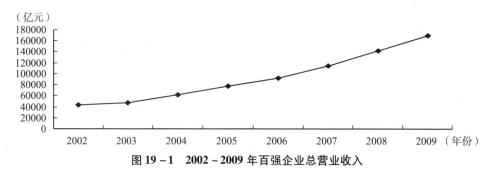

图 19－1　2002～2009 年百强企业总营业收入

资料来源：中国企业联合会、中国企业家协会、中企联合网，http：//www. cec-ceda. org. cn/c500/chinese。

上涨，采矿业表现出色，营业收入增长达 65.56%。同年，电价的大幅提高使电力、燃气及水的生产和供应业营业收入增长高达 173.61%，随着 2006 年水电价格的全面上涨，其营业收入不断增加。受投资带动的经济增长的影响，特别是房地产业的繁荣和基础设施建设加快，建筑业营业收入也不断攀升。对比以上行业，金融业营业收入增长相对较慢，但 2008 年情况好转，随着中国证券交易市场的活跃，其营业收入出现较大幅度增长。

表 19－9　　　　　2002～2009 年百强中各产业平均营业收入增长率　　　　　单位：%

产业	2003 年	2004 年	2005 年	2006 年	2007 年	2008 年	2009 年
采矿业	14.03	65.56	21.89	-4.49	31.46	14.50	-17.72
制造业	36.53	18.94	27.25	26.31	25.40	23.55	20.65
电力、燃气及水的生产和供应业	-67.94	173.61	-4.13	30.96	50.47	20.71	2.47
建筑业	44.96	13.09	52.17	44.40	32.12	19.82	23.81
交通运输、仓储和邮政业	3.20	16.49	36.72	8.94	35.75	10.56	25.46
信息传输、计算机服务和软件业	14.24	42.94	29.03	-4.01	11.47	35.01	28.26
批发和零售业	-7.95	12.81	42.08	-3.53	19.24	24.05	30.25
金融业	15.09	16.47	1.85	39.31	-6.42	49.82	-4.37
百强平均	8.45	31.08	24.86	19.10	23.47	24.54	19.35

资料来源：中国企业联合会、中国企业家协会、中企联合网，http：//www. cec-ceda. org. cn/c500/chinese。

19.4.2　资产规模情况

2002～2009 年 8 年间百强企业的资产规模显著提高。2002 年资产规模超过 1000 亿元的有 19 家，而 2009 年这一数目达到 61 家，资产总额也从 2002 年的 220892.94 亿元增至 2009 年的 596260.77 亿元（见图 19－2）。企业经营规模的扩大，在一定程度上有利于企业能够更加集中地配置资源，获取规模经济与范围经济，并增加研发投入的力量，进一步提升企业的竞争力。

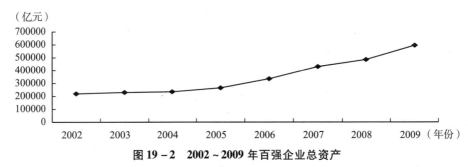

图 19 - 2　2002 ～ 2009 年百强企业总资产

资料来源：中国企业联合会、中国企业家协会、中企联合网，http：//www. cec-ceda. org. cn/c500/chinese。

值得注意的是，虽然我国百强企业资产总额的入围门槛不断提高，但与世界优秀企业相比，规模上的差距仍非常显著。以 2008 年为例，名列中国制造业百强第一的宝钢集团，其资产总额是世界制造业百强第一的丰田汽车有限公司的 20. 66%，中国工商银行的资产总额是汇丰控股的 40. 94%，联想集团的资产总额是惠普公司的 10. 55%。可见，无论是制造业还是服务业，中国企业的规模都有待进一步扩大。

19.4.3　利润情况

1. 百强企业盈利水平明显改善

百强企业的盈利水平 8 年间有了明显改善（见图 19 - 3），利润总额从 2002 年的 2375. 59 亿元增至 2008 年的 10094. 11 亿元，是 2002 年的 4. 25 倍，亏损企业数目不断减少（见表 19 - 10），但受金融危机的波及，2009 年百强企业净利润总和出现下降，与 2008 年利润快速增长的态势反差巨大。

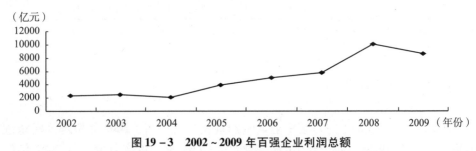

图 19 - 3　2002 ～ 2009 年百强企业利润总额

资料来源：中国企业联合会、中国企业家协会、中企联合网，http：//www. cec-ceda. org. cn/c500/chinese。

表 19 - 10　　　　　　　2002～2009 年百强企业中亏损企业数　　　　　　单位：家

	2002 年	2003 年	2004 年	2005 年	2006 年	2007 年	2008 年	2009 年
企业数	8	5	9	3	3	2	1	9

资料来源：中国企业联合会、中国企业家协会、中企联合网，http：//www.cec-ceda.org.cn/c500/chinese。

2. 交通运输、仓储和邮政业、建筑业以及金融业等领跑利润增长

从利润增长看，交通运输、仓储和邮政业、建筑业以及金融业一直保持较高的增长率，2005 年和 2008 年是利润增长率出现异常值最多的年份（见表 19 - 11）。在 2005 年，利润增长一直缓慢的采矿业空前兴旺，利润增长达 103.4%，国内石油、矿石、铜等资源需求大增，带动商品价格上涨，尤其是铁矿石价格的炙手可热，是导致这一出众表现的主要原因。同时这也带动了主要从事煤、石油、矿产等进出口贸易的批发企业的迅速崛起，这些企业利润空间广阔，支撑了整个批发和零售业 2005 年高达 149.5% 的利润增长。中国经济的快速发展，资源、产品大量流动，全球性的产品采购与组装在中国大量布局，都促进了中国交通运输业尤其是物流业的迅猛发展，国际运费也节节攀升，以中国远洋运输集团为代表的许多企业一改 2004 年的亏损状态，利润大幅上升，因此造就了交通运输、仓储和邮政业 2005 年 995.9% 的利润增长奇迹。2005 年中国银行业开始有限度地混业经营，中国建设银行引入战略投资者实现上市，占中国寿险半壁江山的中国人寿也业绩斐然，在此带动下金融业 2005 年利润增长率达到 265.2%。由于煤价不断上涨，电力、燃气及水的生产和供应业 2003～2005 年利润一直为负增长，但随着 2006 年水电价格的大幅上调，其利润迅速增长并远远高于百强平均水平。最近几年虽然上游原材料价格有所上升，建筑业利润依然十分可观，2008 年利润增长率更是达到 250.9%，这与下游房地产市场的繁荣，交通基础设施和商业设施建设加快，"奥运会""世博会"带动下的国内都市建设以及灾后重建的带动密切相关。值得注意的是，受全球金融危机牵连，2009 年我国百强企业出现了"全行业亏损"的局面，例如交通运输、仓储和邮政业以及电力、燃气及水的生产和供应业，其中交通运输、仓储和邮政业中入围百强的两家铁路局、两家航空公司全部亏损，亏损额达到 178 亿元；电力产业有 7 家企业入围，5 家亏损，亏损额达到 356 亿元。信息传输、计算机服务和软件业是 2009 年唯一一个利润出现净增长的行业，入围企业均为电信及其他信息传输企业，虽然金融危机的深度扩散和行业重组带来的竞争加剧使电信行业利润增长放缓，但由于我国电信市场人口基数大、增长速度快以及 3G 新业务的开拓，电信行业 2009 年依然保持良好的增长势头。

表 19 - 11　　　　　　　　2002~2008 年百强中各产业平均利润增长率　　　　　　单位：%

产业	2003 年	2004 年	2005 年	2006 年	2007 年	2008 年	2009 年
采矿业	39.8	-27.1	103.4	18.9	2.5	13.3	-47.8
制造业	67.7	-18.4	37.3	7.6	19.3	83.7	-33.5
电力、燃气及水的生产和供应业	-31.0	-35.8	-30.5	53.8	140.9	78.1	-141.4
建筑业	18.1	-42.0	118.2	71.9	30.6	250.9	-11.5
交通运输、仓储和邮政业	-38.6	-40.7	995.9	38.7	17.3	89.4	-82.9
信息传输、计算机服务和软件业	-37.2	60.1	70.8	14.1	8.4	64.3	10.96
批发和零售业	7.3	-13.5	149.5	41.2	12.5	130.2	-3.3
金融业	55.4	-40.6	265.2	66.5	7.4	63.3	-1.91
百强平均	9.8	-16.1	83.3	30.4	19.7	67.9	-15.7

资料来源：中国企业联合会、中国企业家协会、中企联合网，http：//www.cec-ceda.org.cn/c500/chinese。

19.5　百强企业的经济效益与吸纳就业

19.5.1　百强企业总体效益提高

衡量企业经济效益的指标有很多，如劳动生产率、销售净利率、总资产周转率等。劳动生产率表示每名员工平均创造的营业收入，反映企业活劳动的利用效率；总资产周转率代表每单位资产所创造的营业收入，反映企业资产利用效率；而销售净利率是净利润占销售收入的比重，反映企业的盈利能力。选用这三个指标可以较全面的衡量百强企业的经济效益。由表 19 - 12 看到，百强企业销售净利率提高缓慢，而劳动生产率与总资产周转率增长较快，劳动生产率由 2002 年的 33.3 万元/人·年跃至 2009 年的 105.7 万元/人·年。

表 19 - 12　　　　　百强企业劳动生产率、总资产周转率、销售净利率

年份	劳动生产率（万元/人·年）	总资产周转率（%）	销售净利率（%）
2002	33.332997	19.74	5.45
2003	36.487042	20.51	5.40
2004	48.020767	26.15	3.42
2005	66.719521	28.98	5.08
2006	67.921928	27.41	5.50

续表

年份	劳动生产率（万元/人·年）	总资产周转率（%）	销售净利率（%）
2007	83. 716923	26. 55	5. 06
2008	96. 790935	29. 31	7. 12
2009	105. 720039	27. 81	5. 24

资料来源：中国企业联合会、中国企业家协会、中企联合网，http：//www. cec-ceda. org. cn/c500/chinese。

19.5.2　非国有和海外投资主体企业经济效益较好，国有企业效益有待提高

以 2009 年为例（见表 19 - 13），国有企业的总资产周转率与劳动生产率均低于百强的平均水平，经济效益有待提高。非国有投资主体和海外投资主体的企业经济效益较好，总资产周转率与劳动生产率远远超出百强平均水平。其中，外资企业的总资产周转率和劳动生产率最高。

表 19 - 13　　　2009 年不同所有制企业资产周转率与劳动生产率

企业类型	总资产周转率（%）	劳动生产率（万元/人·年）
百强平均	27. 81	105. 72
国有企业	26. 90	103. 3
股份有限公司	19. 12	107. 26
外资企业	212. 59	570. 43
私营企业	192. 59	222. 25

资料来源：中国企业联合会、中国企业家协会、中企联合网，http：//www. cec-ceda. org. cn/c500/chinese。

19.5.3　第三产业盈利能力较好，第二产业总资产周转率较高

2009 年销售利润率最高的前四位产业依次是信息传输、计算机服务和软件业，金融业，采矿业，制造业（见表 19 - 14）。从总体看，第二产业销售利润率较低，总体盈利能力较第三产业差，除了采矿业，其他产业的盈利能力均低于百强平均水平；但第三产业总资产周转率较第二产业低，金融业尤为突出，这固然与银行等金融机构资产额巨大的行业性质有关，但一定程度也反映了金融业资产运用能力不强，在减少沉淀资金方面还有改进的空间。在劳动生产率方面，第二产业中的建筑业与第三产业中的交通运输、仓储和邮政业均远远低于平均水平，这与两个产业的劳动者技术装备水平较低有关。从长远看，提高企业劳动生产率的根本途径是采用现代化的技术装备、先进的工艺和新技术，即提高劳动者的技

术装备水平①。从表 19 – 14 可以看到建筑业的劳动者技术装备水平有待提高。

表 19 – 14　　　　　　　2009 年不同产业门类经济效益比较

产业	销售利润率（%）	总资产周转率（%）	劳动生产率（万元/人·年）	劳动者技术装备水平*（万元/人）
采矿业	8.15	64.22	80.20	124.88
制造业	2.60	101.46	130.12	128.25
电力、燃气及水的生产和供应业	– 1.39	51.26	115.28	224.91
建筑业	1.99	94.45	82.16	86.98
第二产业平均	2.81	78.49	109.26	139.21
交通运输、仓储和邮政业	1.08	22.01	47.046	213.78
信息传输、计算机服务和软件业	14.97	42.99	80.72	187.79
批发和零售业	2.56	166.97	237.66	142.34
金融业	14.11	6.99	131.75	
第三产业平均	9.49	12.77	106.5	225.32
百强平均	5.26	27.82	104.05	154.27

注：*由于银行等金融机构属于吸收存款放贷经营性质，其自有资产比例较低，但是总资产额却巨大，以此来衡量劳动者的技术装备水平欠科学，因此所有关于劳动者的技术装备水平的计算均将其剔除。

资料来源：中国企业联合会、中国企业家协会、中企联合网，http：//www.cec-ceda.org.cn/c500/chinese。

19.5.4　百强企业吸纳就业的能力

企业吸纳就业能力可以通过每万元资产对劳动力的吸纳人数来体现，即从业人数/总资产（人/万元）。由表 19 – 15 可以看到，百强企业由于采用现代化的技术装备、先进的工艺和新技术的程度不断提升，吸纳就业的能力在缓慢下降，这是符合经济发展趋势，特别是大企业发展趋势的。

表 19 – 15　　　　　　　百强企业吸纳就业能力　　　　　　　单位：人/万元

	2002 年	2003 年	2004 年	2005 年	2006 年	2007 年	2008 年	2009 年
吸纳就业能力	0.0059	0.0056	0.0055	0.0043	0.0040	0.0032	0.0030	0.0026

资料来源：中国企业联合会、中国企业家协会、中企联合网，http：//www.cec-ceda.org.cn/c500/chinese。

---

① 劳动者技术装备水平，即平均每一从业人员所占有的企业资产额。

19.6 存在的问题与建议

19.6.1 第二产业比重高，第三产业比重低，结构有待优化，急需促进服务业发展

从三次产业构成看，百强主要分布在第二产业，第三产业入围百强的企业数目虽总体呈上升趋势，但增长十分缓慢。与近几年制造业的快速发展相比，服务业发展明显滞后，其内部主要以交通运输、仓储和邮政业以及批发和零售业等传统的劳动密集型产业为主，金融业以及信息传输、计算机服务和软件业等知识密集型产业比重偏低，科学研究、技术服务、居民服务、文化、体育和娱乐等服务领域更是存在巨大的发展空间。

推进服务业发展，首先要利用制造业升级转型对生产性服务业需求扩大的契机，强化二者的互动融合，提升技术知识密集型产业在整个服务业中的比重；其次可以借助国际服务外包迅速发展的机遇，通过承接服务外包，加快服务业发展与升级，提升国内服务供应商的能力和水平；同时放宽市场准入尺度，促进民营企业的快速成长，大力培养高素质、专业化的服务人才也是促进服务业做大做强的现实选择。

19.6.2 制造业"两高三低"，结构性矛盾突出，高技术产业比重有待提升

从以上分析看，百强中制造业企业发展的特点大体可以概括为"两高三低"，即在百强中所占比例高，营业收入增长快，但销售净利率低，利润增长慢，劳动生产率低。这一方面说明我国制造业还有较大的发展空间；另一方面，也说明下一步发展所面临的结构性矛盾将是必须解决的重点难点问题。

目前，我国已开始由传统制造业向现代制造业转型，但总的来看，在以重化工业为主导的经济增长格局下，结构调整非常缓慢。黑色金属冶炼及压延加工业等传统产业仍占较大比重，而领跑利润增长的医药制造业和通信设备、计算机及其他电子设备制造业等高技术产业比重有待提升。如何将信息技术、高新技术融入传统制造业，借力服务业提高制造企业的劳动生产率和国际竞争力，同时发展大企业以取得规模效应，增强竞争力，改变由于历史、体制等客观原因形成的产业集中度偏低的状况，促进制造业的持续健康发展是摆在我们面前的一项紧迫任务。

19.6.3 产业空白较多，急需推进产业的均衡发展

从具体的产业分布看，进入百强的企业主要集中在制造业、批发和零售业及金融业等六大产业，而房地产业、文化、体育和娱乐业、教育、居民服务等与人民生活密切相关的许多产业几乎全部空缺；而且百强企业以垄断性、资源性企业为主，竞争性企业比重过小，不同产业、不同性质的企业之间差距明显。如何实现各个产业的均衡发展、进一步丰富产业分布、培养各行各业具有国际竞争力和影响力的大企业，是现阶段必须解答的问题。

19.6.4 国有企业占据主导地位，效率有待提高，改革需继续深化

由于历史原因，国有企业数量多、规模大，虽在百强中占控制地位，但其经济效益远远低于百强平均水平。国有企业效率较低的突出表现便是劳动生产率与总资产周转率偏低，这是当前国有企业必须着力解决的关键问题。通过建立科学的内部管理制度，完善企业内部激励机制，提倡严格、精确、自律的企业内部操作规程，有助于提高企业的劳动生产率；同时要继续深化国有企业改革，优化股权结构设置，完善国有企业经营管理者的选拔聘任与考核机制，进一步提升国有企业的竞争力。

19.6.5 区域经济发展不平衡，区域经济的可持续发展是一项长期的战略任务

区域经济的协调发展是国家总体经济健康发展的必然要求，也是社会和谐稳定的必要前提。从百强企业的地区分布看，我国东中西部以及不同区域的经济发展差距是客观存在的。东部企业在百强中占据绝对优势，2009 年 79% 的百强企业聚集在京津冀、长三角、珠三角三大增长极。如何清除市场障碍，加快推进中西部基础设施建设，共同开发与合理利用资源，实现区域经济的可持续发展将是一项具有重大意义的战略任务。

第 20 章

2010～2014 年中国百强企业分析[*]

20.1 引 言

  企业是一国经济的基础细胞，企业的成长会带来要素聚集，进而导致大企业的产生。大企业可以充分利用各类要素资源，实现资源的最佳配置，带来更高生产效率。大企业是一国经济中最重要的组成部分，是经济增长的重要核心。在经济全球化的今天，国家之间的竞争在很大程度上表现为大企业之间的竞争。既然大企业竞争力是国家竞争力的体现，是经济可持续发展的基石，那么，企业的竞争力究竟来源于何处呢？资源基础理论（resource-based view of the firm）认为企业的资源可以成为其竞争优势与竞争力的来源；能力学派（capacity-based view of the firm）认为企业能力的差异是企业持久竞争优势和竞争力的源泉，企业能力由价值创造能力、创新变革能力、基础管理能力、全球化营销能力构成。大企业与小企业拥有的资源与具备的能力是有差异的。

  科斯（Coase，1937）认为企业产生的原因是企业组织劳动分工的交易费用低于市场组织劳动分工的费用。企业是人类为了追求经济效率所形成的组织，与市场一起作为资源配置的一种制度安排，那么，大企业就可以通过内部网络更有效地配置资源，降低交易成本。波特（Porter，1981）强调了大企业市场势力的作用，认为具有市场势力使得企业能够操控市场价格，并将其提高到竞争性价格水平之上。这种观点在很大程度上受到了产业组织理论中结构—行为—绩效（structure-conduct-performance，SCP）范式的影响。有的学者则较少强调市场结构与市场势力的影响，更多地强调企业是否能以更具效率和效能的方式来满足客户需求能力上的差异。唐晓华、徐雷（2011）认为，相对于小企业来说，大企业拥有应对市场和政府的能力，由此提出大企业竞争力的"双能力"模型。波特（Porter，1990）提出的"钻石理论"认为，一国的特定产业是否具有国际竞争优

---

  * 本章作者为杨蕙馨、李娇，发表在《华东经济管理》2016 年第 3 期（文章有改动）。

势，取决于四个内生（主要）决定因素，即要素条件、需求条件、相关与辅助产业和公司战略、结构与竞争行为。当今大企业在国家经济发展中的作用更加重要，不仅是一国经济实力和国际竞争力的体现，而且可能并且应该成为产业结构调整的主体。一个国家和地区生产力布局状况决定于其主要产业中的大企业的布局。百强企业作为大企业中的佼佼者，无疑会对一国的经济产生举足轻重的影响。我国大企业伴随改革开放取得了长足的发展，2010~2014年百强企业的销售收入占GDP的比率均高于50%，且呈逐年上升态势，由2010年的51.94%上升到2014年的62.25%。"十一五"以来，由于工业化的加速推进和工业经济规模的迅速扩张，多种生产要素的供需形势已经发生变化，原先支撑工业增长的资源、土地和劳动力的低成本比较优势开始减弱，中国经济呈现出新的特征。从当前经济发展的阶段性特征出发，适应经济发展新常态，进一步推动大企业做优做强、提质增效，对中国经济发展行稳致远具有十分重要的意义。本章采用财富中文网及中国企业联合会公布的2010~2014年百强企业数据，从规模、经济效益、产业分布、所有权分布、区域分布等多角度进行分析，旨在发现百强企业发展中存在的问题并给出相应的建议。

20.2　百强企业规模分析

20.2.1　平均规模

2010~2014年百强企业的规模持续壮大，以1000亿元人民币为分界点，2010年63家企业的销售收入超过该值，2011年为80家，从2012年开始所有入围企业的销售收入均超过1000亿元，2014年位列第100强的企业销售收入已经超过1500亿元。

为减少误差，在剔除数据缺失项后，取销售收入、利润、资产以及所有者权益的平均值进行分析（本章中均值的计算均剔除数据缺失项）。从百强企业的销售收入、利润、资产以及所有者权益的平均值（见表20-1）可以看出，2010~2014年，百强企业的规模虽一直保持增长态势，但增长速度有所不同。2011年销售收入以及利润的增长率较上一年大幅增长。2012年销售收入以及所有者权益的增长速度有所下降，利润增长率的下降幅度更大。可能的原因是，2011年欧债危机使全球经济陷入二次衰退，外需的持续恶化导致我国出口和经济增速进一步放缓。2012年资产增长率却比上年上升了10多个百分点，在所有者权益增长率下降的背景下，资产增长率的上升应该是外部环境不景气所造成的企业负债的增加。

表 20 - 1　　　　　　　　　百强企业各项指标平均值

指标	2010 年	2011 年	2012 年	2013 年	2014 年
百强企业销售收入平均值（百万元）	181832.26	240964.59	295261.05	325203.76	366061.15
销售收入增长率（％）	7.23	32.52	22.53	10.14	12.56
百强企业利润平均值（百万元）	10892.52	14888.59	15509.99	16607.33	18616.30
利润增长率（％）	18.16	36.69	4.17	7.08	12.10
百强企业资产平均值（百万元）	745811.75	859209.10	1078568.18	1246200.42	1441684.45
资产增长率（％）	19.10	15.20	25.53	15.54	15.69
百强企业所有者权益平均值（百万元）	114506.13	122957.33	126583.68	140035.45	160734.53

资料来源：财富中文网及中国企业联合会公布的 2010～2014 年百强企业数据。

20.2.2　百强企业间差距

在百强企业平均规模不断扩大的同时，百强企业间的差距却在缩小。通过百强企业排名前十位与排名后十位的相关数据（见表 20 - 2）比较发现，百强企业排名前十位的企业在销售收入方面虽呈现出不断增长的态势，但占百强企业销售收入之比却呈下降趋势；相反，排名后十位的企业销售收入占比在不断上升。排名前十位与排名后十位的企业之间的差距在不断缩小，在所有企业不断发展的同时，排名靠后的企业呈现出良好的追赶态势。

表 20 - 2　　　　百强企业排名前十位与后十位的销售收入、利润与资产数据

项目		2010 年	2011 年	2012 年	2013 年	2014 年
排名前十	销售收入（万元）	6662562.39	8526127.25	10517227.82	11941181.58	12739538.88
	占比（％）	37.11	35.96	36.15	36.72	34.80
排名后十	销售收入（万元）	592982.53	891553.56	1156130.10	1340380.58	1586268.22
	占比（％）	3.30	3.76	3.97	4.12	4.33

资料来源：财富中文网及中国企业联合会公布的 2010～2014 年百强企业数据。

20.2.3　与世界百强的对比

2010～2014 年，入选中国企业百强榜而又入选世界 100 强、500 强的企业不断增多（见表 20 - 3）。2014 年进入世界 100 强的中国企业数达 14 家，较上年增

加了 3 家，仅次于美国，位居世界第二，进入世界 500 强的企业数也上升至 91 家。

表 20 -3 中国百强企业进入世界 100 强、500 强企业数量

项目	2010 年	2011 年	2012 年	2013 年	2014 年
100 强企业数量	5	6	9	11	14
500 强企业数量	43	58	70	85	91

资料来源：财富中文网 500 强（http：//www. fortunechinal. com/fortune500node 65. htm）。

中国企业不仅在入围数量上表现出良好的态势，在销售收入、利润等方面也表现不俗（见表 20 -4）。我国入围世界百强的企业的总销售收入、利润与世界百强企业的销售收入、利润的比值在不断上升，而且均高于入围数量占比，利润的占比要高于销售收入的占比，说明我国入围企业的盈利能力近年一直在提高，且高于世界百强企业的平均水平。除 2010 年我国入围企业及世界百强企业的销售收入均出现负增长外，其他年份的销售收入、利润均呈增长状态，尤其是在 2011 年和 2012 年，各项指标的增长率远远高于其他年份。2013 ~ 2014 年，由于经济复苏脚步变慢，同时受到欧债危机的影响，各项指标的增长率出现下降。总体来说，我国入围企业的各项指标的增长率都明显高于世界百强企业相关指标的增长率。

表 20 -4 中国入围企业以及世界 100 强相关数据

指标	2010 年	2011 年	2012 年	2013 年	2014 年
中国入围世界百强销售收入（百万美元）	678554	967056	1513982	1932261	2392074
中国入围世界百强销售收入增长率（%）	-1.47	42.52	56.56	27.63	28.95
世界百强销售收入（百万美元）	10820595	12043846	13631916	14048965	14264449
世界百强销售收入增长率（%）	-11.49	11.30	13.19	3.06	1.53
中国入围企业销售收入占比（%）	6.27	8.03	11.11	13.75	16.77
中国入围世界百强利润（百万美元）	46173	61789	140721	173948	191513
中国入围世界百强利润增长率（%）	14.61	33.82	127.74	23.61	10.62
世界百强利润（百万美元）	463180	648330	797633	820741	987981
世界百强利润增长率（%）	18.83	39.97	23.03	2.90	20.38
中国入围百强利润占比（%）	9.97	9.53	17.64	21.19	19.38

资料来源：财富中文网及中国企业联合会公布的 2010 ~ 2014 年百强企业数据。

20.3 百强企业经济效益分析

选取资本密集度（资产/从业人数）、劳动生产率（销售收入/从业人数）、销售收入利润率、资产周转率以及资产负债率作为衡量指标（见表 20-5）。2010~2014 年，百强企业的资本密集度、劳动生产率以及资产负债率在不断提高。资本密集度的提高说明资本逐步对劳动进行替代，大企业资本密集程度的不断提高反映我国仍处于工业化后期的资本深化阶段，而资产负债率的提高则说明企业的资产越来越多地来源于负债。劳动生产率的提高与资本深化不无关系，且企业的技术进步对劳动生产率的作用越来越明显。

表 20-5 　　　　　　　　　　　百强企业效益指标

指标	2010 年	2011 年	2012 年	2013 年	2014 年
资本密集度（百万元/人）	4.33	4.57	5.68	6.74	7.41
劳动生产率（百万元/人）	1.06	1.27	1.55	1.76	1.88
销售收入利润率（%）	5.96	6.23	5.25	5.11	5.09
资产周转率（%）	24.49	27.82	27.37	26.10	25.39
资产负债率（%）	84.57	85.63	88.27	88.76	88.85

资料来源：财富中文网及中国企业联合会公布的 2010~2014 年百强企业数据。

在销售收入利润率以及资产周转率方面，以 2011 年为分界点，2012 年及以后年份这两项指标不断下降，但下降速度趋缓。以收入利润率为例，2014 年比 2013 年下降了 0.02%。利润的增长率低于销售收入增长率，造成销售收入利润率的下降，且从 2012 年开始，百强企业中的亏损企业数一年比一年多（见表 20-6），2013 年和 2014 年亏损企业数均比前一年多 5 家，2014 年的亏损企业数达到 17 家。由于资产的扩充速度快于收入的增长速度，资产的周转率势必降低，在资产负债率不断提高的同时，企业的经营风险上升。

表 20-6 　　　　　　　　　　　百强企业亏损企业数

项目	2010 年	2011 年	2012 年	2013 年	2014 年
企业数	5	4	7	12	17

资料来源：财富中文网及中国企业联合会公布的 2010~2014 年百强企业数据。

通过与世界百强企业对比发现（见表 20 - 4、表 20 - 7），我国上榜（世界 100 强）企业的销售收入、利润总体高于世界百强的平均水平。但是，我国上榜企业的经济效益却不容乐观，除了销售收入利润率外，上榜企业的效益指标均低于世界百强企业，凸显出我国大企业特别是重化工企业经济效益不佳，大而不强。

表 20 - 7　　　　中国上榜（世界 100 强）企业与世界 100 强经济效益对比

项目		2010 年	2011 年	2012 年	2013 年	2014 年
资本密集度（百万美元/人）	世界百强	2.78	2.32	2.19	2.41	2.41
	中国企业	0.60	0.67	1.55	1.86	2.01
劳动生产率（百万美元/人）	世界百强	0.46	0.52	0.56	0.60	0.60
	中国企业	0.15	0.20	0.25	0.33	0.37
资产周转率（%）	世界百强	16.52	22.53	25.57	24.68	24.90
	中国企业	25.62	30.20	15.90	17.61	18.47
销售收入利润率（%）	世界百强	4.28	5.38	5.85	5.84	6.93
	中国企业	6.80	6.39	9.29	9.00	8.01

资料来源：财富中文网及中国企业联合会公布的 2010～2014 年百强企业数据。

20.4　百强企业产业分布

20.4.1　百强企业三次产业分布

以国家统计局公布的三次产业分类标准为依据对上榜企业分类（见表 20 - 8）。2010～2014 年，各产业入围百强的企业数目相对稳定，且与 2002～2009 年各产业的入围情况基本相同。第二产业的入围企业仍占据主要地位，入围企业数保持在 61 家左右，销售收入占比为 60% 左右。我国已进入工业化后期阶段，理论上来说，经济重心应该逐步由第二产业向第三产业转移，显然，入围企业数以及销售收入还未表现出这样的趋势。但是，利润以及资产的占比却呈现出比较明显的变化，第二产业入围企业的利润、资产占比自 2011 年起逐渐下降，第三产业的利润、资产占比在逐渐上升，而且第三产业入围企业的利润、资产占比要明显高于第二产业入围企业。

表 20-8 百强企业三次产业分布情况

项目		2010 年	2011 年	2012 年	2013 年	2014 年
第一产业	企业数	1	1	0	0	0
第二产业	企业数	60	62	63	61	62
	销售收入占比（%）	56.88	60.08	61.31	59.79	59.98
	利润占比（%）	39.27	43.58	31.66	25.60	25.04
	资产占比（%）	19.90	20.63	19.58	18.31	17.89
第三产业	企业数	39	37	37	39	38
	销售收入占比（%）	42.71	39.49	38.69	40.21	40.02
	利润占比（%）	58.59	55.68	67.79	74.40	74.96
	资产占比（%）	80.02	79.26	80.42	81.69	82.11

资料来源：财富中文网及中国企业联合会公布的 2010～2014 年百强企业数据。

20.4.2 各产业经济效益分析

由于第一产业的上榜企业数太少，仅分析第二产业、第三产业的企业效益。

在资本密集度、劳动生产率和资产负债率方面，第二、第三产业企业的变化趋势与百强企业总体相同，处于不断上升的状态。第二产业企业资产负债率的增长速度高于第三产业，其他两项指标的增长速度明显低于第三产业，且第三产业的资本密集度远高于第二产业，差距也越来越大，由 2010 年的 658 万元/人上升到 2014 年的 1359 万元/人，第三产业的劳动生产率也在 2014 年超过第二产业，高出 11 万元/人。

以 2011 年为分界点，在百强企业整体销售收入利润率、资产周转率出现下降的情况下，第二产业的销售收入利润率、第三产业的资产周转率呈现出下降的特点，在 2013 年、2014 年下降速度趋缓。同时，第二产业的资产周转率以及第三产业的销售收入利润率却出现了相反变化，呈现出微弱的上升趋势。第二产业的资产周转率远高于第三产业，第三产业的收入利润率远高于第二产业，说明第三产业的盈利能力优于第二产业（见表 20-9）。

表 20-9 第二产业与第三产业各经济效益指标

项目		2010 年	2011 年	2012 年	2013 年	2014 年
第二产业	资本密集度（百万元/人）	1.62	1.64	1.88	2.12	2.16
	劳动生产率（百万元/人）	1.15	1.36	1.62	1.80	1.84
	销售收入利润率（%）	4.10	4.42	2.69	2.19	2.12
	资产周转率（%）	71.13	82.84	86.56	85.21	85.12
	资产负债率（%）	63.45	66.74	75.02	76.14	76.49

续表

	项目	2010 年	2011 年	2012 年	2013 年	2014 年
第三产业	资本密集度（百万元/人）	8.20	9.50	11.20	13.22	15.75
	劳动生产率（百万元/人）	1.04	1.26	1.46	1.70	1.95
	销售收入利润率（%）	8.60	9.25	9.37	9.45	9.53
	资产周转率（%）	12.70	13.26	13.03	12.85	12.38
	资产负债率（%）	89.88	90.60	91.50	91.59	91.54

资料来源：财富中文网及中国企业联合会公布的 2010～2014 年百强企业数据。

2010～2014 年，第二产业的亏损企业数在不断增加，2014 年达到 15 家，占所有第二产业上榜企业的 24.19%。第三产业企业虽然也有亏损，但亏损企业数保持稳定。表 20-10 的亏损企业具体行业分布表明，煤炭、电力、钢铁以及有色金属四个行业亏损企业数目最多。

表 20-10　　　　　　　　　　百强企业分行业亏损企业数

行业	2010 年	2011 年	2012 年	2013 年	2014 年
第二产业	2	2	6	10	15
第三产业	3	2	1	2	2
煤炭开采和洗选业	0	0	1	4	7
黑色金属冶炼和压延加工业	0	0	0	2	3
有色金属冶炼和压延加工业	1	1	0	1	2
矿产、能源内外商贸批发业	0	0	0	0	1
化学原料和化学制品制造业	0	0	0	1	1
建筑业	0	0	1	1	1
铁路运输业	3	0	0	0	1
航空运输业	0	0	1	1	1
电力、热力生产及供应业	1	1	4	1	0
保险业	0	0	0	1	0
批发业	0	1	0	0	0
信息传输	0	1	0	0	0

资料来源：财富中文网及中国企业联合会公布的 2010～2014 年百强企业数据。

20.4.3　百强企业细分行业分布

表 20-11 展示了我国百强企业各细分行业的分布。从数量上看，传统产业仍

占主导地位，具有突出的重化工业特征。采矿业、制造业以及电力企业占据着我国百强企业排行榜接近60%的比重，采矿业的上榜企业数呈现上升的特征，制造业的上榜企业数则出现了下降，电力企业的数目相对稳定。此外，批发和零售业以及金融业的上榜企业数也不容小觑，尤其是金融业企业，上榜企业数有所提高，批发和零售业的上榜企业数出现下降，网商的快速发展对传统零售业产生了一定冲击。

表 20-11　　　　　　百强企业各细分行业上榜数量

行业	2010 年	2011 年	2012 年	2013 年	2014 年
A 农林牧渔业	1	1	0	0	0
B 采矿业	9	12	15	15	14
C 制造业	39	38	36	34	35
D 电力、热力、燃气及水生产和供应业	7	7	7	7	7
E 建筑业	7	7	7	7	8
F 批发和零售业	15	16	14	14	13
G 交通运输、仓储和邮政业	5	3	2	2	2
I 信息传输、软件和信息技术服务业	3	3	3	3	3
J 金融业	12	11	14	15	15
K 房地产业	1	1	1	2	2

资料来源：财富中文网及中国企业联合会公布的 2010~2014 年百强企业数据。

1. 制造业、金融业上榜企业分析

2010~2014 年，我国制造业企业发展不容乐观，销售收入虽持续增长，但增长速度时高时低，2010 年受金融危机影响增长率仅为 5.31%，虽然在第二年的增长速度一跃至 39.63%，但 2012 年增长速度又出现下降。制造业上榜企业的利润更是在 2012 年、2013 年出现了负增长，销售收入利润率除在 2011 年稍有增长外，其他年份均在下降（见表 20-12）。

表 20-12　　　　　　制造业上榜企业相关指标

指标	2010 年	2011 年	2012 年	2013 年	2014 年
销售收入（百万元）	153555.31	214401.92	275346.82	304360.75	336643.73
销售收入增长率（%）	5.31	39.63	28.43	10.54	10.61
利润（百万元）	5216.84	7766.82	6206.81	5003.05	5378.89
利润增长率（%）	37.84	48.88	-20.09	-19.39	7.51
销售收入利润率（%）	3.40	3.62	2.25	1.64	1.60

资料来源：财富中文网及中国企业联合会公布的 2010~2014 年百强企业数据。

2010～2014年，金融业上榜企业的销售收入、利润整体呈现上升特征，2012年出现负增长，其他年度增长速度差别较大。金融业上榜企业的收入利润率远高于制造业，且两者之间的利润差别越来越大，金融业与制造业的"矛盾"受到广泛的关注（见表20－13）。

表 20－13 金融业上榜企业相关指标

指标	2010 年	2011 年	2012 年	2013 年	2014 年
销售收入（百万元）	242446.66	345809.42	331933.58	367493.52	427236.41
销售收入增长率（%）	4.57	42.63	-4.01	10.71	16.26
利润（百万元）	40996.99	69194.21	64219.81	66116.73	80388.78
利润增长率（%）	21.79	68.78	-7.19	2.95	21.59
销售收入利润率（%）	16.91	20.01	19.35	17.99	18.82

资料来源：财富中文网及中国企业联合会公布的2010～2014年百强企业数据。

尽管制造业上榜企业的数量在减少，但制造业企业历年的数量占比都在30%以上，有些年度更是接近40%。长期以来，制造业企业一直受到银行等金融部门的压抑，即使大型企业也面临融资贵、为银行打工的问题。上榜企业中金融业企业和制造业企业之间的盈利能力差距巨大（见表20－14）。

表 20－14 制造业与金融业经济效益对比

	项目	2010 年	2011 年	2012 年	2013 年	2014 年
制造业	销售收入占比（%）	32.50	34.36	33.12	31.82	32.19
	利润占比（%）	18.84	20.44	14.41	10.24	10.11
金融业	销售收入占比（%）	14.85	13.13	14.83	16.95	17.51
	利润占比（%）	42.86	43.12	55.39	59.72	64.77

资料来源：财富中文网及中国企业联合会公布的2010～2014年百强企业数据。

2. 房地产及建筑业上榜企业分析

自2003年3月国务院发布了《关于促进房地产市场持续健康发展的通知》以来，我国房地产业进入快速成长的"黄金十年"，以房地产业为龙头、包括建筑业等行业在内的"房地产经济"在国民经济和投资中占据着特殊重要地位。2010～2014年，房地产以及建筑业上榜企业的销售收入占所有企业总销售收入的比均为8%以上，而利润占比不乐观，仅在2010年超过8%，说明上榜房地产及建筑业企业的盈利能力低于百强企业的平均水平。由表20－15的数据看出，上榜企业的收入利润率确实不高。销售收入虽然增长率时高时低，总体呈上升趋势；2010 年及 2012 年利润出现负增长。总的来说，上榜房地产及建筑业企业与百强企业的整体变化趋势是一致的。2010 年开始，政府陆续出台了许多专门针对房地产的以"限购"为核心特征的政策，包括"国十条""国八条""新国八条""国五条"等。这些政策对房地产企的经济效益产生了一定的影响。

表 20 - 15　　　　　　　建筑业及房地产业上榜企业相关指标

指标	2010 年	2011 年	2012 年	2013 年	2014 年
上榜企业数	8	8	8	9	10
销售收入（百万元）	197223.65	260881.79	300700.55	306256.57	356328.26
销售收入增长率（%）	18.00	32.28	15.26	1.85	16.35
销售收入占比（%）	8.79	8.80	8.27	8.48	9.73
利润（百万元）	4864.89	5906.60	4371.74	4719.59	7974.03
利润增长率（%）	-30.78	21.41	-25.99	7.96	68.96
利润占比（%）	8.63	7.59	4.19	4.28	6.61
销售收入利润率（%）	2.47	2.26	1.45	1.54	2.24

资料来源：财富中文网及中国企业联合会公布的 2010～2014 年百强企业数据。

3. 生产性服务业分析

目前对生产性服务业所包括的种类界定十分模糊，国内外都没有形成一个统一的标准。本文根据《行业分类国家标准》把生产性服务业分为六大细分行业：交通运输、仓储和邮政业，信息传输、计算机服务和软件业，房地产业，金融业，租赁和商务服务业，科学研究、技术服务和地质勘察业。

表 20 - 16 显示，2010～2014 年，生产性服务业上榜企业数一直维持在较高水平，占百强 20% 左右，但增长速度缓慢，2010 年上榜企业数为 21 家，2014 年仅为 22 家。其中，金融业独占鳌头，上榜企业数最多。交通运输、仓储和邮政业是唯一一个上榜企业数总体下降的行业，由 2010 年的 5 家下降到 2014 年的 2家，中国企业联合会在 2011 年调整了申报标准，铁路局等政企合一的单位不再参与申报，这直接影响了交通运输业的上榜企业数。

表 20 - 16　　　　　　　生产性服务业上榜企业数

项目	2010 年	2011 年	2012 年	2013 年	2014 年
G 交通运输、仓储和邮政业	5	3	2	2	2
I 信息传输、软件和信息技术服务业	3	3	3	3	3

续表

项目	2010 年	2011 年	2012 年	2013 年	2014 年
J 金融业	12	11	14	15	15
K 房地产业	1	1	1	2	2
合计	21	18	20	22	22

资料来源：财富中文网及中国企业联合会公布的 2010～2014 年百强企业数据。

　　2010～2014 年，生产性服务业上榜企业的销售收入及利润在总量上稳步增长，销售收入由 2010 年的 4167249.28 百万元增加到 2014 年的 8722769.26 百万元，利润由 2010 年的 587667.18 百万元增加到 2014 年的 1316027.96 百万元，增长速度快于销售收入。在占比方面，生产性服务业企业销售收入占百强企业总销售收入的比变动幅度较小，利润的占比在一直远高于销售收入占比，且发生了较大的改变，由 2010 年的 55.86% 上升到 2014 年的 70.69%。总的来说，生产性服务业企业具有良好的盈利能力（见表 20-17）。

表 20-17　　　　　　　　生产性服务业上榜企业相关指标

指标	2010 年	2011 年	2012 年	2013 年	2014 年
销售收入（百万元）	4167249.28	4847578.35	6140139.39	7562058.09	8722769.26
销售收入占比（%）	23.21	20.45	21.10	23.25	23.83
利润（百万元）	587667.18	727910.75	944884.61	1113230.08	1316027.96
利润占比（%）	55.86	50.40	62.69	67.03	70.69

资料来源：财富中文网及中国企业联合会公布的 2010～2014 年百强企业数据。

20.5　百强企业所有制分析

20.5.1　百强企业所有制分布

　　本章将企业的所有制属性分为国有及国有控股、民营两大类，其中民营企业包括集体、私营、非国有股份制企业。在企业数量方面，国有及国有控股企业占据百强企业的绝对主体地位，2010 年、2011 年国有及国有控股企业的上榜数为 90 家，2012 年开始有所下降，但上榜数依然很高。在销售收入、利润以及资产占比方面，国有及国有控股企业更是超过数量占比，处于遥遥领先地位。这三项指标在 2010～2014 年整体呈现缓慢下降的特征。

　　从销售收入、利润和资产的增长率看，近 10 年来国有企业和民营企业实现了"国民共进"。2010～2014 年，虽然由于兼并重组等原因，国有及国有控股企业的数量有所下降，但其销售收入、利润及资产等指标都保持着持续增长的态势；民营企业的上榜数量有所增加，销售收入、利润及资产的占比也呈现上升态势，除资产外，销售收入、利润一直表现为增长态势，且整体上超过国有及国有控股企业相应指标的增长速度（见表 20 - 18）。

表 20 - 18　　　　　　　　不同所有制上榜企业主要指标

项目		2010 年	2011 年	2012 年	2013 年	2014 年
企业数	国有	90	90	86	85	85
	民营	10	10	14	15	15
销售收入增长率（%）	国有	3.99	33.98	24.85	11.65	11.31
	民营	13.46	39.67	8.97	12.07	25.65
销售收入占比（%）	国有	93.67	93.76	91.93	91.28	90.27
	民营	6.33	6.24	8.07	8.72	9.73
利润增长率（%）	国有	17.79	39.45	3.85	7.18	12.66
	民营	10.51	63.34	6.18	21.77	7.60
利润占比（%）	国有	94.70	94.75	91.99	88.93	89.38
	民营	5.30	5.25	8.01	11.07	10.62
资产增长率（%）	国有	18.98	17.92	21.22	15.38	19.05
	民营	-65.69	202.50	193.57	35.14	-10.76
资产占比（%）	国有	97.86	97.73	92.01	88.72	91.30
	民营	2.14	2.27	7.99	11.28	8.70

资料来源：财富中文网及中国企业联合会公布的 2010～2014 年百强企业数据。

20.5.2　不同所有制百强企业经济效益

2010～2014 年，国有及国有控股企业与民营企业在经济效益方面差别不大，相对于国有及国有控股企业，民营企业并没有表现出明显的优势（见表 20 - 19）。除劳动生产率外，其他指标的差异均在 2012 年出现反转。在资本密集度以及劳动生产率方面，国有企业和民营企业均呈现出不断上升的特点，民营企业的劳动生产率在 2010～2014 年一直高于国有企业，在资本密集度方面，国有企业在 2010 年、2011 年高于民营企业，2012 年及以后年度低于民营企业。在销售收入利润率方面，国有企业呈现出整体下降的特征，而民营企业表现出上升的特点，且在 2010 年、2011 年国有企业的收入利润率高于民营企业，在 2012 年民营企业的收入利润率开始高于国有企业。

在资产周转率方面，国有企业呈现出微弱的上升特征，相反，民营企业的资产周转率下降严重，主要原因是民营企业的资产增长率明显高于销售收入增长。但是，民营企业的资产周转率整体上还是高于国有企业，国有企业仅在2012年、2013年高于民营企业。在资产负债率方面，国有企业与民营企业相差不大，基本处于同一水平，在2010年、2011年，国有企业稍高于民营企业，而自2012年开始，民营企业稍高于国有企业。

表 20 – 19　　　　　　　　　　不同所有制上榜企业效益指标

项目		2010 年	2011 年	2012 年	2013 年	2014 年
资本密集度（百万元/人）	国有	4.44	4.69	5.60	6.46	7.22
	民营	0.91	2.25	6.57	10.22	8.11
劳动生产率（百万元/人）	国有	1.05	1.26	1.55	1.74	1.81
	民营	1.30	1.48	1.60	2.06	2.30
收入利润率（%）	国有	5.99	6.23	5.18	4.98	5.04
	民营	5.24	6.12	5.97	6.48	5.55
资产周转率（%）	国有	23.71	26.94	27.75	26.85	25.11
	民营	141.84	65.49	24.31	20.16	28.38
资产负债率（%）	国有	84.65	85.70	87.92	88.27	88.62
	民营	72.58	82.79	92.22	92.65	91.32

资料来源：财富中文网及中国企业联合会公布的 2010～2014 年百强企业数据。

20.6　百强企业地区分布特征

根据国家统计局公布的区域划分办法，将我国的经济区域划分为东部、中部、西部和东北四大地区。表 20 – 20 显示，百强企业分布格局与中国地区经济的发展程度保持一致，并且长期以来基本稳定。

表 20 – 20　　　　　　　　各地区的上榜企业数量及各指标占比

项目		2010 年	2011 年	2012 年	2013 年	2014 年
企业数	东	86	85	83	81	83
	中	6	9	12	12	10
	西	2	2	2	3	3
	东北	6	4	3	4	4

续表

项目		2010 年	2011 年	2012 年	2013 年	2014 年
销售收入占比（%）	东	92.20	90.93	90.22	89.07	89.57
	中	3.93	5.58	6.75	7.03	6.40
	西	0.82	0.82	0.84	1.35	1.43
	东北	3.06	2.67	2.18	2.56	2.60
利润占比（%）	东	95.10	90.78	95.77	97.76	98.04
	中	2.51	6.64	1.94	0.57	0.31
	西	0.54	0.64	1.18	0.82	0.36
	东北	1.84	1.94	1.11	0.85	1.29
资产占比（%）	东	98.14	97.81	97.67	97.31	97.38
	中	0.87	1.33	1.59	1.53	1.42
	西	0.23	0.25	0.25	0.50	0.50
	东北	0.76	0.61	0.48	0.66	0.70

资料来源：财富中文网及中国企业联合会公布的 2010～2014 年百强企业数据。

在百强企业的分布数量上，东部地区一直遥遥领先，2010～2014 年，东部地区上榜企业数一直保持在 80 家以上，入围数量最多为 2010 年的 86 家，最少为 2013 年的 81 家。中、西部地区虽然上榜企业数目有所增加，但幅度不大。中部地区入围企业数最多时为 2012 年、2013 年的 12 家，最低为 2010 年的 6 家；西部地区最高为 2013 年、2014 年的 3 家，最低仅为 2010 年、2011 年、2012 年的 2 家。

在销售收入、利润以及资产占比方面，东部地区仍然处于领先地位，且这三项占比均超过数量上的占比，相反，另外三个地区的这三项占比均低于自身的数量占比。在销售收入、资产占比方面，东部地区虽有下降，但下降幅度不大，东部地区的利润占比在此期间却有所上升。这也说明，东部地区上榜企业的盈利能力较强（见表 20 - 20），东部地区上榜企业的销售利润率一直维持在较高水平。

20.7 问题与建议

通过上述分析，可归纳出我国百强企业存在的问题并提出相关对策建议。

20.7.1 百强企业整体"大而不强"，企业做强做优任重道远

我国百强企业多为传统重化工业企业，技术水平落后，产品附加值低，且增

长模式粗放，增长质量相对较低。经营效益受外部环境波动影响较大，一旦遇到外部干扰，业绩水平会明显下滑。我国百强企业整体上表现出"大而不强"的特点。就我国入围世界百强的企业来说，其销售收入、利润和资产平均值均高于世界百强的平均水平，而资本密集度和劳动生产率远低于世界百强，经营效率低下。

为使我国百强企业加快做强做优，首先，要营造良好的外部发展环境，提高市场化水平，避免政府对经济的过多干预，发挥市场作用，公平竞争，优胜劣汰，提高经营效率；其次，企业本身要深入贯彻落实科学发展观，加快转变经济发展方式，自觉加大科研投入，或是积极引进外部新技术、新资源，提升全要素生产率，实现长期可持续发展。

20.7.2 第二产业仍占主要地位，产业结构优化调整有待破题深入

与 2002～2009 年相比，2010～2014 年百强企业的三次产业分布基本未变，第二产业仍占据主要地位。就第二产业来看，目前我国第二产业面临比较大的发展障碍，不仅内部结构低级，传统重化工业占主要地位，而且发展主要依靠外需。对第三产业来说，服务业发展远远落后于发达国家。百强企业中科学研究、技术服务和地质勘查业根本没有企业上榜。

当前中国服务业还无法完全替代第二产业成为经济的主导力量。第二产业企业尤其是制造业应该立足于现实情况及未来发展趋势，抓住"第三次工业革命"的发展机会，实现传统产业的转型升级及新兴产业的培育和发展，向产业链高端攀升。服务业发展的重点应是围绕"做强工业"而大力发展生产性服务业。生产性服务业的发展要以生产性服务业的国际转移为契机，承接以生产性服务业为主要内容的服务外包，加大生产性服务业吸引外资的力度，推进生产性服务业融入全球价值链。

20.7.3 国有及国有控股企业比重过高，提质增效有待深化

2010～2014 年，我国百强企业上榜企业中国有及国有控股企业数目虽有所下降，但仍占据绝对主体地位。且随着 30 多年的改革与发展，国有企业不仅表现出规模庞大的特点，经济效益更是取得质的变化，民营企业并没有表现出明显的优势。国有企业的提质增效对中国大企业整体提高发展质量和效益有明显的推动作用，国资国企改革也是推进经济体制改革的主要组成部分。因此，必须加快推进混合所有制的建设，继续深化国有企业改革。

20.7.4 百强企业区域分布不平衡，区域协调发展有待进一步推进

从百强企业的地域分布看，东、中、西及东北地区具有明显的差异，东部地

区上榜企业最多，占绝对主导地位。为平衡我国不同区域间发展，促进东部沿海地区产业向中西部地区转移十分重要。中西部地区资源丰富、要素成本低、市场需求潜力较大，为传统制造业提供了较好的发展条件。中西部地区积极承接国内外产业转移，不仅有利于加速中西部地区新型工业化和城镇化进程，促进区域协调发展，且有利于推动东部沿海地区经济转型升级，优化产业分工格局。同时，"一带一路"倡议的推进为各区域经济发展提供了新的机遇，各地区应充分发挥自身比较优势，加强与企业发展配套的基础设施建设，为产业转移做好铺垫。

参考文献

［1］赵秀丽、王晓峰：《大企业是我国产业结构优化升级的主导力量》，载《中国特色社会主义研究》2003 年第 4 期。

［2］唐晓华、王伟光、李续忠：《现代产业组织视角下的管理创新——第二届中国管理创新与大企业竞争力国际会议综述》，载《经济研究》2012 年第 1 期。

［3］Barney B J., Firm Resources and Sustained Competitive Advantage ［J］. *Journal of Management*, 1991, 17 (1): 99 – 121.

［4］唐晓华、徐雷：《大企业竞争力的"双能力"理论——一个基本的分析框架》，载《中国工业经济》2011 年第 9 期。

［5］Coase R H., The Nature of the Firm ［J］. *International Sourcing in Athletic Footwear Nike & Reebok*, 1937, 4 (16): 386 – 405.

［6］Williamson O E., Markets and Hierarchies ［J］. *Challenge*, 1975, 20 (1): 70 – 72.

［7］Porter M., The Contributions of Industrial Organization to Strategic Management: A Promise Beginning to Be Realized ［J］. *Academy of Management Review*, 1981, 6 (4): 609 – 620.

［8］Bain Joe S., Advantages on the Large Firm: Production, Distribution, and Sales Promotion ［J］. *Journal of Marketing*, 1956 (4): 336 – 346.

［9］Demsetz H., Industry Structure, Market Rivalry, and Public Policy ［J］. *Journal of Law & Economics*, 1973, 16 (1): 1 – 9.

［10］Porter M. The Competitive Advantage of Nations ［J］. *Journal of Management*, 1990, 312 (1): 108 – 111.

［11］史修松、刘军：《大企业规模、空间分布与区域经济增长——基于中国企业 500 强的研究》，载《上海经济研究》2014 年第 9 期。

［12］赵秀丽、王晓峰：《大企业是我国产业结构优化升级的主导力量》，载《中国特色社会主义研究》2004 年第 4 期。

［13］许云、刘津：《关于大企业在我国生产力布局中发挥更大作用的思考》，载《经济研究参考》2014 年第 27 期。

［14］杨蕙馨、金家宇：《2002~2009 年中国百强企业分析》，载《山东社会科学》2010 年第 6 期。

［15］中国企业联合会、中国企业家协会：《中国 500 强企业发展报告 (2011)》，企业管理出版社 2011 年版。

［16］中国企业联合会、中国企业家协会：《中国500强企业发展报告（2012）》，企业管理出版社2012年版。

［17］中国企业联合会、中国企业家协会：《中国500强企业发展报告（2013）》，企业管理出版社2013年版。

［18］中国企业联合会、中国企业家协会：《中国500强企业发展报告（2014）》，企业管理出版社2014年版。

［19］中国企业联合会课题组、李建明：《中国大企业发展的最新趋势、问题和建议》，载《中国工业经济》2009年第9期。

［20］李建明、缪荣：《中美企业500强比较及其启示》，载《中国工业经济》2005年第11期。

［21］黄群慧：《"新常态"、工业化后期与工业增长新动力》，载《中国工业经济》2014年第10期。

［22］陈佳贵：《培育和发展具有核心竞争力的大公司和大企业集团》，载《中国工业经济》2002年第2期。

［23］李建明、张永伟：《中国大企业培育国际竞争力的对策——基于中外企业500强的差距分析》，载《中国工业经济》2002年第9期。

［24］黄群慧、贺俊：《"第三次工业革命"与中国经济发展战略调整——技术经济范式转变的视角》，载《中国工业经济》2013年第1期。

［25］贾勇、李冬姝、田也壮：《生产性服务业演化研究——基于产业互动的研究视角》，载《中国软科学》2011年第S1期。

［26］黄速建：《中国国有企业混合所有制改革研究》，载《经济管理》2014年第7期。

［27］覃成林、熊雪如：《我国制造业产业转移动态演变及特征分析——基于相对净流量指标的测度》，载《产业经济研究》2013年第1期。

第 21 章

有关企业规模界定的评析[*]

21.1 企业规模的界定

一般来说，世界各国对企业规模的界定所采用的划分指标总体上有两类：定量指标与定性指标。定量划分主要是从雇员人数、资产额以及销售收入三方面进行。如日本的中小企业是指从业人数 300 人以下或资本金 1 亿日元以下的工矿企业，从业人数 100 人以下或资本金 3000 万日元以下的商业批发企业，以及从业人员 50 人以下或资本金 1000 万日元以下的零售和服务企业。定量指标具有简便直观、易于比较等优点，缺点是缺乏内在统一性和稳定性。定性划分主要是从企业所有权集中程度、自主经营程度、管理方式和在本产业所处地位四方面进行。例如，德国把在手工业、商业、饮食业、运输业等产业部门中的企业称为小企业，其理由是这些企业有着共同的特点：经营者直接承担风险，所有者直接参加管理，而且一般还不能通过资本市场直接筹集资金。定性指标的优点在于克服了定量指标的缺点，可以比较准确地从企业规模的变化认定量变产生质变的界限，从质的方面说明企业的特征，从根本上区分不同企业规模，但它缺乏直观性，不便于统计。定量划分与定性划分二者各有优劣，为了准确地反映企业规模，目前，西方一些发达国家对企业规模的界定采用的方法是：在定性划分的基础上辅之以定量分析，定量与定性相结合。如美国小企业法规定，凡独立所有和经营，并在某一产业领域不占支配地位的企业均为中小企业，在此基础上将雇员人数不超过 500 人、销售收入不足 500 万美元的企业称之为小企业。

我国对企业规模的划分标准一直以来以定量划分为主。如 1962 年，为了加快劳动密集型产业的发展，实现充分就业，曾按雇员人数划分企业规模。1978年，为了兼顾劳动密集型和资本密集型产业的共同发展，原国家计委把划分企业

---

[*] 本章作者为杨蕙馨、石建中，发表在《世界标准化与质量管理》2004 年第 6 期（文章有改动）。

规模的标准改为"综合生产能力"。1988 年，为了反映不同产业的实际发展情况，针对不同产业的特点以实物产量反映的生产能力和固定资产原值对各个产业作了分别划分，企业规模分为 4 类 6 档：特大型、大型（大型一档、大型二档）、中型（中型一档、中型二档）、小型。原来大中小型企业的划分是以产量来分类的，以啤酒这个产品为例，2 万吨以下的算小型企业，5 万吨以上的为大型企业。而我国共 180 个产业，每个产品都有自己的标准，仅工业的大中小型企业就有一本上百页的目录，查找起来非常麻烦，可操作性差。随着我国市场经济的发展，市场竞争日趋激烈，为了更好地体现企业的经营业绩，1999 年又将销售收入和资产总额作为主要考察指标，企业分为特大型、大型、中型、小型 4 类。其中，年销售收入和资产总额均在 5000 万元以下的为小型企业。

为了使企业标准的划分和认定更加简便，也更有利于统计工作的判断，2003 年 2 月 19 日原国家经贸委、原国家发展计划委员会、财政部、国家统计局联合下发了《中小企业标准暂行规定》（简称新标准）。新标准参照国际惯例，采用职工人数、销售额和资产总额三个标准共同作为划分企业规模的依据，并将企业划分为"大型""中型""小型"三个档次，不再进行细化。此划分标准适用于在中国境内依法设立的各类所有制和各种组织形式的企业，大中小型企业的确认不再沿用企业申请、政府审核的方式，而是以国家统计部门的法定统计数据为依据。

21.2　企业规模界定的评析

新标准的出台，不仅有利于企业根据新规则来执行有关的政策，而且使得企业规模划分比较容易操作，便于不同产业的企业搞清楚自己属于哪个类型的企业，自行"归位"。即不论企业是处于哪一个产业，也不论企业是专业化经营还是多元化经营，只要同时满足职工人数、年销售额和资产总额三个标准，就可以直接将该企业归类。以工业为例，具体划分标准如表 21 - 1 所示。

表 21 - 1　　　　　　　　　统计上大中小型企业划分办法（暂行）

	指标名称	计算单位	大型	中型	小型
工业企业	从业人员数	人	2000 及以上	300 ~ 2000 以下	300 以下
	销售额	万元	30000 及以上	3000 ~ 30000 以下	3000 以下
	资产总额	万元	40000 及以上	4000 ~ 40000 以下	4000 以下

资料来源：原国家经贸委、原国家发展计划委员会、财政部、国家统计局联合下发了《中小企业标准暂行规定》（简称新标准）。

尽管新的划分标准很清晰地界定了大中小企业的标准，但对照理论与现实界定企业规模的不同标准，以下几点必须明确。

21.2.1　"划分标准"强调了企业总体业务规模而忽略了主业与相关业务规模的差异

尽管新划分标准综合销售额、资产规模或就业规模三个指标对工业、建筑业、交通运输和邮政业、批发和零售业、住宿和餐饮业的企业规模进行了界定，但为了使企业标准的认定更加简便，也更有利于统计工作的判断，往往将企业总体规模视为判断企业规模的依据，而忽略了主体业务规模与相关业务规模的考察。比如依据标准被划分为"大型"的企业所囊括的其实是完全不同的业务单元，特别是实施非相关多元化经营的"大型企业"，涵盖的并不是某种业务单元在本产业中三个指标综合水平达到"最大"的企业，而是不同业务单元三个指标的分别加总。对这样汇总起来的"大型企业"，其具体业务单元的实际规模可能是参差不齐的。当然，这反映了市场经济条件下越来越多的企业正走上联合、兼并和重组之路，实施跨行业的多元化发展战略。

21.2.2　划分标准只强调了指标的量，而忽略了企业规模质的反映

如果说在劳动密集型企业规模的界定中将雇员人数作为主要指标之一是合理的，那么在知识密集型企业规模的界定中用雇员人数作为主要指标将不再合理，而应将雇员的质量作为主要指标之一。不难发现，新划分标准只反映了企业雇员人数、资本总额等易于量化和统计的定量指标，却未能反映诸如技术装备水平、资源利用水平等不易量化和统计但却能揭示企业特征的定性指标。

21.2.3　按划分标准界定出的企业规模并不能真实地反映出企业间盈利能力和竞争力的差别

目前，国内对划分标准的制定表达了企业规模界定应当遵循的准则和框架，并不涉及具体企业之间盈利能力和竞争力的差别。例如，"小企业"是规模的概念，指资源的占有和配置在本产业内数量上不占优势的企业。然而，随着企业向技术密集和知识密集型方向发展，知识、技术在企业生产经营中的主导作用越来越明显，知识和创造力已成为企业竞争力的重要源泉，也就是说，以企业的人员、资产为特征量的规模越来越不能成为竞争力及其市场地位和市场支配力的决定因素。例如，日本一家生产检验大规模集成电路图形缺陷设备的公司，只有从业人员 32 人，年销售额却达到 25 亿日元，人均产值是一般大企业的 3 倍，产品

的国内市场占有率达 90%。这家从规模来看最多只能算小企业的公司，其市场支配力和地位却并不亚于甚至超过一般的大企业，因而从竞争力角度看它又应当是一个大而强的企业。而且从普遍意义上讲，这种现象在中小高新技术企业是比较多的。鉴于此，不应简单地以规模大小论企业强弱，更不应将中小企业与人员、资本规模绝对量相对较小的企业直接画等号。其实，对企业所有者和经营者来说，中小企业与大企业的实质差别应当在于盈利能力和竞争力的差距，而非人员、资本及销售额的绝对量大小。

21.2.4　大型企业的划分标准偏低，造成我国的大企业不大

当前，为了扶持中小企业的发展同时也为了促进企业间充分竞争，防止部分大企业取得市场支配力进而形成垄断，故与西方发达国家相比我国大型企业划分标准偏低。如 2001 年国有大型企业中，资产规模达到 1000 亿元的企业只有 9 户，达到 100 亿元的企业只有 226 户，达到 10 亿元的企业为 2101 户，而资产规模不足 5 亿元的企业高达 5864 户，占全部国有大型企业户数的 62%；2001 年销售收入超过 1000 亿元的国有企业只有 5 户，排名前 10 位的国有大型企业的销售收入合计尚不及美国埃克森美孚公司一家的销售收入。按照新标准，我国 2002 年大型企业不仅数量骤然减少，而且地位也有所下降。到 2002年底，大型工业企业只有 1588 户，不足旧标准的 1/5；实现销售收入 36517 亿元，拥有资产 53364 亿元，从业人员 1178 万人，分别相当于旧标准的 68.7%、63.4% 和 61.6%，在规模以上工业企业中所占比例分别为 33.4%、36.5% 和21.3%，分别下降了 15.2%、21.1% 和 13.2%。这样，虽然新标准与旧标准相比，大型企业的门槛比以往大大提高了，但在企业实力和地位等方面与世界 500强大企业相比差距依然很大。当然，这确实是中国的国情。我们寄希望随中国经济实力的增强，中国大企业与世界发达国家大企业在规模上的差距会逐渐缩小直至消失。

21.3　几 点 思 考

在市场经济条件下，企业"大小"的真正含义应该是竞争力的强弱，不应该将企业"大小"单纯理解为规模的大小。当然，企业规模对其竞争力是有影响的，特别是对劳动密集型和资本密集型企业而言，企业竞争力的强弱与其从业人员和资本规模之间的关系直接相关，因此，用从业人员数和资本额等规模量来衡量和把握企业的竞争力大小进而作为划分企业的标准是合理的。但是，对技术密集型和知识密集型企业，其竞争力的主要表征指标已不再是从业人员数和资本额

等外在规模量，而是技术、知识（主要体现在人力资源的质量方面）、信息等内在价值量。因此，用从业人数和资本额的规模来解释企业的竞争力进而作为划分企业大小的标准，对于企业的所有者而言不具有多少实质性的意义。其实，对于企业所有者而言，更重要的是用各种指标计算的盈利能力的高低。而企业盈利能力的高低则取决于以下几组关系的考察。

21.3.1 企业规模与规模经济

所谓"规模经济"是用于描述企业经营中投入产出关系的概念，其基本含义是指，在其他条件不变（如技术、价格、利率、税收等）的场合，随着投入的增加，产出以高于投入的比例增加。规模经济形成的主要原因在于成本降低，即在经营规模扩大中，采购成本、生产成本、管理成本、财务成本（主要是利息）、销售成本等并不与经营规模同比例上升，从而产品（或销售收入）成本降低、利润增加。在一个企业拥有多个工厂（或多条生产线）的条件下，是否存在规模经济则取决于两个因素：一是每个工厂（或每条生产线）的生产能力是否达到规模经济的初始点；二是各个工厂（或各条生产线）能否组合为企业规模经济。如果各个工厂（或生产线）的地理位置相距几百上千公里，且技术不尽相同，那么，企业不仅难以形成规模经济，而且可能因管理和运输成本增大而更加"规模不经济"。可见，规模经济反映的是企业生产某种特定产品中的成本与收益关系，即随着产量规模的扩大，单位产品中包含的生产成本、管理成本将逐步降低，从而，形成"规模"与"经济"之间的正效应关系，它符合资本运动的本质要求，属于资本经营的范畴。可见，通过资金投入、企业兼并、多元化等方式实现的资产数量扩张和经营规模扩大并不意味着一定会获得规模经济。

21.3.2 企业规模、集中度与绩效

从整个产业的角度看，不同规模的企业分布是否合理可通过企业规模与产业集中度的关系来分析。产业集中度（CR_4）指产业中最大 4 家企业的销售收入总额与产业总销售额的比值，反映了该产业市场结构性状和大企业的市场控制力。一般认为，$CR_4 \leqslant 40\%$ 为低集中度，$40\% \leqslant CR_4 \leqslant 60\%$ 为中集中度，$60\% \leqslant CR_4 \leqslant 80\%$ 为较高集中度，$CR_4 > 80\%$ 为高集中度。表 21－2 以我国工业企业为考察对象分析了产业集中度与经济绩效的关系，采用连续 3 年的产业销售收入集中度的平均数作为产业集中度的数值，用资金利税率、产值利税率和全员劳动生产率三个指标来反映经济绩效。

表 21 - 2　　　　　　　　　　我国工业产业集中度与经济绩效

集中度（%）	产业个数	平均资金利税率（%）	平均产值利税率（%）	平均全员劳动生产率（元/年）
50% 以上	1	16.48	21.81	89482.5
30% ~ 50%	2	11.18	9.83	54878.5
20% ~ 30%	4	4.34	8.40	23494.5
10% ~ 20%	9	7.86	10.37	30286.1
5% ~ 10%	12	5.78	5.89	20555.0
5% 以下	7	4.86	4.17	17810.1

资料来源：据《中国统计年鉴》（1996 ~ 1998）计算。

从上述数据看，我国工业产业集中度与经济绩效的正相关关系在集中度为20% 以下的三个产业群组表现得比较好，而集中度在20% 以上的三个产业群组则表现得不够规则。如集中度在20% ~ 30% 的产业群组，其经济绩效的各项指标均不及集中度在10% ~ 20% 的产业群组，这表明在有的情况下集中度过高，产业的规模经济反而不明显。而在产业集中度20% 以下的三个产业群组中，数量占了我国全部工业产业的73.7%，其产业集中度与经济绩效指标之间存在明显的正相关关系，表明大企业为整个产业经济绩效做出较大贡献。可以说，产业集中度较低的产业，企业的规模就较小，企业的数量就越多，市场竞争就越充分，所形成的企业规模就越趋于合理。

21.3.3　企业规模与技术创新

多数人认为大企业有利于推动技术进步，其原因在于：（1）技术创新与研究和开发项目成本巨大，并且风险也大，相对于小企业而言，大企业更有实力来承担。（2）研究与开发活动中同样存在规模经济。大企业比小企业更有实力去购买专用设备，特别是一些单项成本较高的设备，这使实验活动更有效率。（3）大企业可以用较低的成本筹集大量资金，从而可以资助大的研究与开发项目。（4）大企业在生产过程创新上还具有优势，成本更节约的新生产过程或工艺可以使大规模生产的企业节约更多的投入。但是大企业在技术创新上也存在一定的劣势。如决策慢且费用大，有时为了回避风险，还可能会放弃一些富有想象力且获利很高的研发项目。然而，小企业却弥补了大企业的不足，尤其是在产业发展早期的技术创新中，小企业发挥着重要作用。在产业导入期，最需要想象力的创新往往所需费用较小，小企业可以更有效地利用其灵活多变来实现创新。总之，技术进步不限于某个特定规模的企业，所有规模的企业在技术进步上都可以有所作为。因此，应鼓励企业规模上的多样化。

　　从上述分析看出，用划分标准对企业规模界定只体现了企业间销售额、资产规模或从业规模的差别，而不能揭示企业的经济绩效和竞争力差异。对企业所有者或经营者来说，企业规模的选择应主要考虑市场竞争的需要，遵循市场竞争的规则。而从结果的形态看，可以说企业规模是市场竞争规则自然选择的结果，正如斯蒂格勒所说的适者生存。适应市场竞争的企业规模才是合适的规模，单纯追求把企业做大或做小都是不适宜的。

后　记

　　自 20 世纪 90 年代中期，笔者在南开大学跟随著名经济学家谷书堂先生攻读博士学位起，就开始研究产业组织与企业成长领域的相关问题。本书即是笔者这些年来在该领域部分研究成果的汇总。其中个别章节是与谷书堂先生一起完成的。自 21 世纪初，笔者开始在企业管理和产业经济学两个专业指导博士研究生，学生们的研究领域绝大多数都集中在"产业组织与企业成长"领域，取得了不少的成果，集结在本书中的部分章节就是我们共同研究的成果，他们是王军、冯文娜、王继东、刘明宇、石建中、张鹏、裴春霞、栾光旭、于洁涵、李娇、徐召红、金家宇、刘敬慧。硕士研究生高新焱、孙孟子协助笔者对书稿进行了编辑校对，最后由笔者审定定稿。

　　感谢国家哲学社会科学基金多年来对笔者的支持和厚爱。感谢教育部"创新团队发展计划"的资助和支持。在近 30 年的研究过程中，我们团队进行了大量的调研和访谈，通过参加会议与举办会议相结合的方式，了解和把握最新实践与学术动态。我们一直坚持 45～50 天进行一次团队讨论的做法，邀请专家学者、政府经济管理部门人员、行业管理者、企业家等参加，获益匪浅。在承担完成各类课题和研究过程中，还得到了社会各界许多专家学者的关心、支持和帮助。在此，一并表示衷心的感谢。

　　作为老朋友，我还要感谢中国财经出版传媒集团吕萍女士为本书出版所做出的努力。

杨慧馨

2019 年 5 月 25 日